クリスティアーノ・ロナウド

生きる神話、知られざる素顔

竹澤 哲

Mutsu Kawamori

Mutsu Kawamori

Mutsu Kawamori

Mutsu Kawamori

RONALDO
7

バルサは強いか？
そのとおりだ。
難しい試合になるか？
そのとおりだ。
サッカーとはそういうもの。
人生と同じで、困難に
打ち勝たねばならないんだ。

Mutsu Kawamori

Mutsu Kawamori

Mutsu Kawamori

Keita Yasukawa/Sports Graphic Number

父ディニスの眠る墓

Keita Yasukawa

Keita Yasukawa/Sports Graphic Number

母マリア・ドローレス

マデイラ島　2003年に創られたアンドリーニャのグランドを望む

Keita Yasukawa
ロナウドの兄ウーゴ

ロナウドの姉エルマ

Keita Yasukawa/Sports Graphic Number

Keita Yasukawa

ゴッドファーザーのフェルナン・バッホス。
ロナウドの洗礼を行ったサント・アントニオ教会前にて

Keita Yasukawa

スポルティングの寮でロナウドと一緒だった
ルイス・ロウレンソ

Keita Yasukawa

同じマデイラ島出身のレオネル・ポンテス。
スポルティングでは世話係も務め、後に代表助監督にもなる

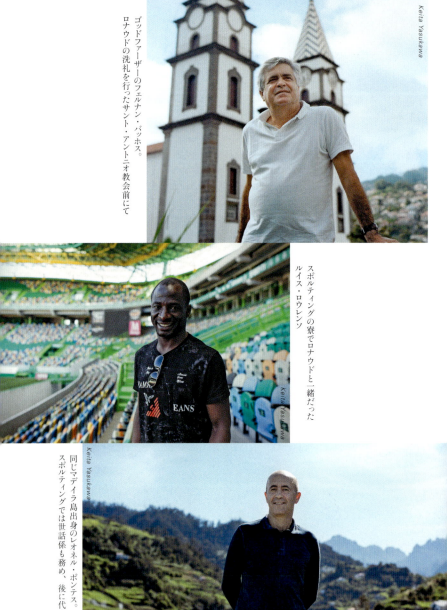

ロナウドの入団を決めたアウレリオ・ペレイラ。スポルティング・アカデミアにて

CDナシオナルの体育館。ロナウドがナシオナルの下部でプレーしていた写真が壁に描かれている

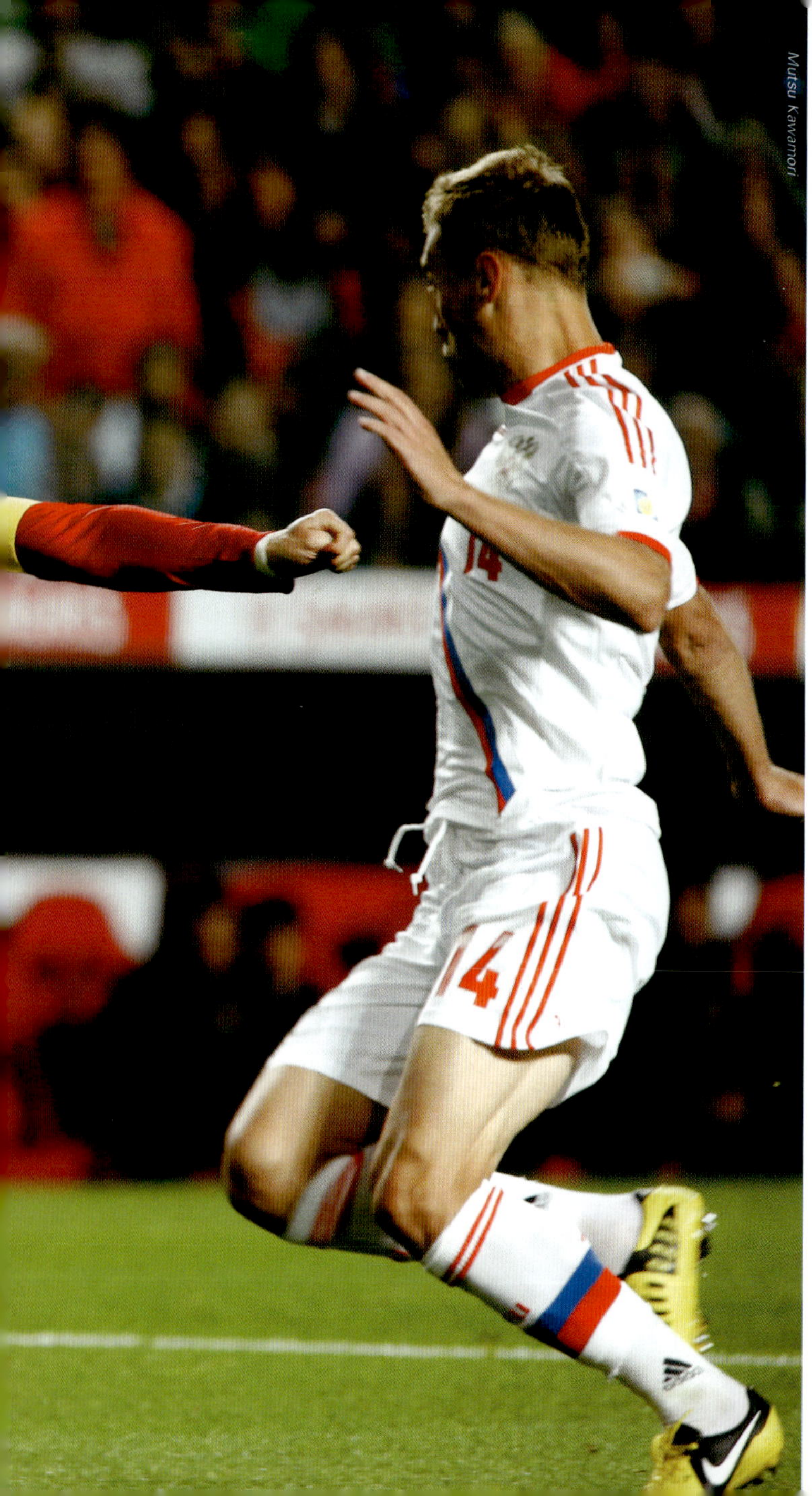

Mutsu Kawamori

僕がサッカーを始めた頃からの目標は
プロになるだけでなくスター選手になり
常に最高の選手であろうと努めることだ。

Mutsu Kawamori

Mutsu Kawamori

Mutsu Kawamori

僕は野望を持っている。
これからも目的達成のために
努力を続けていくし
世界最高であるために戦っていくだろう。
Keita Yasukawa

クリスティアーノ・ロナウド

生きる神話、知られざる素顔

竹澤哲

まえがき

クリスティアーノ・ロナウドと初めて会ったのは、ポルトガルの首都リスボン郊外にある、当時まだできたばかりのスポルティングのアカデミア（育成のための合宿施設を備えた総合練習場）においてだった。日時は２００３年4月15日15時53分。当時使用していたＩＣレコーダーには、インタビュー開始時刻がそう記録されている。

彼は18歳で、まだ、世界的に名は知られていなかったが、それでも、才能のある将来有望な選手として、ポルトガルでは徐々にメディアに取り上げられるようになっていた。２００２年日韓ワールドカップの優勝に貢献した、ブラジル代表ストライカーのロナウドがいたので、彼は「ポルトガルのロナウド」と呼ばれていた。

ロナウドとの出会いは偶然ともいえるものだった。雑誌「サッカー批評」の取材でポルトガルを訪れた。前年のワールドカップで、ポルトガル代表は大きな期待をされながらも、グループリーグで敗退。なぜ、ポルトガルは負けたのか、目的はその原因を探ることだった。そして、２００４年に自国で開催される欧州選手権（ユーロ）に向けて、２００２年ワールドカップでブラジル代表を優勝に導いたルイス・フェリペ・スコラーリ監督を新監督に迎えた新生ポルトガル代表が、どのようなものであるのか。ポルトガルサッカー界の現状を取材して特集を組むためだった。

ポルトガルの三大クラブである、ベンフィカ、ポルト、スポルティングも取材した。とくに各クラブの若手選手の動向を探り、２００４年のユーロにおいてブレークしそうな選手を見つけることに主眼を置いていた。各クラブに売り出し中の選手を紹介して欲しいと依頼したところ、スポルティングが出してきたのが、たまたまロナウドとクアレスマだったのだ。

取材には、当時の編集長の半田雄一さん、ライターの後藤健生さん、そして、取材全般のコーディネーターと記事の執筆、必要に応じて通訳として私が参加した。

スポルティングの広報に連れられて最初に現れたのはロナウドだった。若く、しかもまだ、プロデビューを果たしたばかりの選手と聞いていたので、てっきりジャージ姿で現れると思っていたら、身体にぴったりとしたデザイナーズブランドのTシャツにジーンズ。シューズもスポーツメーカーのものではなく、ブランドもので、髪もおしゃれにまとめていた。

後藤さんが日本語で質問し、私が通訳する形でインタビューは始まった。最初に尋ねたのが、「あなたのプレースタイルは、どのようなものですか」

というものだった。そのことからも、いかに彼に関する情報が少なかったかがわかる。ちょうど、広報が部屋から出ていこうとするときであり、ロナウドはちょっと照れくさかったのか、少し小声で答えている。

「スピードとテクニック、それが僕の武器なんだ」

実は同じ注文をそのあと、クアレスマに対してもしているが、クアレスマは「自分では言いたくない」と答えている。クアレスマのほうが2歳年上であり、トップチームデビューも早かった。それでも、どの質問も、はきはきと答えていたのはロナウドのほうだった。後藤さんは質問を続けた。

「スピードとテクニックは小さいときからですか？」

「うん、そうだよ。小さいときから2つの才能があった。それを僕は磨いてきたんだ」

「スポルティングに加わる前はどこでやっていたんですか？」

「マデイラでやっていたんだ」

このとき、ロナウドは幾分、うれしそうに答えたような気がした。私が「えっ、マデイラ？」と驚いたので、ロナウドは笑った。私が驚いたのは、マデイラ島はポルトガル本国から離れ、とても遠くにある印象をもっていたからだった。

「マデイラ島で生まれたのですか？」

「そうだよ」

ロナウドは12歳でスポルティングにやってきた経緯を説明した。

「初めてスポルティングの練習に参加したときはどうでしたか？」

「とてもナーバスだったよ。優れている選手ばかりだからね。僕はミスをしたり、ボールをとられたりしたらいけないと思ってやっていた」

「それまでにトップチームの練習を見る機会はありましたか？」

「あったよ。当時、僕はゴール裏でボール拾いをしていたんです。たくさんのあこがれの選手の練習をそばで見られて、とてもうれしかった」

ロナウドは少し懐かしそうに笑った。

「誰かあこがれた選手はいましたか」

「うーん、とにかくいっぱいいいて」

ロナウドは具体的に名前を出さなかったが、当時のスポルティングにはストライカーとしてポルトガル黄金世代の一人、ジョアン・ピントやブラジル人のジャウデウなどがいた。また、のちにマンチェスター・ユナイテッドで一緒になる、アルゼンチン人のエインセもいた。

「プロ契約を結んだのはいつですか？」

「16歳。ジュヴェニル（15〜16歳のカテゴリー）でやっているときだった。そのときからトップチームの練習にも参加するようになった」

「トップチームに加わったときはどう感じましたか？」

「やっぱり、とても緊張したよ。僕はまだジュヴェニルだったし、偉大な選手たちと一緒に練習できるなんて夢のようだった。でも、みんなに支えられて適応していくことができたんだ」

「将来はどういう選手になりたいですか？」

「さらに技術を磨いて、そして、ビッグになりたい」

18歳の少年とは思えないほどロナウドは落ち着いていた。

「U－21代表に入っているけど、いつかはA代表に選ばれるのが僕の大きな夢なんだ」

ロナウドはそれから1年も経たないうちにA代表に招集されることになる。そして、自国開催のユーロにも出場する。15分ほどすると、広報がクアレスマを連れて入ってきた。出ていこうとするロナウドに私は駆け寄り、どうしても聞きたかったことをあわてて尋ねた。

――ポルトガルのロナウドといわれていることについてはどう感じていますか？

ロナウドは少し笑った。

「うーん、べつに。普通だよ」

――でも、ブラジルのロナウドのようになりたいですか？

「もちろんだよ！」

そう語る彼にお礼を言うと、

「こちらこそどうもありがとう」

とさわやかな笑顔を見せた。


わずかな時間のインタビューであったにもかかわらず、ロナウドとの初対面の印象はとても強いものだった。「ビッグになりたい」という彼の夢は、それから1年も経たないうちに実現に向けて動き始める。サッカー界の超名門クラブであるマンチェスター・ユナイテッドへ移籍したことで、スター選手への階段を一段上がることになったからだ。

マンチェスター・ユナイテッドで活躍を始めた2008年に、私は彼の生い立ちを探るべく、マデイラ島に取材に行き、姉のエルマやクラブ関係者などから話を聞いてまわった。翌年、さらにもう一度マデイラ島を訪れ、このとき、母親のマリア・ドローレスにインタビューすることができた。そのような話をまとめて、私は2009年に、『クリスティアーノ・ロナウド――ポルトガルが生んだフェノメノ』（文藝春秋）という本を上梓《じょうし》している。そのときのテーマは「なぜロナウドのような選手がポルトガルで生まれたのか」というものだった。

たまたま、私がポルトガルに留学したのが、ロナウドの生まれ育った時期と重なっていた。そして、そのあとも何度もポルトガルを訪れていたので、時代的背景を描きつつ、私自身の目で見て感じたポルトガル人の気質を反映させながら、その謎を解こうとしたものだった。

その本が出版されたのち、クリスティアーノ・ロナウドはさらなる成長を遂げ、さらにビッグになっていった。２００９年には、当時の史上最高額の移籍金でレアル・マドリードへ移籍。世界最高の選手、年間ＭＶＰに贈られるバロンドールを受賞している。レアル・マドリードで活躍する彼を追いながら、彼について本をまた、まとめなければいけないという気持ちを強くしていった。いったい、彼はどこまで上りつめるのだろうか。そのタイミングを決めかねていた。そんななか、今こそまとめなければいけないという出来事が、ついに２０１６年に起こったのだ。

それは、ポルトガルのユーロ初優勝だった。それまで、ポルトガル代表は大きな国際大会でタイトルを獲ったことはなかった。ポルトガルはサッカー強豪国の一つといわれてきたが、ワールドカップやユーロといった大きな大会での優勝経験はなかった。ワールドカップはブラジル、アルゼンチン、ウルグアイ、ドイツ、イタリア、スペイン、イングランドといった、いわゆるサッカー伝統国に優勝を独占されてきたし、ロナウドがいくら優れた選手であり、所属するクラブで数々のタイトルを獲っても、ポルトガル人であることから、国の代表チームでタイトルを獲るのは不可能だろうといわれてきた。

しかし、ついにポルトガルがビッグタイトルを手にしたのだ。しかも、そのシーズン、ロナウドはチャンピオンズリーグ優勝、個人としても２０１６年度の最優秀選手賞であるＦＩＦＡのザ・ベスト賞を受賞している。まさにロナウドにとって、キャリアのなかでも最高の年といえた。彼は名実ともに世界最高の選手に輝いたのだ。

初めてのインタビューから15年の歳月が経とうとしている。「ビッグになりたい」という彼の夢はとっくの昔に実現している。２０１６年度ＦＩＦＡザ・ベスト賞受賞後、記者を前にこのように話している。

「僕の名前がサッカー史に刻まれたことには疑いをもっていない。僕がサッカーを始めた頃から、僕が目標としてきたのは、単にプロ選手になればいいというものではなかった。スター選手として、常に世界最高の選手であり続けたいと、努めることだった。それを成し遂げることができた。このトロフィーが、それを物語っている」

ポルトガルにビッグタイトルをもたらし、バロンドールを5回も受賞した彼は、ポルトガルのそれまでの〝レジェンド〟であったエウゼビオをも超えたのだろうか。はたして、10年後、あるいは１００年経ったときでも、ロナウドの名は決して忘れられることはないのか。彼の残した数々のエピソードは、まさに神話として語られるのだろうか。

振り返れば、２００８年に初めてマデイラ島を訪れて取材をしたとき、マデイラ島にはすでに世界中からたくさんのジャーナリストが取材に訪れており、ロナウドストーリーは世にレポートとして発表されていた。島の人に話を聞いてまわっても、すでに知れ渡っているようなことが多く、また、そのことが、本人が知っていた事実なのか、あるいは発表されたレポートを通じて知ったことなのか、よくわからないものだった。そこで私は「ロナウド神話はすでに創られていて、島の人々は誰もがその忠実な語り部となっている」と、拙著に記している。

神話というものが人から人へと語り継がれる性格のものであるとしたなら、すでにあの時点でロナウドは〝生きる神話〟になっていたことになる。島の人々にとっては、１２２４ポンド（日本円で約

24億円）の移籍金で、しかもマンチェスター・ユナイテッドを代表するスター選手がつけていた背番号7を継承した時点で、十分に神話の域に達していたのである。そして、現在、マデイラ島には彼の博物館が造られ、空港には彼の名がつけられている。

本書は2009年に出版した拙著を大幅に書き換え、それに現在に至るまでに取材して得たものや、知りえたことをまとめた〝ロナウド本の完全決定版〟を目指すものだ。

一人のサッカー選手としての功績やエピソードをまとめるには引退後がふさわしいかもしれないし、ロナウド自身がまだ現役であるときに、彼を神話の主人公として扱うのは無謀な試みであるようにも思われる。また、歴史として一人の人物を語るには死後、ある程度の時間が過ぎてから、時代の潮流のなかで捉えなければ、的確な評価を下すことはできないだろう。しかも、今もロナウドはメッシというこれまた、不世出のサッカー選手をライバルとして、ストイックなまでの自己管理で頂点の座を争い続けている。

メッシやロナウドのような選手の現役時代のプレーを実際に目にすることができるのは、なんと幸せなことだろうか。だからこそ、ファンとしてロナウドのプレーやエピソードを後世に伝えていく責任を私たちは担っている。

外国人である私がロナウドの人物像を後世にできるかぎり正確なものとして残したいというのは、ハードルの高いものかもしれない。しかし、その願望は誰にも負けないと信じている。それこそが本書を書き始めた、大きな動機となっている。

目次

第3章 旅立ちのリスボン

第7章 最後のピースを求めて

第1章 誕生前夜

Keita Yasukawa

神話の現在地

2017年11月。どこまでも澄んだ青空が広がるリスボンで、ある一人の男と再会した。かつてWOWOWで放送されたドキュメンタリー「130億円の男　クリスティアーノ・ロナウド、その真実」は、クリスティアーノ・ロナウドがレアル・マドリードに移籍した最初の年、2009-2010年シーズンのロナウドを追いかけたものだった。その番組を制作した際にいろいろな人物を取材した。そのなかの一人が、社会学者のヌーノ・コエーリョだった。彼はサッカーを社会学として捉える研究を続けながら、レギュラーのラジオ番組を2本抱えるという多忙な人物だ。

ヌーノと会うのはほぼ9年ぶりだった。どうしても彼に会いたかったのは、ポルトガル人がロナウドをどのように考えているのかを知ることは大事だと思ったからだ。とくに、ここ数年の変化について尋ねたかった。

――あれ以来、ロナウドに対する見方は変わったのか？

と、まずは彼の意見を求めた。9年前、彼は「ポルトガルでもロナウドが好きな人と嫌いな人に分かれる」と話し、彼自身はむしろメッシのほうが好きだと語っていた。

「2009年にレアル・マドリードに行ってから、彼は世界的なスターとなった。そして、彼は1試合に1得点を決めるゴールゲッターとなった。代表において彼はリーダーでありキャプテンだ。現在では絶対的なクラッキ（名選手）である側面と、リーダーという側面の2つの顔をもっている。彼はあのときと比べて変わり、イメージのうえでも、非常に良いものとなった。それはマーケティングの力もあるだろう。ネガティブな面を出さなくなってきている。メッシとのライバル関係でも、以前のような、とげとげしいものではなくなった。ＦＩＦＡザ・ベスト賞授賞式でも良い雰囲気を出していた。試合もすべて出られないことを彼は悟っている。彼はあらゆる面で成熟したのだ」

ヌーノが言うマーケティングの力というのは、たとえば２０１５年にイギリスで製作された映画「ロナウド」のようなものだろう。彼の本音から出た言葉が随所に現れる映画である。メッシがバロンドールを連続して獲るのを見て、「このままではだめだ」と感じ、さらに努力を続けるロナウドが全編を通じて描かれている。代理母が出産した長男のクリスティアーノ・ロナウド・ジュニアとの生活。母マリア・ドローレスの力も借りながら、しっかりと子育てをしているロナウドといったプライベートな部分も紹介されている。レアル・マドリードにとって10回目となるチャンピオンズリーグ優勝（ラ・デッシマ）を達成し、ケガで臨んだ２０１４年ワールドカップ。そして、バロンドール受賞式でメッシと話すシーン。

どれもが真実でありながら、しかし、ロナウドの良いイメージばかりを生み出していることも事実だ。ドキュメンタリーでありながら、彼のマネージメント会社ジェスティフテの全面的な協力によってつくられた、また、それがなければつくることができなかった映画であることも事実だ。

ポルトガル国民にとって、ロナウドはどのような存在となったのか。

かつて私はヌーノに、「ロナウドはポルトガルにとってのセバスティアン王であったのか？」と尋ねたことがあった。セバスティアンとはポルトガルの伝説となっている王だ。ポルトガルには王の名前が由来となった「セバスティアンニズモ」という思想がある。「今はこんなに厳しく、辛い生活を続けているけれど、いつか必ず救世主セバスティアン王が現れ、苦しい生活から我々を救ってくれるにちがいない」という、一種のメシア思想である。

伝説の起源は史実に基づいていた。ポルトガルはインド航路の発見により、香料貿易を海路によって行うことで多大な利益を得た。しかし、その香料貿易も16世紀半ばを過ぎると、トルコやヴェネツィアの商人が再び勢力を取り戻し、ポルトガルは力を失っていく。１５５４年に生まれた王子セバスティアンに対し、人々は衰退したポルトガルを再び豊かにしてくれるだろうと大きな期待をかけた。人々の期待のなか、王子は野心家に育っていく。

わずか14歳で政治を任されたセバスティアン王は、再びポルトガルの勢力を取り戻すために北アフリカ攻略の計画を立てる。計画は無謀であり、多大な費用をかけるだけで、意味がないと側近は反対したが、セバスティアンの夢は膨らむ一方だった。それまでの多くのポルトガル人が海の果てに夢を求めたように、セバスティアンも大きな可能性を海の向こうに見ていたのだ。１５７８年、とうとうその計画は実行に移された。

セバスティアン王は、１万７０００人の大軍を率いてモロッコのアルカセル・キビルに向かったが、大きな被害を受けて敗戦。セバスティアン王も戦死してしまった。王は24歳の若さで、未婚のまま亡くなり、世継ぎを残さなかった。そのため、親戚関係にあったスペイン王がポルトガル王として君臨することになり、ポルトガルは１５８０年から１６４０年までの60年間、スペインの支配を受けることになる。そのことはポルトガル人にとってとても屈辱的であったので、「セバスティアン王は生きている。必ずポルトガルに戻ってきて我々を救ってくれるにちがいない」と信じた。

この史実が起源となり、「セバスティアンニズモ」が生まれた。

この伝説をサッカー界に当てはめるのなら、海を渡ってきたメシアは肌の黒い強靭《きょうじん》な身体をもち、黒豹のようにスピードがあり、次々と得点し、1960年代から70年代にかけてポルトガルサッカー黄金期ともいえるものを創り、ポルトガルを救ってくれたエウゼビオこそがセバスティアン王だった。

しかし、人々は1974年に植民地を失ったことで、喪失《そうしつ》感を味わい、また、自信を失った。エウゼビオがいなくなってからは、ポルトガルサッカーは世界の舞台から長い間姿を消してしまう。1970年、74年、78年、82年とワールドカップには一度も出場することができなかった。また、クラブレベルでも、とくに目立った成績は残していない。それはあたかも革命の後遺症のようでもあった。

エウゼビオがいなくなったあと、再び人々がエウゼビオのようなカリスマ的なスター選手たちの出現を渇望するようになるのも、ごく自然な流れだった。その意味から、私は「ポルトガル国民にとってロナウドはセバスティアン王なのか」とヌーノに尋ねたのだが、ヌーノの答えは、「セバスティアン王となって現れたのは、ルイス・フィーゴだった」というものだった。


ヌーノによれば、FCバルセロナからレアル・マドリードと世界最高のクラブを渡り歩き、キャプテンとしてユーロ2004年大会で優勝は果たせなかったものの、ポルトガル代表を準優勝まで引き上げたフィーゴこそがセバスティアン王の再来であったという。たしかに、エウゼビオ後の長い暗黒の時代に光明をもたらしたフィーゴは、ポルトガルサッカー界の救世主でもあった。

「しかも、フィーゴは国際社会におけるポルトガル人のアイデンティティを高く引き上げてくれた。フィーゴは紳士的な振る舞いをしたことで、田舎者といわれていたポルトガル人のイメージを変えてくれた。しかし、ロナウドはそれ以上の働きをしてくれたのだ」

ロナウドは、人々が待望していたセバスティアン王以上の存在であったのだ。

それではロナウドは、エウゼビオをも超えたのだろうか？　エウゼビオのバロンドール受賞は1回だけであり、また、チャンピオンズリーグも、ベンフィカにおいて2回優勝しているが、ロナウドはマンチェスター・ユナイテッド時代に1回、さらに、レアル・マドリードにおいて3回と、計4回の優勝を果たしている。様々な個人記録を考慮に入れれば、ロナウドがエウゼビオも超えたのは明らかな事実だろう。しかし、ヌーノはこんなことも話した。

「ポルトガル人の大半であるベンフィキスタ（ベンフィカファン）たちは、なかなかそれを認めたがらないんだ。やはり、エウゼビオが一番だとね。でも、ほとんどのポルトガル人はロナウドが好きだ。彼がエウゼビオを超えたことは誰もが認めていることなんだ」

それでは、ポルトガル人はロナウドのライバルであるメッシが好きなのか。

「ポルトガル人にとって、メッシは驚き、賞賛の対象だ。生まれつきの才能ではロナウドを超えているだろう。ロナウドにも、もちろん才能はあったが、現在のようになったのはそれ以上に彼の努力が大きかったからだ。彼のもつフォルサ・デ・ボンターデ（やる気）とサクリフィシオ（献身的な努力）は、とても価値のあるものであり、とくに若い人たちにとってお手本のような存在となり、ポルトガル社会に大きな影響を与えたのだ」

ポルトガル社会、そして、今や全世界に影響をもたらす男、クリスティアーノ・ロナウド。はたして、彼はヌーノが言うような、〝生きる神話〟の主人公に値するのか。その命題を軸に、この物語を進めていきたい。

コスモポリタン的海洋民族

ポルトガル人は常に海を見つめてきた。海の向こうにはすべてがあると信じていたからか、あるいはいつ攻めてくるか予断を許さないスペインという大国が背後に迫っていたからなのか。

ヨーロッパ大陸最西端のイベリア半島に位置し、西と南が大西洋に面し、東と北がスペインに接している。イベリア半島の6分の5がスペインで、6分の1がポルトガル。人口1000万、国土面積は日本の4分の1だ。

小さな国、ポルトガル――。隣国スペインに占領されても不思議ではない小国が、16世紀には先進的な航海術を手にしたことにより世界の海へ乗り出した、いわゆる大航海時代により、アフリカ沿岸に植民地を作り、本国の20倍以上の面積を有する大帝国を形成したときもあった。

植民地経営はスペインが上から押さえて支配したのに対して、ポルトガルは人口が少ないために、アフリカ沿岸諸国の黒人を植民地に連れていき、奴隷として働かせた。しかし、興味深いのは、奴隷との関係が必ずしも主従関係に終わらなかったことだ。奴隷として働かせていた黒人との間に子供をもうけ、混血を進めていくようなことが起こった。〝人種のるつぼ〟といわれるブラジルのような国ができたのはその結果でもあった。

コスモポリタン的海洋民族――。ポルトガル人のアイデンティティはそのような形容がふさわしいのかもしれない。21世紀、おそらくポルトガル人としては、最も世界中に名を知られることになったクリスティアーノ・ロナウド。彼のような人物がなぜ、ポルトガルから出てきたのだろうか。はたして彼は、ポルトガル人のアイデンティティを持ち合わせているのだろうか。

ロナウドが生まれたのは、ポルトガル本土から、さらに南西に1000キロメートル離れた大西洋上にある火山島のマデイラ島だった。ポルトガル本土ではなく離島で生を授かったことは、はたしてロナウドにどのような影響を与えたのだろうか。

マデイラ島がポルトガル領となったのは大航海時代からである。1418年、ポルトガル人航海者である、トリスタン・ヴァス・テイシェイラとジョアン・ゴンサルヴェス・ザルコがこの島を再発見し、島を覆い尽くす木々を見て、木材という意味のポルトガル語である、「マデイラ」と名をつけたことになっている。

史実において再発見とされるのは、多くの歴史家が、それよりも前にこの島の存在が知られていたことを認めているからだ。紀元前に地中海を交易の舞台として活動していた海洋民族フェニキア人が島を発見したという説もある。

いずれにせよ、マデイラ島に植民され、人々がこの島に足跡を残すようになるのは、再発見された15世紀以降のことだ。ポルトガルの航海者たちは大西洋をアフリカ西海岸沿いに少しずつ南下し、やがて南アフリカの喜望峰に到達し、そして、1498年、ついに、バスコ・ダ・ガマによりインド航路が発見される。これにより、それまで地中海を行き来する商人を通じてしか手に入らず、また、多くの商人の手を介してポルトガルにもたらされたため高額に跳ね上がっていた香料が、ポルトガル人自らの手で直接もたらすことができるようになった。そして、他のヨーロッパ諸国へ売ることにより、ポルトガルは莫大な利益を得るようになる。そのインドへ向かう航海者たちの食料供給地となったのもマデイラ島だった。

やがてマデイラ島の開拓において、多くの人手を必要とするサトウキビが栽培されるようになると、ポルトガル本国からの植民だけでは足りず、アフリカ沿岸から黒人が奴隷として連れてこられるようになる。1500年にブラジルが発見されると、砂糖栽培もブラジルへ移ることになるが、マデイラ島はまた、南米大陸への海上の経由地としての役割を担っていく。つまりマデイラ島は常に海上交通の経由地として、人々の出入りが激しいところだった。

ロナウドの先祖も外地からこの島にやってきた。しかも、ポルトガル本国からではなかった。

ロナウドの先祖

ロナウドにとって父方の曾祖母にあたるイザベル・ローザ・ダ・ピエダーデは、カーボベルデのサン・ヴィセンテ島で生まれた。カーボベルデはマデイラ島よりもさらに南方、西アフリカ、セネガルの沖合570キロメートルの大西洋上にあり、大小15の島からなるが、その一つがサン・ヴィセンテ島である。

カーボベルデも15世紀にポルトガル人によって発見され、その後、南米へ向かう奴隷船の中継地として、奴隷貿易で栄えたところだ。長い間、ポルトガル領であったが、1974年に独立している。カーボベルデに入植したポルトガル人と、奴隷として連れてこられたアフリカ人との間にも混血が進んだ。ヨーロッパ系白人とアフリカ系黒人の混血女性をムラータと呼ぶが、ロナウドの曾祖母イザベルもムラータだった。

イザベルの出生に関する記録は残されていないが、ロナウドから三世代遡《さかのぼ》るということから、1

900年頃に生まれたと推測される。19世紀末から20世紀初頭のカーボベルデは、断続的な干魃《かんばつ》や飢餓に見舞われている。ポルトガル本国からもたらされた大土地制度の弊害もあり、海外へ仕事を求めて出ていく人々が多かった時期だった。また、独立運動が少しずつ始まろうとしていたときだった。

イザベルは16歳のとき、マデイラ島へ渡る。おそらく彼女も仕事を得るためであり、新天地を求めて渡ったのだろうが、確かな理由はわからない。また、単身で渡ったのか、家族とともに渡ったのかも、わからない。確かなことは、イザベルはマデイラ島に住み着いたあと、サント・ダ・セッラ出身のジョゼ・アヴェイロと結婚したことだ。そして、二人の間に生まれたウンベルトがフィロメナと結婚する。フィロメナとウンベルトとの間には6人の子供が生まれたが、その一番上の長男が、ロナウドの父ディニスだ。ディニスは1953年9月30日に生まれている。

すなわちロナウドには何分の1かは、アフリカ人の血が流れていることになる。

このことは我々日本人からすると驚くべき事実であるかもしれないが、コスモポリタン的海洋民族であるポルトガル人からすれば、ごく普通のことであるようだ。

ロナウドが2009年、FIFA最優秀選手賞を獲った直後に、マデイラ島の新聞「ディアリオ・デ・ノティシアス・ダ・マデイラ」が、ロナウドにはカーボベルデとつながりがあることを伝えている。記事を書いたのはドゥアルテ・アゼヴェドという人物であり、彼はロナウドの父方の祖母にあたるフィロメナを取材している。アゼヴェドはこのように書いている。

「イザベル・ローザ・ダ・ピエダーデは16歳のときにプライア（カーボベルデの首都）を出て、大西洋にあるマデイラ島に向かうが、間違いなく幸運を求めて向かったのだろう。しかし、彼女自身、三世代後に世界最高のサッカー選手が一族から出てくるなどとは、決して夢にも思わなかったはずだ」

さらにアゼヴェドはこう続けている。

「ロナウドが表現するフットボールはユニバーサルなものと考えられるかもしれない。しかし、彼は独特のひらめきと、アフリカ人がもつパワー、さらにヨーロッパ人がもつ戦術理解力を有している。2つの起源をもつことが興味深い。それは曾祖母の出身地であるカーボベルデとロナウドの母が生まれたカニサルである。この2つの土地には類似点もあるが、彼に与えた影響とは、この2つの地域的特徴のミックスではないだろうか？　もちろん、それ以上のものが存在するだろう。しかし、カーボベルデとマデイラ島出身者を祖先にもつという事実はとても興味深いものだ。クリスティアーノ・ロナウドには、アフリカ人の痕跡が残されていることが見てとれるのだ」

この記事で紹介されていたフィロメナは、その後、2014年8月8日に84歳で亡くなっている。

一方、ロナウドの母マリア・ドローレス・アヴェイロについては、2014年に『MÃE CORAGEM. A vida, a força e a fé de uma lutadora』（パウロ・ソウザ・コスタ著）が出版されている。本のタイトルを日本語に訳すと、『肝っ玉母さん、戦う人の力強さと信仰に満ちた人生』となる。さらに、小タイトルとして、次のようなキャッチフレーズも書かれている。〈ドローレス・アヴェイロ、苦しみ続けながらも彼女は決して希望を失わなかった〉

彼女の祖先がどのようにマデイラ島にやってきたかは記されていないが、彼女の生い立ちから、ディニスとの出会い、そして、ロナウドの出産に至る経緯をこの本からくわしく知ることができる。

両親の出会い

ロナウドの母マリア・ドローレス・ドス・サントス・ヴィヴェイロは1954年12月31日、父ジョゼ・ヴィヴェイロと母マティルデの間に、1歳年上の長男ジョゼに次ぐ2番目の子として生まれた。

マリア・ドローレスが生まれたカニサルはマデイラ島の最東端にあり、島の中心地フンシャルからはマデイラ島の空港があるサンタ・クルスよりさらに東に6キロメートルほどで、サン・ロウレンソ岬の付け根あたりに港を要し、集落が広がっている。

カニサルはマシッコ郡に所属する村だが、その郡一帯は当初、マデイラ島を発見したトリスタン・ヴァス・テイシェイラの3番目の子供であるジョアン・テイシェイラの直轄地だった。一帯にはウサギ、ヤマウズラ、クジャク、野生豚などが生息したため、狩りが行われていたという。のちに教会が造られ小教区として歩み始めるが、もともと水源地からも離れ、アクセスも悪いため住む人は少なく、生計は漁業に頼る孤立した地域だった。水道が引かれ、トンネルが掘られ、ほかの地域との交通路が生まれるのは、マリア・ドローレスが生まれてから、はるかあとだ。人口が増え、1995年には住民が5000人を超える村となるが、マリア・ドローレスが生まれた50年代は900人ほどしかいなかった。彼女が生まれた1950年代のマデイラ島について、同書では次のように記述している。

「当時、マデイラ島で生まれるということは、プリズムを通して2つのことを見ることができた。一つは大きな特権を有して、その地域の美しい自然を享受すること。そして、もう一つは運に恵まれない、困難を持ち合わせ、孤立感を持ち合わせること」

マリア・ドローレスは後者のほうだった。彼女は５人兄弟の上から２番目であり、兄と弟が１人ずつ、そして、妹が２人いた。５人の子供を抱える一家の生活は厳しいものだった。村は漁業に頼っていたが、50年代当時のカニサルに住む人々の気持ちが、このように綴《つづ》られている。

「島の人々は様々な感情で海を見つめていたのだろう。島はここで生まれた人々に恩恵をもたらしてくれるようにも見える。海は魚を食卓に提供してくれる。しかし、海はまた、嵐になると島の子供たちを飲み込んでしまう。海は島を抱擁するのと同時に、ほかの人々から孤立させるものでもあった」

　興味深いのはカニサルという土地は、50年代マデイラ島における捕鯨の中心地であったことだ。ポルトガルにおける捕鯨はもともとアゾーレス諸島で始まった。18世紀から19世紀にかけて、アメリカの捕鯨船が周辺に現れ、捕鯨をしていたが、その乗組員としてアゾーレスに住むポルトガル人が雇われたことから、のちにその経験を活かしてポルトガル人による捕鯨が始められた。20世紀になると、アゾーレス諸島で捕鯨をしていた船がマデイラ島周辺にも現れるようになり、１９４０年、マデイラ島に捕鯨のための見張り人が初めてアゾーレスからやってきて、マデイラ島のポント・チニスとマシッコの高台に捕鯨見張所が造られた。１９４１年には鯨を解体して油を取り出す工場も造られた。そして、51年にカニサルにＥＢＭ（マデイラ捕鯨株式会社）の工場が造られることになる。

　しかし、マデイラ島における捕鯨は長くは続かなかった。１９７０年代になると国際的に捕鯨に反対する声が高まり、81年にはマデイラ島での捕鯨は終わっている（その後、カニサルには89年に捕鯨博物館が造られ、２０１１年に新改装された）。

　父親のジョゼ・ヴィヴェイロがどのようにして生計を立てていたか、同書では明らかにしていない。カニサルに住んでいたので、もしかしたら、この捕鯨会社の工場で働いていたのか、あるいは漁師であったのか、細々と農業をしていたのか、そのいずれかであろう。

1959年、ヴィヴェイロ家の生活の苦しさに追い打ちをかけるような出来事が起こる。マリア・ドローレスが5歳のときに、母のマティルデが突然病に倒れ、亡くなったのだ。その結果、長男だけが父親の元に残り、下の4人の子供は児童養護施設に預けられる。

マリア・ドローレスは1963年、9歳のときに家に戻るが、彼女が施設に入っているときに父親は再婚した。再婚相手の女性はアンジェラというが、5人の子連れだった。さらに、そのアンジェラとの間に3人の子供をもうけることになる。つまり、マリア・ドローレスは13人兄弟の1人となる。そして、住居をマデイラ島の中心地であるフンシャル近くのサント・アントニオに移している。

たくさんの子供が生活する一家のなかで、マリア・ドローレスの居場所はなく、13歳になると学校をやめさせられて、仕事をさせられるようになる。ブドウの収穫時に背負うカゴ作りがその仕事だった。作業は朝早くから夜遅くまで続く厳しいものだった。

そんな彼女が家を出て自由を求めるためには、結婚することが一番手っ取り早い方法であったのだろう。同じくサント・アントニオに住むディニスと知り合い、二人は1973年5月5日、結婚式をあげる。マリア・ドローレスは18歳、ディニスは20歳だった。二人が生活を始めたのは、ディニスの家で、寝室もディニスの両親と同じだった。

神話が生まれた政治的背景

二人が生まれ育ち、そして、出会って結婚生活を始める時期は、ポルトガルにおいても特別な時代だ。それはアントニオ・サラザールという人物による独裁政治が行われていた重苦しい時代であった。

サラザールはもともと財務大臣として頭角を現し、1932年に首相になると、新憲法を制定し、敵対する勢力は秘密警察を使って排除し、一挙に権力を集中させてファシズム独裁体制を敷いた。サラザールの独裁は、首相に就任した32年から、病気で倒れ引退する68年まで36年間にわたり続いた。しかし、サラザールがドイツのようなファシズムを強《し》いたかというと、そうではない。『ポルトガル史』（金七《きんしち》紀男著、彩流社）によると、サラザール体制においてはファシズムの必要条件である革新性、反ブルジョア性、反資本主義性、指導者のカリスマ性、指導者への熱狂的支持、大衆動員といった多くの要素を欠いていた。

彼が掲げた「神・祖国・家族」という標語に見られるように、農村的な伝統的価値の擁護を強調したものだった。民族主義の高揚は見られても、ドイツやイタリアのような攻撃的な領土拡大の誇張主義ではなく、ポルトガルは多民族国家を建前とし、サラザールは植民地維持のために防御的な姿勢をとっていたのだという。第2次世界大戦後、1960年代になるとアフリカの植民地には独立の気運が高まり、イギリス領、フランス領が相次いで独立した。しかし、ポルトガルはアンゴラ、モザンビーク、ギニアビサウといった植民地を維持し続けた。サラザールは、植民地をポルトガルの「本国と不可分一体の領土である」と想定し、海外州と見なしていた。したがって、国連から植民地を手放すべきだと再三、勧告を受けても「植民地ではない」と言い続けたのだ。

『リスボンの春』（野々山真輝帆著、朝日新聞）によると、ポルトガルは一種の美しい農園であり、外来の文明の「不純」な空気に汚染されないように固く門戸を閉ざした。サラザールの理想とする田園至上主義は自給自足的な貧困を意味し、近代化を遠ざけることになったのだという。

しかし、ポルトガル植民地でも独立を目指す武装闘争が始まる。1961年にアンゴラ、63年にはギニアビサウとカーボベルデ、64年にはモザンビークで始まっている。ポルトガル政府はアフリカの植民地を維持するために軍隊を派遣し、力で押さえつけようとした。いわゆる植民地戦争が始まった（後述するが、この戦争はロナウドの一家に少なからず影響を与えることになる）。独立派はゲリラ戦を繰り広げ、戦争は泥沼化し、軍事費はポルトガルの財政を大きく圧迫していくようになる。

そのような植民地戦争に対する不満は軍部のなかから起こるようになる。サラザールの死後、1973年にスピノラ将軍は『ポルトガルとその将来』という書籍を執筆し、「ポルトガルがこれ以上植民地を持ち続けることは無意味である」と、国政の悪化を促すような植民地戦争を続けることはやめるべきだと説いた。この書がきっかけとなり、74年4月25日にポルトガルの軍部によって革命が起こる。鉄砲の先にカーネーションをさして街を行進する、無血革命であった。この革命後、ポルトガルは植民地を解放することになる。

サラザール時代の人々の生活をよく物語るものに、反サラザールであったエンリケ・ガルヴァン大尉が指摘した「ポルトガルをだめにした三つのF」というものがある。エンリケ・ガルヴァン大尉は、1961年にサラザール政権を脅かそうとして「サンタ・マリア号シージャック事件」を起こした首謀者である。

「ポルトガルをだめにしたのは三つのFである。すなわちファド、ファッティマ、フットボールだ」

彼の主張は、サラザールが国民を政治的な関心から遠ざけ、愚民政策として利用したのがこのFで始まる三つの言葉だというのだ。

ファドはポルトガルの大衆歌謡ともいえるもので、今日ではリスボンにファドを聴かせるレストランがたくさんあり、多くの外国人観光客を集めている。また、観光客向けではなく、ポルトガル人のファド愛好家たちが集まる酒場もある。ファドは宿命を意味するラテン語「fatum」を語源としている。ファドには別離の悲しみや郷愁（サウダーデ）を歌い込んだものが多い。大西洋に面したポルトガルゆえ、人々は海という絶対的な自然の力の前では無力であることを常に感じさせられてきた。独裁者にとって、人々が運命や宿命を受け入れ、感傷に浸るのも好都合であった。

ファッティマとは聖母マリアが出現としたとされる、ポルトガル中部にある奇跡の地である。1917年5月13日、ルシア、フランシスコ、ジャシンタの三人の牧童の前に突然、聖母マリアが現れたというものだ。この奇跡は、のちにローマ教皇庁からも公認されるが、奇跡の起きた5月13日には、毎年ファッティマにポルトガル国内外からたくさんの巡礼者が集まる。サラザールはこの奇跡を利用して、教会離れしていた人々の目を再び教会へと向けさせたのだった。

そして、三つ目のFがフットボールだった。国民が最も熱狂するものであり、その熱狂をあおることで、政治への関心を遠ざけようとしたのだ。武田薫著『ロザ・モタ』のなかには、当時の有様をよく伝える新聞記者のコメントが紹介されている。

〈「革命前はね、この国の各地で暴動とまでは行かなくても、いろいろ抗議行動はあったんだ。ところが、そういう日のテレビニュースは、サッカー番組をやたらに流したもんだ。分かるか？　サッカー番組で情報を隠したんだ。サッカーはスポーツ競技を超えて体制を支える道具だった」〉

結局、サラザールは病気で亡くなる1970年まで権力を持ち続ける。そのなかで、ポルトガルは国際社会の流れからも取り残されていったのだった。

黒豹エウゼビオ

ポルトガルが1970年代に至るまで植民地を持ち続けたことは、ポルトガルサッカー界にも大きな影響を与えている。それは、ポルトガルにモザンビーク出身のエウゼビオという希有《けう》なストライカーが現れたことだ。

エウゼビオ・ダ・シルヴァ・フェレイラは1942年1月25日、モザンビーク（当時ポルトガル領東アフリカ）の首都ロウレンソ・マルケス（独立後はマプートに改称）で生まれた。モザンビークは東海岸、タンザニアと南アフリカに挟まれたインド洋に面した国だ。1498年、リスボンを出航したバスコ・ダ・ガマは、大西洋を南下して喜望峰を回り、インド洋をアフリカ東海岸沿いにさかのぼってインドへ到達しているが、その際にこの地に到達したといわれている。

その後、インドとの香料貿易を続けるなかで、ポルトガルは航路上に燃料や食料の供給地として植民地化を進めていく。当初、西アフリカから黒人奴隷をブラジルへ運んでいたが、その輸出が困難になると、やがてモザンビークが新たな奴隷供給地となる。

19世紀に入り、奴隷制度が廃止されるが、その後も事実上の奴隷労働制度が続いた。第2次世界大戦後にアフリカ各地の植民地に独立の機運が高まり、1964年からはモザンビークでも独立戦争が始まる。エウゼビオが生まれたのは第2次世界大戦のさなかであり、モザンビークがポルトガル領であるのを当然ながら受け入れていた時期に育っている。

1960年、エウゼビオが18歳のとき、ポルトガルの首都リスボンのクラブであるベンフィカと契約し、モザンビークを後にする。エウゼビオが加わってからのベンフィカは大躍進を始める。61年にチャンピオンズカップ（現在のチャンピオンズリーグ）優勝をベンフィカにもたらし、さらに、62年にはディ・ステファノ、プスカシュ、ヘントを擁し、当時最強といわれていたレアル・マドリードと決勝を戦い、エウゼビオは2ゴールを決めてベンフィカは2連覇をしている。

ベンフィカでは1960年から75年までプレーしたが、その間リーグ優勝10回、チャンピオンズカップ2回優勝、301試合に出場し、307得点を挙げている。65年には、ポルトガル人として初のバロンドールを受賞。68年、73年にはヨーロッパ得点王であるゴールデンシュー賞を受賞している。

ポルトガルが初めて出場した1966年ワールドカップでは、準々決勝の北朝鮮戦を0対3とリードされながらも、4ゴールを決めて逆転し、5対3で勝利。そして、準決勝は開催国イングランドと対戦、1得点をマークしながらも1対2で敗れたが、エウゼビオは大会を通じて9得点を挙げ、大会得点王となる大活躍をして世界中を驚かせたのだ。

1970年9月、エウゼビオを擁するベンフィカが来日した。

日本代表と神戸で1試合、東京で2試合合行い、3対0、4対1、6対1といずれも圧勝している。当時、日本は釜本邦茂、杉山隆一を擁し、68年のメキシコオリンピックで銅メダルを獲り、サッカーブームが起こっていたが、まだワールドカップなどは別の世界のものと感じていた頃だった。

ベンフィカの来日を特集した当時の「サッカーマガジン」（1970年10月号）の表紙には、国歌斉唱のときに撮られた写真が使用されている。エウゼビオを先頭にベンフィカの選手が並んでいる。エウゼビオは直立不動の姿勢をしている。少しあごを上げ、ほおや首のあたりにうっすらと汗が浮かび、ライトに照らされ光っている。眼窩《がんか》の奥から輝いた目がのぞいている。エウゼビオの表情は何の雑念もなく、とても心が澄んでいるように見えた。

雑誌にはもっと低いアングルから撮られた写真も収められている。エウゼビオを先頭にベンフィカの選手、レフリー、そして、日本の選手が一列になっている。表紙では上半身しか写っていないが、その写真を見ると、ほかの選手とは比べものにならないほどエウゼビオの姿勢がいいことがわかる。両足太ももの筋肉がくっきりと盛り上がっているところからも、足の隅々にまで力がみなぎっているのだろう。ベンフィカの選手のなかには腕をだらっと垂らした者もいるし、ほかのほうに視線を向けている者もいる。しかし、エウゼビオは違った。

エウゼビオはまっすぐにポルトガル国旗を見つめていた。１９７０年といえば、植民地戦争が泥沼化し、国家予算の半分近くを戦費に費やしていた頃である。ベンフィカの選手18人のうち、エウゼビオを含む６人が海外州出身の選手だった。エウゼビオが活躍した時期は、ポルトガルの植民地戦争が始まり、ポルトガルの激動期と重なっていたことからも、エウゼビオは複雑な境遇を過ごしたにちがいなかった。はたしてエウゼビオはポルトガル国旗を見ながらどのような気持ちでいたのだろうか。

それから16年後の１９８６年、私がポルトガルに住み、取材コーディネーターをやっていたとき、エウゼビオの自宅を訪ねたことがある。雑誌「ブルータス」の取材だった。エウゼビオは当時、ベンフィカのアシスタントコーチを務めていた。イングランド人のジョン・モルティモアが監督だった。エウゼビオの自宅は、大きなマンションにはちがいないが、彼の実績からすれば、驚くほど質素だった。数々のトロフィーを飾った部屋も見せてくれたが、印象的だったのはリビングに飾られた「モザンビーク」と彫られた海亀の甲羅だった。

「引退を決めた瞬間を覚えていますか?」

と質問すると、彼は即座に答えた。

「1975年3月20日の朝9時45分だった」

時間まで覚えていることに私は驚かされた。1975年という年は、エウゼビオがベンフィカをやめた年であり、その後、彼はアメリカやメキシコ、カナダで78年までプレーを続ける。しかし、彼にとってはベンフィカがすべてであり、その後のサッカーキャリアはおまけにすぎなかったのだろう。

「朝の食卓で神に祈ったあと、引退を妻と娘たちに告げたことを覚えている」

「引退を止める人はいなかったのでしょうか」

「記者や周辺の者たちは『もう1年や2年やれる』と言ったが、そんなことは周りが決めることじゃない。自分が一番よくわかっているものだ」

エウゼビオがベンフィカをやめて海外に向かったのは、独裁政治が打倒された1974年の革命の翌年であり、モザンビークが独立した年でもある。革命直後の反動から、旧体制を支えてきた者と批判されたことも辛かったのではないだろうか。そのような質問は、そのときしていない。しかし、記者はこんなことを質問した。

「人種的偏見に苦しめられたことはありませんか」

私はそのとき、ずいぶんダイレクトな質問だと思ったが、そのとおり訳した。エウゼビオは少し真顔になった。

「そんなことは一度もない。私はむしろこの国に感謝している」

革命当初こそ、エウゼビオは批判にさらされたかもしれないが、この取材が行われた1986年当時、ポルトガル人でエウゼビオを悪く言う人などいなかった。エウゼビオは、その後、ベンフィカの親善大使を務めたり、2004年ユーロではポルトガル代表親善大使を務めたりするなど、ポルトガルサッカー連盟の重鎮として多忙な日々を送るようになる。

エウゼビオはたしかに政治に利用されたかもしれない。しかし、素朴で純粋なエウゼビオの姿が今も人々の心の中に生きているのは間違いなかった。

2004年ユーロ直前に出された雑誌「ナンバープラス」（2004年6月号、文藝春秋）に掲載された熊崎敬氏のルポには、それを象徴するようなベンフィカファンのコメントが掲載されていた。

〈自由のない時代にエウゼビオとベンフィカが国外で大活躍する、それは胸のすくような出来事でした。騒ぐことすら許されなかった時代でも、ルス（ルーススタジアム）では大声で叫ぶことができました。いつも十二万の人々が、エウゼビオを見るために観客席を埋め尽くしたんです。1966年のワールドカップ、三点差からエウゼビオの4ゴールで大逆転した北朝鮮戦を、わたしは8歳のときにテレビで見ました。もう釘づけでした。彼は激しいマークにさらされても笑顔を絶やさず、いつも敵を尊重しました。ゴールとともに、その優しく素朴な人柄でわたしたちの心を占領したのです〉

エウゼビオが単なるスーパースターで終わらず、今も人々の脳裏にしっかりと焼き付いているのは、複雑な境遇でありながら真摯にサッカーと向き合ってきたからだ。エウゼビオが活躍したのは1960年代から70年代にかけてであり、エウゼビオの栄光の時期はそのままポルトガルの激動期と重なっていたのだ。

エウゼビオは2014年1月5日、71歳でその生涯を閉じている。

夜明け前の苦闘

1973年に結婚したディニスとマリア・ドローレスの間には、すぐに長女エルマが生まれる。そして、翌年、ウーゴを身ごもっているときに、ディニスに植民地戦争へ赴くべく召集令状が届く。ディニスが向かった先はアンゴラだった。時期的には植民地が解放されることになる革命直前であった。独立を願うアフリカ諸国側に大義名分が存在し、それと戦うために戦地に入ったポルトガル人の多くが、無意味な殺傷であることを感じながら戦っていた時期である。

ディニスは2番目の子供であるウーゴが生後7カ月のときに帰国している。しかし、マリア・ドローレスの本によると、「もはやディニスは以前のようなディニスではなくなっていた。日の輝きは失われ、無理をして明るくしようとしているのがわかった」。マリア・ドローレスが見たのは魂を失い、抜け殻のようになった夫の姿だった。また、映画「ロナウド」のなかでは、マリア・ドローレスは「ディニスは戦争に対する強烈な怒りを抱えて帰ってきた」と話している。

ディニスにはいったい、戦地アンゴラでどのようなことが起こったのだろうか。ディニスには、時間が経過しても一向に回復する兆しは見えなかった。仕事もせず、アルコールに浸る日々が続くようになった。

生活に行き詰まったため、マリア・ドローレスはエルマとウーゴを舅《しゅうと》に預けて、フランスへ出稼ぎに行くことを決意する。1970年代から80年代にかけてのポルトガルは、ほかのヨーロッパ諸国に比べて、収入面において大きな格差があった。自国では十分な収入を得られないため、フランス、スイス、ドイツなどへ出稼ぎに出る人が多かった。親類や知り合いを頼っていくのだが、マリア・ドローレスも親戚を頼ってのことだった。前出の書籍にある家族写真のなかに、唯一欠けているのが継母の長女アンジェラであり、フランスにいるためとキャプションに記されている。したがって、そのアンジェラを頼ってフランスに行ったのだと思われる。パリ近郊の家で家政婦をすることが仕事だった。最初は単身で行き、仕事が順調に進めば、家族をマデイラ島から呼び寄せるつもりだった。

幼子と離れてのフランスでの生活は、マリア・ドローレスにとって辛いものだった。よりよい生活を求めて出稼ぎを選んだが、貧しくてもよいから家族と一緒に生活するほうが大切なのだと、日を重ねるごとに強く思うようになった。海外で生活したポルトガル人が感じてきたサウダーデを、マリア・ドローレスも強く感じたのだった。結局、フランスでの出稼ぎ生活は5カ月間で終わり、マデイラ島に戻ったのだった。

マデイラ島に戻っても、苦しい生活は一向によくなる兆《きざ》しはなかった。ディニスはさらに酒に溺《おぼ》れ、働く意欲をまったく示さなかった。また、マリア・ドローレス自身が映画「ロナウド」のなかで明かしているが、「夫は子供たちに対して手を上げるようなことは決してなかったのですが、私に対しては暴力を振るうようになったのです」。

そのような夫婦生活でありながら、生活をさらに脅かすようなことが起こった。夫婦の間に3人目の子供ができたのだった。もはや、ディニスの舅の家に住み続けることは不可能だった。

ポルトガルは1974年に起こったカーネーション革命以降、それまでの独裁政治から脱却し、民主化への道を模索し始めるが、数年間は政治的にも、また社会的にも混乱した状態が続いていた。それは、マデイラ島も同じだった。

そんなときにディニス一家は市営住宅で空き家となった家を見つけ、勝手にそこへ住み着くことにした。市の職員が一度訪れたが、妊娠しているマリア・ドローレスを見て、そこへ住むことを許可した。しかし、その空き家は、屋根に穴もあるような状態だったので、逆に市は建物の崩壊によってケガを負っても責任をとらないという書類に署名するように求めた。

1977年10月5日に3人目の子供であるカティアが生まれ、5人家族となったが、一家にとって時間の経過とともにその家も窮屈となっていく。しかも衛生面においても問題があり、ある日、赤ん坊のカティアの布団にネズミが入り込んでいるのを見つけ、もうこの家には住めないことを悟った。

そこで、マリア・ドローレスは市役所へ行き、なんとかほかの家を斡旋《あっせん》してもらうように頼み込んだ。幸い、サント・アントニオのその家からそれほど遠くない、キンタ・デ・ファルカン地区の家に移ることができた。5人が生活するには狭い家だったが、それまでの家に比べればはるかに快適だった。そして、この家こそロナウドの生家となるのであり、ロナウドが大きな収入を得るようになるまで一家が住み続けた家だった。

レバノンスギの大木

ロナウドがマンチェスター・ユナイテッドで活躍し始めた頃の2008年、私はマデイラ島を取材に訪れ、生家跡を訪ねている。しかし、すでに建物は市によって壊され、更地にされていた。

生家跡の近所に住む、ソニア・フェルナンデスという女性は、家が壊されることになった経緯を私に説明した。

「家が壊されたのは２００７年だった。それまでたくさんの記者や旅行者が家を見にきていた。あるとき、中国人の女性記者が家に勝手に入って写真を撮ったの。それが発表されて、ロナウドはずいぶんと悲しんだのよ」

ポルトガルの雑誌にその家の写真が紹介されたことがあるが、コンクリートでできた白い小さな家だった。ソニアは当時の家について説明する。

「このあたりの地名になっているけど、もともとは菜園（キンタ）があった。サトウキビやバナナの木が植えられていたの。それを市が買い取って家を建て、貧しい者たちに貸していた。ロナウドの家もそうだった。小さな家だったけれど、テラスがあり、そこからフンシャルの街がよく見えたわ」

マデイラ島は東西に58キロメートル、南北に23キロメートル延びる火山島であり、平地はほとんどなく、１８００メートルを超す頂《いただき》から稜線が何本も海に向かって落ちている。大航海時代にポルトガル船団の食料供給地として開けた島は、港のあるフンシャルが中心地となり、山の斜面に向かって街が広がっている。海岸線には豪華ホテルが建ち並ぶ一方で、貧しい者たちはどんどん山へ追いやられているような印象を与える。

生家跡の入り口には高さ20メートルを超すレバノンスギの大木が残されている。私は何よりもこの大木が印象に残った。ディニス一家が住み着くころから、この木は存在し、ある程度の高さがあったにちがいない。レバノンスギはもともと中近東に広く自生していたものであり、レバノンに住んでいたフェニキア人は造船にこの木を使ったといわれる。島でレバノンスギを目にすることは、海洋民族といわれるフェニキア人の足跡がこの島にも残されているようで興味深い。

ロナウドの生家跡の大木はまっすぐ天に向かっている。それは、この家でのちに生まれることになるロナウドが、あたかもスターの道を駆け上がっていくことを暗示しているかのようでもある。

エルマとウーゴは大きくなるにつれて、母親のカゴ作りの仕事を手伝うようになった。相変わらずディニスは自分の世界にこもっていたが、3人の子供たちには変わらぬ愛情を注いでいた。マリア・ドローレスとしては、子供たちがやがて成長すれば、家計を助けてくれるだろうし、生活も少しは楽になっていくだろうと、希望を抱くことができた。しかし、マリア・ドローレスには次なる問題が生じたのだ。それは4番目の子供を体内に宿したことだった。

マリア・ドローレスは悩んだ。しかし、どう考えても、もう一人子供を養うのは無理であろうと思った。また、ディニスは4人の子供を養うという挑戦に対して助けてくれそうにもなかった。この問題を解決するには、産むことを断念するしかないと考えるに至った。

マリア・ドローレスは、医者に行き妊娠を告げられるときがくるのが恐ろしかった。そして、断念したいと告げたとき、医者が何と言うのか。はたして、医者が家庭の状況を理解してくれるだろうか。不安は募るばかりだった。

そして、その日がやってきた。医者はあっさりと、そして、はっきりとした口調で言った。

「そんなことは考えるべきではない。あなたはまだ30歳だし、身体的に断念するような動機は存在しないはず。新しく誕生する子供は、家族にとって大きな歓《よろこ》びとなるでしょう」

医者の言うことは理解できた。それでもマリア・ドローレスには、生まれたらどのように養っていけるのか、どうしてもその心配を取り除くことはできなかった。

近所に住んでいた継母の娘の一人は、マリア・ドローレスの家庭の困難さをよくわかっていた。そこでマリア・ドローレスに、胎児がお腹の中で育たなくなる家庭療法を教えた。「黒ビールを沸騰させ、それを最後の一滴まで飲む。そして力一杯走り続ける」というものだった。そこでマリア・ドローレスはそれを試した。もしもこの療法が、効果を現していたなら、世界最高となるサッカー選手は、この世に生まれてこなかったことになる。しかし、お腹の中の胎児はおとなしく眠り続けているようだった。そこでマリア・ドローレスは決心する。

「もしも、この子が生まれることを神がお望みなら、そのとおりにしなければいけないでしょう」

1985年2月5日（火曜日）午前10時20分、神が望まれ、そして、のちに世界中のサッカーファンに歓びを与えることになる男子がついに誕生する。体重は4キログラム、身長は52センチメートルだった。マリア・ドローレスが生まれたばかりの赤子と対面したとき、医者が彼女に言った言葉は、決して彼女の記憶から消えないものとなる。

「立派な足をした赤ちゃんですね。将来、サッカー選手になるにちがいありません」

小さくとも大きな希望

新生児は、クリスティアーノ・ロナウドと名づけられた。このロナウドという名前は、父ディニスがアメリカの映画俳優から大統領になったロナルド・レーガンのファンであったことからつけたとされている。ポルトガルのSICテレビが2008年に制作したドキュメンタリー番組「プラネタ・ロナウド」のなかで、マリア・ドローレスは、そのいきさつについて説明している。

「私がクリスティアーノとつけ、夫がロナウドとつけたのです。夫はアメリカ大統領の名前をとてもいいと思っていたからです」

しかし、前出の書籍によると、〈当時、マリア・ドローレスがとても尊敬していた人物がロナルド・レーガンだった。彼のように夢に満ちあふれた人生を息子にもたどって欲しいと願い、その名をつけたのだ〉と、ディニスのことには触れられておらず、あたかもマリア・ドローレス自身が名づけたかのように記されている。

この本自体、マリア・ドローレスのことを書いたものなので仕方がないかもしれないが、全編を通してディニスについての記述があまり多くない。そして、ロナウドを育てたのはマリア・ドローレスであるかのような印象を与えるものだ（ディニスは2005年9月6日に亡くなっている）。

いずれにせよ、ロナルド・レーガンは二人にとってあこがれの人物であったから、この名前をつけたのではないか。1950年代に生まれた二人にとって、青春時代の代表的な娯楽といえば、映画を見ることだった。ポルトガルで映画を見るのは料金も安く、贅沢なものではなかった。むしろ、テレビが高級品であったことから、映画館はいつもたくさんの人で賑わっていた。

おそらく、彼らは、ロナルド・レーガンの代表作を実際に劇場で見ただろうし、そして、映画俳優がカリフォルニア州知事になり、アメリカの大統領にまで上りつめるサクセスストーリーに対して夢を感じていたに違いなかった。ロナウドが生まれる前年の1984年にはロサンゼルスでオリンピックが行われ、その開会宣言をしたのもロナルド・レーガンだった。華々しい舞台に立つアメリカ大統領を、二人は羨望《せんぼう》のまなざしで見つめていたにちがいなかった。

クリスティアーノ・ロナウドが生まれた1985年といえば、映画「バック・トゥー・ザ・フューチャー」がヒットした年でもあった。この映画のなかにこんなシーンがある。主人公の高校生マーティはタイムマシーンであるデロリアンに乗って、1955年に行き、デロリアンを創った科学者の、若かりし頃のドクに会う。マーティが未来からやってきたことを伝えても、ドクはまったく信じない。そして、このように言う。「それでは1985年のときのアメリカ大統領は誰だ」。そこでマーティが「ロナルド・レーガン」と答えると、ドクは「映画俳優のレーガンが大統領だって」と大笑いする。

1953年生まれのディニスと54年生まれのマリア・ドローレスにとって、そのときまでの30年間を振り返るような映画でもある。この映画を二人が見たかどうかはわからない。しかし、85年当時、青年期を送るポルトガル人であれば、間違いなく見ているはずで、この映画がひょっとしたら、名前をつける大きなきっかけとなっていたかもしれない。

また、一つとても興味深い事実がある。それはレーガンが生まれた日は2月6日で、ロナウドが2月5日、誕生日が1日しか異ならないということだ。はたして、二人はレーガンの誕生日まで知っていたのだろうか？　名づけの理由として「誕生日が近かったから」という言葉は少なくとも、ロナウド誕生のエピソードを語るもののなかには現れていない。二人が知らなかったとしたら、とても大きな偶然といえるだろう。

ロナウドの誕生がきっかけで、ディニス一家に変化が現れた。エルマ、ウーゴ、カティアはときには母の代わりとなってロナウドの面倒を見たし、ディニスも子供たちに対してさらなる愛情をもって接した。家族のために働かなくても、このことだけでもマリア・ドローレスにとってはありがたいことだった。4人の子供を支えるうえで家計の負担はさらに大きくなったが、医師の言葉どおり、ロナウドの誕生が一家に歓びをもたらしたことは間違いなかった。

第2章 神話誕生の舞台

Keita Yasukawa

母なるマデイラ

マデイラ島の中心地フンシャルから高速道路で北東に向かって3キロメートルほど車を走らせると、2つの尖塔を持つサント・アントニオ教会が山側に見えてくる。サント・アントニオ教会はもともと16世紀に創られたチャペルの跡に、１８８３年に現在のような2つの尖塔を正面に持つバロック様式の教会が建てられた。このファサードからは、金鉱脈が発見されゴールドラッシュが起こって栄えたブラジルの街、ミナスジェライス州オーロ・プレットを連想させる。

18世紀に、一攫千金《いっかくせんきん》を求めて30万人ほどのポルトガル人がブラジルに移住したという。まだ飛行機も存在しない時代である。移り住んだ人々は船で渡ったわけだが、リスボンを出航し、このマデイラ島を経由していったことだろう。ポルトガルへもたらされた金やダイヤモンドは、そのほとんどが貿易相手国であったイギリスへ流出したという。しかし、多少はポルトガルにも蓄財されたのだろう。ポルトガルには19世紀に建てられたバロック様式の教会がたくさん残されている。サント・アントニオ教会もゴールドラッシュに沸く時期から1世紀ほど経ったときに造られた。

サント・アントニオ教会前の広場に立つと、教区全体がよく見渡せる。街は今も山の斜面に向かって広がっている。そこからロナウドの生家を探すには、海から島の中心へと延びる稜線をたどり、ちょうど教会から正面あたりにある、空に向かって高くのびたスギの木を見つければよかった。

ロナウドが幼少期を過ごしたキンタ・デ・ファルカンは、長屋風の市営住宅が建ち並ぶ、サント・アントニオ地区のなかでも、少し寂れた一角である。

ロナウドが生後7カ月になると、マリア・ドローレスはそれまでのカゴ作りの仕事をやめて、フンシャルにあるホテルのレストランの調理場で働くようになった。１９７４年革命から10年が経過した１９８６年、ロナウドが生まれた翌年に、ポルトガルはＥＣ（ヨーロッパ共同体）へ加盟している。マデイラ島を訪れるヨーロッパからの観光客が徐々に増えていった頃でもある。

観光客増加の一つの要因としては、島の空港が整備されたことがあげられる。２０１７年3月29日に「クリスティアーノ・ロナウド・マデイラ国際空港」に改称されたが、もともとはサンタ・カタリーナ空港という名前であり、１９６４年につくられた。

当然ながら、それまではポルトガル本国との行き来は船しかなかった。空の便ができたことは本国との行き来を活発にしたことだろう。しかし、当初つくられた滑走路は１６００メートルしかなく、着陸するのは至難の業《わざ》だった。そして、１９７７年11月19日に着陸した飛行機が止まりきれず、海に落ちて１３１人が亡くなる事故も起こっている。その影響もあり、82年から滑走路拡張工事が始まり、86年に１８００メートル、さらに、２０００年には２７８１メートルまで拡張された。滑走路は１８０本の柱に支えられ海の上にせり出している。それによりボーイング７４７やエアバスが着陸できるようになって、年間２５０万人もの観光客がこの空港を利用するようになる。ちょうど、ロナウドが生まれた頃から観光客が増加し、マデイラ島にとって観光業が最も重要なものへとなっていく。

マリア・ドローレスはホテルのレストランで働くことにより、収入も少しずつ増えていった。書籍『肝っ玉母さん、戦う人の力強さと信仰に満ちた人生』によると、働き始めてまもない頃に、ついに白黒だが、高嶺の花であったテレビを買うことができたという。

ロナウドが誕生した１９８５年に、私は留学のためポルトガルのコインブラに渡ったが、初めてポルトガルに着いたときは、何か暗いという印象が強かった。コインブラは中世に造られた大学を中心としてできた、中世風の町並みを残した街であるから、暗いという印象をもったのかもしれない。しかし、リスボンやポルトも訪れたが、当時のポルトガルはどこへ行っても、とにかく暗いという印象が強かった。なぜそのように感じたのだろうか。一つには、建物も走っている車もみんな古かったことだ。目にする車は、ほかのヨーロッパ諸国ではもはや見かけないようなぼろぼろの乗り古された中古車であり、ミニやフィアット600といった小さな車ばかりだった。

また、お店にはほとんどものがない。店も少なかった。首都リスボンでさえそれほど差はなかった。商店街はあるものの、ものの少なさは同じだった。バブル期の日本のように、ものがあふれているところからやってきた者にとってはなおさらそう感じられたのだろう。また、他のヨーロッパ諸国で作られた製品には高い関税がかけられているため、輸入品はとても高かった。たまに洒落たものを目にしても、補充品までは売っていないということがよくあった。たとえば、ドイツ製の万年筆を売っていても、インクのカートリッジがなかったりする。

そして、人々はみなおとなしかった。それが秘密警察への通報を恐れていた独裁時代の影響かどうかはわからない。しかし、話をするときはあまり大きな声を出さない。もともとポルトガル国内で話されているポルトガル語は、ブラジルと比べて口をあまり開かずに発音することが多い。ブラジルのポルトガル語が割合、一語一語をはっきりと発音するのに比べて、ポルトガルの発音はフランス語のようにリエゾンすることが多い。さらに、リスボンの中心的な広場ロッシオには、ポルトガル国籍を求めてアフリカ旧植民地からやってきたたくさんの黒人が固まって何か話をしていた。それも少し不気味に感じた。

ポルトガルの人々は当時の日本に比べると、はるかに貧しく、慎ましい生活をしていたが、みんな生活を楽しんでいるようだった。よく「日本では最低賃金はいくらか」と質問された。最低賃金を考えたこともなかったから、「大卒の初任給が14万円くらいだ」と話すと、みんな目を丸くして驚いた。ポルトガルでは3万円ほどの賃金で一家を養っている例もざらにあったからだ。物価が安く、とくに食料品関係は日本と比べればはるかに安かったので、少ない給料でもなんとか生活はできた。

マリア・ドローレスはホテルのレストランで働いていた当時、いくらくらいの収入を得ていたのだろうか。ポルトガルの最低賃金の統計を調べてみると、1986年時点で、一般職であると月2万2500エスクードと出ている。当時のエスクードを日本円に換算すると、2万7000円くらい。ホテルのレストランの収入が最低賃金よりも上であったにせよ、それほど多くはもらっていなかった。

マデイラ島の産物といえば、マデイラワイン、砂糖といったものしかなく、そういった状況で、観光業の増加は島に住む人々の生活を大いに助けることになる。マリア・ドローレスがホテルのレストランに就職できたのも、観光業による恩恵といえる。『肝っ玉母さん、戦う人の力強さと信仰に満ちた人生』によると、時期的に不明な点はあるが、マリア・ドローレスの父ジョゼ・ヴィヴェイロは、よりよい生活を求めて妻のアンジェラや息子たちを連れてオーストラリアに移住している。マリア・ドローレスもよい生活を夢見て、父に連れていって欲しいと頼むが、父の答えは「オーストラリアでの新生活を送るうえで、もうこれ以上の人を受け入れるスペースはない」という冷たいものだった。

ジョゼ・ヴィヴェイロは、いったい、いつオーストラリアに渡ったのだろうか。前出の書籍にはいくつか写真が載せられていて、ジョゼ・ヴィヴェイロとマリア・ドローレスと一緒に写っているものは全部で3枚ある。そのうちの1枚は、6人で写っているもので、キャプションには、〈弟のルシアーノ、妹のフォロレンティーナ、フォロレンティーナのまだ生まれたばかりの赤ちゃん（ヌーノ）を抱いているジョゼ・ヴィヴェイロ、継母との間に生まれた子アレシャンドレ、妹のラウレテンティーナ、そして、クリスティアーノ・ロナウドを妊娠中のドローレス〉と書かれている。いくつかの写真があるなかで、ジョゼ・ヴィヴェイロがクリスティアーノ・ロナウドと一緒に写ったものがないということからも、おそらくロナウドが生まれる頃にはすでにオーストラリアに移り住んでいたと考えられる。マリア・ドローレスにとっては母の死後、施設に預けられたように、ここでも父から拒絶されている。マデイラ島で苦しい生活を続けなければならなかったのだ。

しかし、ここで一つの仮定をしてみたい。もし、父のジョゼ・ヴィヴェイロがマリア・ドローレスをオーストラリアに受け入れていたら、ロナウドのその後はどうなっていただろうかというものだ。マリア・ドローレスの生活は楽になっていたかもしれないが、ロナウドはまったく別の生き方をすることになっていただろう。

『肝っ玉母さん、戦う人の力強さと信仰に満ちた人生』によると、そのようななか、ディニス・アヴェイロ家に光明がさしてくる出来事があったと書かれている。それは、ディニスが再び働き始めたことだった。サント・アントニオにあるローカルクラブであるクルーベ・デ・フテボル・アンドリーニャの用具係を始めたのだ。

アンドリーニャとはツバメという意味だが、クラブが創られた頃、選手がシュートしたボールをツバメが追いかけたことからつけられたという。1925年に創設されたマデイラ島の地域リーグを戦うクラブだが、ちょうどロナウドが生まれた年、85-86年シーズンにマデイラ島杯で優勝している。

ディニスがこのクラブで働きだしたことで、幼少のロナウドは父に付き添って試合を観に行くようになり、やがて、ロナウドもその下部組織でサッカーをするようになる。ディニスがこのクラブで働き始めたことは、ロナウドの将来に大きな影響を与えていくことになる。

ポルトガルの1980年代

1960年代にエウゼビオの活躍で脚光を浴びたポルトガルサッカーは、70年代は世界の表舞台から姿を消してしまう。しかし、80年代になると、まずクラブレベルで優れた成績を記録するようになる。83年、ベンフィカがUEFA杯決勝に進出し、惜しくもアンデレヒトに敗れている。84年にはFCポルトがUEFAカップウイナーズカップ決勝へ進出、これも惜しくもユベントスに1対2で敗れている。

そして、代表レベルでは1984年、欧州選手権に出場し、準決勝まで進出する活躍を見せた。開催国であるフランスに延長戦の末、終了間際にプラティニに決勝ゴールを決められ2対3で惜しくも敗れている。これはワールドカップ66年イングランド大会で3位に入って以来の好成績であった。必然的に2年後のワールドカップ出場への期待が高まった。

ワールドカップ欧州予選は第2組、西ドイツ、スウェーデン、チェコスロバキア、マルタと同組だった。上位2チームが出られるなか、首位の西ドイツは2試合を残し、あと1勝すれば出場を決められる状況だった。ポルトガルはホームでスウェーデンに敗れ、アウェイのチェコスロバキア戦に敗れていたため、ポルトガルは最終戦となる西ドイツに勝利したうえで、しかも、同時刻にプラハで戦われるチェコスロバキア対スウェーデンでスウェーデンが負けなければ出場できない状況だった。

最終戦の試合は1985年10月16日、西ドイツのシュツットガルト、ネッカー・スタディオン（現在のゴットリーブ・ダイムラースタディオン）で行われた。西ドイツは82年のワールドカップ準優勝国であったし、ホームでは35年間負けていなかった。このような状況下でポルトガルがワールドカップ出場を遂げるのはかぎりなく不可能に近いと、誰もが思っていた。

しかし、奇跡は起こった。5万5000人が見守るなか、56分にセンターサークル付近で、ルーズボールをカルロス・マヌエルが拾い、ドリブル。ペナルティエリアあたりで西ドイツのディフェンダーが詰めようとする直前にシュートを放つと、やや前に出ていたゴールキーパーのハラルト・シューマッハーが守るゴールへと、ボールは曲線を描いて左上隅に吸い込まれていったのだ。

ワールドカップ出場への決勝ゴールを決めたカルロス・マヌエルに、2003年に話を聞いたことがある。彼はその日のことについて、次のように話した。

「シュツットガルトでワールドカップ出場を決めた晩、ホテルに西ドイツで働く出稼ぎ労働者が大勢訪ねてきてくれたんだ。彼らは自分のことのように喜んでくれてね。その晩はホテルのバーで彼らと朝まで語り明かしたんだ」

1980年代、多くのポルトガル人が出稼ぎに出ていた。EC諸国との間に大きな賃金格差があったためだ。マリア・ドローレスもロナウドが生まれる前、一度パリに出稼ぎに出ている。ヨーロッパ各地にポルトガル人は散らばり、その土地に自分たちのコミュニティを作り上げていた。日頃、先進国のなかで肩身の狭い思いをしてきた彼らにとって、ポルトガルが西ドイツを破ったことがどんなに誇らしいことであったのか、彼の言葉からもよく伝わってくる。

シュツットガルトでの勝利のおかげでポルトガルは予選第2組の2位となり、1986年ワールドカップメキシコ大会への出場を決めたのだ。

20年ぶりの出場となったメキシコワールドカップでは、ポルトガルはイングランド、ポーランド、モロッコと同じ組に入り、初戦の相手はイングランドだった。1966年大会では準決勝で敗れているだけに、人々はリベンジを果たしてもらいたいと思う一方で、イングランドには負けてもしようがないと、最初からあきらめてしまう、例のファドの世界に通ずるペシミスティックな見方もされていた。ところが、ポルトガルはそのイングランドを1対0で破ってしまうのだ。この決勝点を決めたのは、予選最終戦のドイツでも決勝点をあげたカルロス・マヌエルだった。この勝利で誰もが期待に胸を膨らませた。エウゼビオ時代に果たした上位入賞も夢ではないと新聞も書きたてた。

しかし、メキシコの合宿地サルティィージョではショッキングなことが起こっていた。選手たちとポルトガルサッカー連盟が試合の報奨について合意に至らず、選手たちがストライキを起こすというのだ。連盟がスポーツ用品メーカーやビール会社とスポンサー契約を勝手に結び、選手たちがその宣伝に無報酬で出なければいけないというのも選手たちにとって不満だった。選手のなかには、あえてスポンサー名の入っていないシャツを着て練習を行う者もいた。

結局話し合いはまとまらず、選手たちは第2戦前の練習を1日ボイコットした。そのため、世界中に与える悪いイメージを懸念してマリオ・ソアーレス大統領までが仲介に入り、やっと事態は収拾したのだった。また、ポーランド戦前日の練習で、チームの精神的支柱であったゴールキーパーのベントが骨折してしまう。

このような状況のなかで行われた第2戦で力を発揮しろというほうが、むしろ無理な話であった。ポルトガルはポーランド戦を0対1で落としてしまう。さらに、ここへきておかしいと思われたのはパウロ・フートレの起用法だった。ジョゼ・トーレス監督は第1戦も第2戦もフートレを先発させずに途中から出場させた。フートレはFCポルトでフェルナンド・ゴメスとコンビを組み、ポルトの大半の得点を生み出す活躍をしていたにもかかわらず、なぜ監督は最初から起用しなかったのだろうか。監督はその理由を「フートレは秘密兵器だから」と説明していた。しかし、真実は数年後に明らかにされた。監督は三大クラブのバランスをとるために、起用を差し控えていたということだった。これは連盟よりもベンフィカ、スポルティング、ポルトの影響力が強かったことを如実に表していた。

第3戦のモロッコ戦で引き分けさえすれば、決勝トーナメントに進めるポルトガルだったが1対3で敗れ、結局グループリーグ敗退で終わってしまう。選手にとっては死活問題でもあったのだろうが、報酬をめぐって内紛を起こすとは、あまりに代表としての意識が欠けていたのではないか。いずれにせよ、ポルトガルの貧しさ、小ささをこの出来事は表していた。

連盟は大会後、メキシコでストライキに参加した選手を2年間代表戦に出場させないという処分を行った。したがって、1988年欧州選手権の予選を、ポルトガルは補欠クラスの選手で戦かった。

1980年代の先駆者たち

1980年代は、ポルトガル人サッカー選手にとってもヨーロッパへの門戸が開かれた時代であった。クリスティアーノ・ロナウドの名が世にとどろく以前の20年間にも、ポルトガルにはカリスマ的な選手は現れていた。80年代には、フェルナンド・シャラーナ、パウロ・フートレ、フェルナンド・ゴメス、カルロス・マヌエルといった選手がいた。

1984年の欧州選手権で注目を浴びたフェルナンド・シャラーナは、小柄なポルトガル人選手のなかでもさらに背が低く、1メートル65センチしかなかったため「小さな天才」と呼ばれていた。

フェルナンド・シャラーナは1959年にリスボンの対岸にある街バレイロで生まれた。エウゼビオがベンフィカを去った75年に、ベンフィカのトップチームデビューを果たしている。わずか17歳でありながら、76年、ポルトガル代表デビューも果たしている。70年代のロックスター、フランク・ザッパのような長髪に口ひげで、そのせいか実際の年齢よりも老けて見えた。左サイドを巧みなフェイントとスピードのあるドリブルで大柄な選手を次々にかわして、チャンスメイクする。のちにパウロ・フートレ、フィーゴに引き継がれるドリブルに優れ、1対1にも強いサイドアタッカーだった。また、彼はポルトガルから海外に渡った先駆者でもあった。84年、フランスのボルドーに加わるが、ケガのためほとんど活躍できないまま87年にポルトガルに戻っている。

1992年に33歳で引退した彼のその後は、決して恵まれたものではないようだ。99年から2000年までベンフィカのジュニア監督、2006年からトップチームのアシスタントコーチを務める。2002年からカマーチョ監督のスタッフとして働き、その後、2008年に監督に一時就任するが、すぐにキケ・フォローレス監督のアシスタントに逆戻りしている。

2003年に、ベンフィカの練習場でシャラーナに話を聞いたことがある。カマーチョのスタッフとして働いているときだ。ポルトガルで最も人気のあるベンフィカがスペイン人監督を就任させたと聞いたとき、私はずいぶん不思議に感じたものだった。ポルトガル人にとってスペインは歴史的に常に脅威を感じる存在でもあり、あまり好きではない。私が滞在していた1980年代、よくそのような感情を耳にしていた。そこでシャラーナに、そのことをどう思うか尋ねてみた。

――スペイン人監督をどう思いますか？

「最高だね。素晴らしいリーダーであり、人柄もいい。知識も豊富だ」

私はあえてカマーチョの名前を出さず、スペイン人というのを強調したのだが、あっさりと絶賛してみせた。もっとも上司をけなす部下はいないだろうが、予想していた答えは返ってこなかった。

――でも、ポルトガル人にとって、スペイン人はライバル的な存在だったのではないですか？

「そんな感情はない。ヨーロッパは一つなのだから。サッカーは世界的なスポーツだ。彼は優れた指導者なのだ」

閉鎖されていたポルトガル社会を知っている者にとって、シャラーナの言葉は時代の変化を感じさせるものだった。

――あなたにとってベンフィカとはどのようなものですか？

「ベンフィカ？」

シャラーナは聞き返したあと、ふうと長いため息をついた。

「私はここでサッカー選手として生まれたのだ。14歳でこのクラブに入り、若い時代を過ごした。多くのタイトルを獲った。６回のリーグ優勝。私にとっては特別なクラブなのだ」

おそらく当時のポルトガル人の多くがそうであったように、彼にとっても欧州選手権準決勝進出よりも、ベンフィカの優勝のほうが記憶に残っているにちがいなかった。

1966年に生まれたパウロ・フートレは、スピードのあるドリブルを武器にしたサイドアタッカーだった。スポルティングで頭角を現し、その後、FCポルトで大活躍し、87年チャンピオンズカップ優勝を果たしている。そのシーズンはバロンドールを惜しくも次点で逃している。すぐにスペインのアトレティコ・デ・マドリードに移籍したため、トヨタカップには来日していない。アトレティコには6年間在籍し、国王杯2回、リーガ準優勝1回をはたしている。フートレがもしほかのビッグクラブに移籍していたら、どうだったのだろうか。

フートレはアトレティコのあと、ベンフィカ、オリンピック・マルセイユ（フランス）、レッジーナ（イタリア）、ミラン（イタリア）、ウエスト・ハム（イングランド）と転々とし、最後には横浜フリューゲルスにも1年間在籍した。しかし、往年の輝きを見せることはもはやなかった。代表ではワールドカップメキシコ大会で不本意な使われ方をしただけで終わり、その後、ワールドカップや欧州選手権には出場できないまま終わってしまった。スポルティングの下部組織にいたときのフィーゴがあこがれたのは、フートレだった。フートレは生まれた時代が異なれば、もっと活躍できたにちがいなかった。

1956年に生まれたフェルナンド・ゴメスは74年から91年に引退するまで、選手生活のほとんどをFCポルトで過ごしたストライカーだ。405試合で318得点をマークしている。自らが切り開きシュートを放つというタイプではなく、絶妙なポジショニングでゴールを量産した。83年と85年の2回にわたり、ゴールデンシュー賞（ヨーロッパ得点王）を獲得している。ポルトにおいて5回のリーグ優勝、チャンピオンズカップ、トヨタカップ、ヨーロッパ・スーパーカップのタイトルをとっている。彼も2年間と短かったが、80年から82年までスペインのスポルティング・ヒホンに在籍した。

ゴメスには2001年にポルトで取材をした。テーマは、1991年、93年のワールドユースで優勝した、フィーゴやルイ・コスタといった黄金世代と呼ばれる選手たちについて尋ねることだった。

——あなたの世代と黄金時代と呼ばれる選手たちとの違いは、どこにあるのでしょうか？

「我々の時代には選手育成のプロジェクトもなかった。あらゆる面でまだ整備されていなかったんだ。でも我々はヨーロッパチャンピオンにもなったし、ベンフィカも準優勝している。ただ異なるのは、彼らのほうがより競争意識を持ち合わせていることだろう。サッカーに対しても、また人生に対しても、別のビジョンを持っている。彼らの時代はポルトガルが大いに発展してきたときであり、我々のときとは異なる。比べたくはないけど」

ゴメスは苦笑いした。たしかに、ゴメスが選手を目指していた時代は、ポルトガルではまだ独裁政治が行われていた。世界への扉を閉ざしていた時代でもあったのだ。しかし、ポルトガルが発展することがどのように影響したというのだろうか。ゴメスは続けた。

「サッカーは収益性の高い産業に変わってきた。選手が有名になるのも我々のときとは違う。今の選手は国際経験も積み、どこが相手でも物怖じしなくなったのだ」

つまりゴメスの時代は、選手として報酬も低かったし、海外へ出てプレーする選手も少なかったので、国際経験が少なかったということなのだ。しかし、ゴメスも短期間とはいえ海外へ出ている。

——あなたはスペインに行きましたが、適応することができなかったのでしょうか？

「1年目はケガで苦労したんだ。ヒホンはポルトのようにリーグ優勝を争っているクラブではなく、スペインリーグで中位にあるクラブだから、私はたいしたことはないと見くびっていたところもあった。でも、実際に加わって私が思い知らされたのは、スペインの中堅どころのクラブでありながら、ポルトガルのクラブとは比べものにならないくらい進んでいた点だ。それは練習方法や、試合に向けてのモチベーションの高め方、さらに、競争意識の持たせ方においても、とにかくすべてがプロフェッショナルだった」

——ポルトガルとはそんなに違ったのですか？

「1980年代のポルトガルとヨーロッパの差はとても大きかったんだ。その後、84年にミランやベローナから誘われたけど、私はポルトから離れたくなかった。当時、我々はヨーロッパのビッグクラブと戦うときは、戦う前から気持ちのうえで負けてしまっていた。それはポルトが国際タイトルを取ったことでなくなったけどね」

カルロス・マヌエルは前述のように、20年ぶりにワールドカップ出場を決める劇的なゴールを決め、ワールドカップ本大会のイングランド戦でも20年前のリベンジを果たす決勝ゴールを決めた。まさに、決定的な仕事をするカリスマ的な存在だった。1958年生まれの彼も、やはりサラザール独裁時代に育った選手だ。80年代に優れた選手がポルトガルで頭角を現した理由について、次のように話した。

「それは、我々の子供の頃にはストリートサッカーが盛んだったからだろう。もともとポルトガル人選手はクリエイティブでテクニックがあったが、とくに我々はサラザール時代に育ったから、子供が開放的に遊べたのは道路でサッカーをやることとくらいだった。サッカーだけが歓びを感じられるものだったから夢中でやっていた。だから、優れた選手が生まれたのだろう」

彼も長年過ごしたベンフィカを離れ、1988年にはスイスのシオンでプレーしたが、わずか13試合に出ただけですぐにポルトガルに戻ってきている。

1980年代に現れたカリスマ選手たちの海外挑戦はどれも成功とはいえるものではなかった。しかし、長い間殻にこもっていたポルトガル人選手の先駆者として、大きく道を拓いたと言える。

フィーゴとルイ・コスタ

1980年代に現れたカリスマたちの存在を、まだ、幼少であったクリスティアーノ・ロナウドはどの程度知っていたのだろうか。父のディニスは、ロナウドによく話していたのだろうか。彼はあるインタビューのなかで、子供の頃、あこがれた選手はマラドーナと話している。もちろん、「マラドーナの大会」と呼ばれた、ポルトガル代表が20年ぶりに出場した86年ワールドカップメキシコ大会をロナウドが生で見たわけではない。ビデオでマラドーナのプレーを見て、真似したいと思ったという。

ビデオというものがポルトガルの一般家庭に普及し、世界中の名選手を映像で見ることができるようになったのもロナウドの世代になってからだ。ポルトガルは1989年、そして、ポルトガルで行われた91年ワールドユースで優勝を果たしているが、89年はともかく、91年の地元開催のワールドユースはロナウドが小学校へ上がる頃であり、リアルタイムで見た記憶が残っているはずだ。その後、スポルティングやベンフィカでルイス・フィーゴやルイ・コスタが活躍し、さらに、彼らがバルセロナ、あるいはACミランといった名門クラブで活躍していくのをロナウドは見ている。そして、もはや国際大会で優勝し、海外のクラブで活躍することはごく普通のことと感じられただろう。つまり、ロナウドが生まれる前のポルトガル人選手たちが感じていたような、海外でプレーすることへの恐れといったようなものはなくなっていたにちがいない。

　ワールドユースを１９８９年、91年と2大会連続で優勝した選手たちは、これまでのポルトガルには存在しなかった育成システムによって生まれた者たちだった。彼らは将来を担う選手として期待され、黄金世代と呼ばれた。そのなかでも、とくに注目されたのが、フィーゴとルイ・コスタだった。

　ロナウドの母マリア・ドローレスはフィーゴの大ファンだった。それがのちにロナウドのスポルティング行きに大きな影響を与えることになる。１９９０年代以降、世界的なスターとなったフィーゴとルイ・コスタ。当時のポルトガル人はたいてい二人のどちらかのファンだったのではないか。それほど彼らの人気は高かった。ともに１９７２年生まれであり、91年ワールドユース優勝を果たしている。

　のちにフィーゴはスポルティングからスペインのバルセロナへ。２００１年にはＦＩＦＡ最優秀選手賞を受賞して、文字どおり世界一のプレーヤーとなった。一方、ルイ・コスタはベンフィカからイタリアのフィオレンティーナ、そして、２００１年にはミランへと移籍していった。それまでのポルトガル人選手にはなかったような、ゴールに結びつける鋭いスルーパスを送ることで定評があり、「世界最高のパッサー」と呼ばれていた。彼らの幼少時代はどのようなものだったのか、また、彼らを育てた育成システムとはどのようなものだったのか、私は２００１年9月に取材している。

フィーゴの幼少時代

　フィーゴの生まれたアルマーダ市は、テージョ川を挟んでリスボンの対岸にある。これは偶然でもあるのだが、フェルナンド・シャラーナ、パウロ・フートレ、カルロス・マヌエルといった選手もみんなリスボンの対岸にある街の出身だった。そして、いずれもリスボンの名門クラブで活躍している。

彼らの幼少の頃は、リスボンに渡るのも大変なことだった。四月二十五日橋（１９６６年に完成した橋で、その当時は独裁者の名前がつけられ、サラザール橋と呼ばれていたが、4月25日革命後、名前を変えた）を鉄道が通れるようになるのは１９９９年であるし、また、もう一つのヴァスコ・ダ・ガマ橋が完成するのも98年のことだ。したがって、彼らがリスボンに行くには、多くがフェリーを使って渡らなければならなかった。

フェリーボートでリスボンを離れると、船が進むにつれ街の喧騒《けんそう》からも解き放たれ、川面を渡る風が直接肌にぶつかって実に心地よい。20分ほどで対岸の街アルマーダに着いた。街の玄関口には大きな造船所が建っている。車を走らせ、街のなかへと進む。やがてその一角であるコパ・デ・ピエダーデ地区に到着した。

街を歩いていた青年にフィーゴが所属していたクラブの場所を尋ねると、もう少し坂を上ったところにあるという。そのクラブの会長から話を聞くことになっていたが、約束の時間よりも早く着いたので、近くのカフェへ入った。すると、先ほどの青年も入ってきて、カフェの片隅に座っている老人を指さして「フィーゴの伯父さんだよ」と言う。なんと、フィーゴの母方の伯父であるジョアキンだというのだ。無精ひげの生え方がフィーゴとそっくりだ。

フィーゴの父アントニオ・カエイロは独身時代、この地で商店の店員として働いていて、左官工をしているジョアキンと知り合いになった。ジョアキンはすでに結婚しており、その家に下宿することになった。そこでジョアキンの妹、マリア・ジョアンナと知り合う。二人はやがて結婚し、一人息子となるフィーゴを授かることになる。フィーゴには兄弟がいなかったので、伯父のジョアキンと、ジヨアキンの娘パウラと一緒に遊んでいたという。

ジョアキンは突然の来訪者にもかかわらず、嫌な顔もせず、いすに座るように手を広げた。

――フィーゴはどんな子供だったのですか？

「普通の子供となんら変わりはなかったね。今よりもう少し柔らかい表情をしていたがね」

今思えば、その当時、フィーゴはバルセロナからライバルチームのレアル・マドリードに移ったばかりで、バルセロナファンからは「裏切り者、金の亡者」と非難されていた時期でもあった。そんなフィーゴの立場を気遣って、このようなことを言ったにちがいなかった。ジョアキンは話を続けた。

「フィーゴを2歳年上の私の娘と一緒に、よくセジンブラ海岸へ連れていった。やつは1日中ボールを蹴って、足を砂だらけにしていたよ。夢中になって食事も忘れることが多かった。よくシェパード犬をゴールキーパーにしてボールを蹴っていたね」

フィーゴが小学校に通うようになった頃、父は新しくできたスーパーマーケットで働き、母もリスボンに縫製工として働きに出ていた。フィーゴは学校から戻ると、自分で鍵を開けて家に入り、おやつを食べ、サッカーに出かけた。フィーゴは一人で何でもできる自立した子供だったのだ。このあたりはロナウドにも共通したものともいえるだろう。

「とくに誰が好きだとか、聞いたこともなかったな。自分がサッカー選手になりたいとか、そういうことは口に出さない子供だった。心の中ではプロの選手になりたいと思っていたかもしれないがね」

その時、突然、私は肩をたたかれた。振り返ると、大きな丸い目をした男が立っている。

「私はジョゼ・プージオだ」

約束をしていたオス・パスティーリャスの会長だった。カフェを覗き、フォトグラファーと私、二人の日本人を見つけたとのことだった。会長というのでもう少し年齢が上の人を想像していただけに、少し意外な感じがした。ジョアキンに礼を言って、クラブの事務所に向かった。

オス・パスティーリャスは1972年に設立された。クラブの名前は「錠剤」を意味しているが、創設当初、製薬会社の援助を受けていたため、そう名づけられた。フィーゴがいた当時は11人制のフットボール部があったが、現在ではフットサルのみ活動している。フィーゴが12歳になったときに、父のアントニオと伯父のジョアキンに付き添われてこのクラブにやってきたのだという。

事務所には、赤と緑で彩《いろど》られたカウンターとテーブルがあり、中央にはビリヤードのプールが置かれている。壁にはフィーゴが着ていたスポルティングとジュニア代表のユニフォームが並べて貼られ、時計の横には写真も飾られていた。プージオは「ちょっと待って」と言うと奥の部屋に入り、なにやら1枚の紙を持って出てきた。

「当時、フィーゴが提出したポルトガルサッカー連盟への登録用紙だよ」

フィーゴが12歳のときに書いたものだが、四角いマスの中に一字一字丁寧に書き込まれており、フィーゴの几帳面さが伝わってきた。

「フィーゴがこのクラブでプレーしたのは1年間だけだったが、彼が2歳のときから知っていた」

フィーゴが2歳のときに革命が起こり、ポルトガルはそれまで長く続いていた独裁政治と決別した。しかし、その後数年間、政情は安定せず、ポルトガル経済は悪化の一途をたどる。フィーゴが幼少期を過ごした時期は、ほとんどの家庭が貧しい生活を強いられたはずだった。

「フィーゴの家は決して裕福ではなかったけど、多くのポルトガル人がそうであったように、慎ましく日々の生活を大切に過ごしていたね。今、彼は世界のスーパースターになったけど、決して自分の育ったところを忘れてはいない。この街に愛情をもち続けているんだ」

数年前、財政難に苦しむクラブにフィーゴは援助をしたという。

パスティーリャスでのフィーゴは毎週日曜日、地域リーグの試合に出場し、活躍したという。しかし、1年も経たないうちに、クラブは財政難のため、フットボール部を解散することになる。そのためフィーゴはリスボンにあるスポルティングの門を叩くのだ。

「フィーゴ自身はベンフィカに行きたかったみたいだった。でも、当時のベンフィカは10人の募集に対して500人が応募するくらい激戦だったんだ。もちろん、スポルティングの人気もすごかった。ベンフィカはフィーゴが華奢《きゃしゃ》だからとらなかっただろうけど、スポルティングは得をしたものだね」

父のアントニオもベンフィカファンだったため、その影響をフィーゴも受けていたのかもしれない。また、その頃はシャラナやカルロス・マヌエルもベンフィカにいたから、フィーゴがあこがれるのも当然だった。当時のベンフィカは背が高く、体格のいい選手を求めていたという話は、その後、スポルティングの関係者からも聞いた。12歳当時のフィーゴは華奢な身体をしていたのだ。

オス・パスティーリャスをあとにし、フィーゴの育った家を訪ねた。5階建ての集合住宅。ポルトガルのどこでも見かけるような家であり、入り口には、庶民から最も愛されているといわれる聖人、リスボンの守護神でもあるサント・アントニオを描いた絵タイルが貼られていた。

家の裏手には、リングと呼ばれる金網で囲われたフットサル用のコートがある。オス・パスティーリャスはこのリングでよく練習をしていたという。壁には「1985年4月落成。国際ユース年を記念して」と書いてある。フィーゴがスポルティングの試験を受けにいったのは、1985年9月だから、できた当初にフィーゴもここで練習していたのだろう。ちょうど私が訪れたとき、リングでは数人の少年たちがサッカーをしていた。シュートを放つたびに、コンクリート壁にぶつかるドスンという重い音がまわりの建物に響き渡る。狭い空間でありながら、閉鎖された感じはなかった。見上げれば青々とした空が覗けた。

フェリーで再びリスボンへ戻る。フィーゴもこの船でリスボンに向かったのだろう。白い壁とオレンジ色の屋根で統一された家々が、地形をなぞるように立ち並んでいる。高層ビルがないためか、摩天楼のような威圧感がない。それは優しいシルエットだった。

両親が語るルイ・コスタ

リスボンの一角、ダマイアという地区でルイ・コスタは育った。そこはベンフィカの本拠地ルース・スタジアムのすぐ近くだった。街の入り口には古い水道橋の跡がある。ダマイアもフィーゴの育った街と同じように団地が並ぶ、リスボン郊外の新興住宅街である。

ルイ・コスタが最初に所属したクラブ、ダマイア・ジナジオを訪ねた。着いてみると、それはクラブというよりも同好会、トロフィーなどを陳列したショーウィンドーがなければ、街のどこにでもある、ただのカフェと一緒だった。誰かルイ・コスタの子供の頃をよく知る人はいないかとバーテンダーに尋ねると、テーブルに一人で座っている老人を指さして、「ルイ・コスタに洗礼名を授けたアントニオさんだ」と言う。しかし、アントニオはかなり高齢なようで、話をするのは無理そうだった。店員は、アントニオの耳元でゆっくりと私の目的を説明してくれた。頷きながら話を聞いていたアントニオは、小声で答えた。

「両親のやっている文房具店へ行けばいい」

店員によれば、店はすぐ近くだという。すぐにそこへ向かうことにした。

ルイ・コスタの両親が経営するという文房具店は入り口には雑誌が所狭しと飾られ、5、6人が入ればいっぱいになるような小さな店だった。店内はコピーを取りにきたり、文房具を買い求めたりする子供たちで大変な混雑ぶりだ。壁にはルイ・コスタのポスターが貼ってあった。

ルイ・コスタの母であるマヌエラに用件を伝えると、「ちょっと待ってて欲しい」と笑顔で答えた。マヌエラは子供たちを相手にてきぱきと働いていた。正直言って、ルイ・コスタの両親が今でも働いていること自体驚きだったのだが、気さくに振る舞う姿にとても親近感を覚えた。客が引けると、マヌエラは「何を話しましょうか」と笑顔で近づいてきた。

――ルイ・コスタの子供の頃のことについて教えてください。

「一人っ子だけど、言うことをよく聞く、いい子だったわ。4歳のとき、この店の前で行われた100メートル競走で6歳の子に勝ったのよ。足の速い子だったわ。そして、6歳のときからサッカーを始めたの。いつもリングでボールを蹴っていたわ」

――子供の頃から、ベンフィカにあこがれていたのでしょうか？

「最初に覚えた言葉が『ベンフィカ』だったのよ。私たちはクリスマスに家計が許す範囲で少しずつベンフィカのグッズを揃えてあげたの。とくにルイがあこがれたのはカルロス・マヌエルだったわ」

いつのまにか、店内は再び子供たちでいっぱいになっていた。マヌエラは申し訳なさそうな顔をしてレジに戻った。

「主人のほうがよく説明できるでしょう。今、ヴィトールを呼ぶから待っていてね」

しばらくすると、トレーニングウエア姿のヴィトールが現れた。笑顔がとても感じがいい。以前、ポルトガル人記者から、「ルイ・コスタは気取らない、感じのいい選手だよ」と聞かされていたが、両親を見てなるほどと合点した。私たちは店を出て、近くのカフェに向かった。

ヴィトールは腹まわりにかなり肉をつけていたが、かつてはサッカー選手だった。

「私はエストレーラ・ダ・アマドーラ（当時は2部）の選手で、息子をいつも試合に連れていったんだ。その影響があったかどうかはわからないが、ルイは6歳の頃、ダマイア・ジナジオで才能を発揮し始めた。フットサルで年間100点以上決めていたんじゃないかな。私も妻も大のベンフィカファンだったから、9歳のときに息子にベンフィカのテストを受けさせたんだ。当時のコーチはエウゼビオだった。300人近くの子供たちがいたので、私はやっぱり無理だなとそのときは思ったよ。おまけに、その日は13日の金曜日ときたもんだから余計にね。ところが10分間だけ練習を見て、ルイは認められてしまったんだ」

——エウゼビオから直接何か言われたのですか？

「ルイがドリブルすると、まわりにいた3人の子は地面に尻餅をついてしまったんだ。それを見ていたエウゼビオが『いいぞ、がきんちょ！』と叫んだ。そのあとでエウゼビオが私を呼んで、明日から息子を練習に来させるようにと言ったんだ。私が実現できなかった夢を息子が果たしたことでとても感激した。私の頃は、時代も今とは違って、父親から何の援助もなかったからね。それだけに、私はできるかぎりのことを息子にしてやりたいと思ったんだ」

ヴィトールは、まるで昨日のことのように話した。その日からルイ・コスタは週3回、ベンフィカの練習へと通うようになった。ヴィトールの話を聞いて、なんとかエウゼビオに会いたいと思った。

そこでルース・スタジアムで長時間待ち伏せして、エウゼビオに会うことができた。彼の銅像の前で話を聞いた。

「彼に才能があることは一目見てわかった。ルイ・コスタは彼の成功を語るとき、よく私のことを引き合いに出す。しかし、それは彼自身の努力によるものなのだ」

エウゼビオはゆっくりとした口調で話しだした。

——黄金世代といわれる現代表の選手たちの活躍をどう思いますか？

「私が今の世代を素晴らしいと思ったのは、強豪オランダと戦ったとき0対2で負けていたのを、ホームであれ同点に追いついたことだ。そのような勝負強さは、これまでの世代にはなかったものだ」

あなたの時代にはあったのではないでしょうかと、言いだしそうになってやめた。エウゼビオの時代は、彼一人の力で勝利していたともいえるからだ。

——あと足りないものは何でしょうか？

「足りないのはタイトルだけだ。だが、現代表は才能のある選手ばかりだから、ぜひがんばって欲しい。2002年ワールドカップは、彼らにとって大きなチャンスとなるはずだ」

自分たちが果たせなかった夢を託すような気持ちでエウゼビオはいるのだと私は思った。

気がつくとサインを求める子供たちが周りを囲んでいた。エウゼビオは鞄の中から自分のブロマイドを取り出し、それにサインをして渡す。子供たちはとてもうれしそうに写真を受け取って立ち去った。私は質問を続けた。

——ルイ・コスタは大成すると思いましたか？

「たしかに才能はあると思った。しかし、自分のときもそうだったが、その後、選手として大成できるかどうかは、周りの環境によって大きく左右されるのだ。私の場合も運がよかったからだと感謝している」

育成システムの生みの親

フィーゴやルイ・コスタがそれまでの1980年代のカリスマ選手と大きく異なるのは、優れた育成システムで育てられたことだった。

ポルトガルにもしっかりとした育成システム（トレーニングセンター＝トレセン）を確立させる必要があると、早くから言われていた。最初にそれに取り組んだのがカルロス・ケイロスだった。ケイロスによって始められたトレセンのシステムとは、まずポルトガルを22の地域に分け、それぞれの地域で15歳以下の選抜チームをつくった。毎年、地域代表をリスボンに集め、10日間かけて試合を行った。そのなかから、地域代表監督によって50人の選手を選抜した。それぞれのポジションから4人ずつ。そして、残りの6人はポジションに関係なく選んだ。

50人の選手は3月から4月にかけて合宿を行い、8月以降、徐々に人数を減らしていった。最初は40人、次に35人、最終的に25人に絞られた。しかし、そのあとでも優れた選手が見つかると、グループに加えられることもあった。そして、少年たちのグループはU－16代表、U－18代表と成長していく。それまではどうしてもクラブ偏重主義に陥《おちい》り、代表が重要視されなかっただけに、早い段階から代表としての自覚をもたせようとしたのだ。

カルロス・ケイロスは1953年にモザンビークで生まれた。革命直後にポルトガルにきて指導者の道を歩み始める。89年、91年ワールドユース優勝。そして、それを機にシニア代表監督に就任している。しかし、92年の欧州選手権および94年ワールドカップ出場を果たせず、ポルトガルサッカー連盟と衝突し、辞任した。その後、スポルティングや名古屋グランパスを経て、アラブ首長国連邦代表監督、２０００年から南アフリカ代表監督を務め、２００２年ワールドカップ出場を決めた。しかし、本大会を待たずに連盟と問題が起こり解任されている。マンチェスター・ユナイテッドのアシスタントコーチ（このときに、ロナウドのマンチェスター・ユナイテッド行きに大きな影響を与えることになるが、このことは後述する）、レアル・マドリード監督、再びマンチェスター・ユナイテッドのアシスタントコーチを経て、２００８年から２０１０年までポルトガル代表監督に復帰。ワールドカップ南アフリカ大会ではベスト16でスペインと当たって敗退した。２０１１年からイラン代表監督を務め、２０１４年ブラジルワールドカップ出場、２０１８年ロシアワールドカップ出場を決めている。

彼を訪ねたのは、すでに２００２年ワールドカップ出場を決めていた２００１年10月のことだった。リスボン郊外にある自宅で休暇を過ごしていた。プールのある庭で話を聞いた。

「１９８４年から私は連盟で働くようになった。私はポルトガル人選手の優れている点、足りない点を分析することから始めたのだ。ポルトガルはほかのヨーロッパに比べて遅れていた。それに追いつくには何が必要か。それをまず私は考えたのだ。そしてそれが、若い選手の強化プログラムだった」

ケイロスは饒舌《じょうぜつ》だった。まるで大学の先生のように理路整然と話した。

「フランス、ドイツ、イタリアは育成においてレベルがはるかに上だった。したがってポルトガルがこれらの国と同じスピードで成長していっても、追いつくには50年あっても足りない。ポルトガルが成長しても、ほかの国も同じように進歩しているからだ。したがって我々は短期間で差を縮めなければならなかった。でも、彼らの優れた点をコピーしても意味がない。ポルトガルの選手の特徴を考えに入れたうえで新しいメソッドを考えなければならなかったのだ」

休暇中とはいえ、彼の携帯は鳴り続けた。そのたびに話は中断し、終《しま》いには電源を切ってしまった。

「13歳の子供を選抜するときも、モダンサッカーの傾向を探り、試合を決定づける要因は何かを考えたのだ。スピードなのか、ドリブルなのか、あるいは1対1なのか。なぜなら、彼らがプロとしてプレーするのは10年先のことであり、そのときのサッカーが続けられているとは限らないからだ。したがって監督たちには、そういったことを観点に選手を選抜するように徹底した。ちょうど今から10年前、我々が出した結論は、『今後、チームの力はますます均衡したものとなるだろう。したがって、1対1で勝てる選手が、最終的には試合を決定づける』というものだった。そのような選考基準から、ルイ・コスタ、フィーゴ、セルジオ・コンセイソンといった選手を発掘するに至ったのだ。たとえ身体的に成長していない子供であっても、その素質をもった子であれば問題なかった」

――フィーゴやルイ・コスタは15歳のとき、どのような選手でしたか？

「フィーゴとは15歳から23歳のときまで一緒にやったが、彼は常に模範となる存在だった。小さいときからドリブルや1対1に優れ、インテリジェンスと冷静さも持ち合わせていた。仲間からも信頼され、自然とリーダーシップを発揮していた。ルイ・コスタも15歳のときに選ばれているが、問題はとてもやせていてフィジカル的に続けていくのは難しかったことだ。しかし、ベンフィカでの努力が素晴らしかったのか、16歳のときに代表に加わった。彼は小さいときからどこへボールを出せばよいのか、本能的につかんでいた。また、監督が要求することを瞬時に理解できる選手だった。二人とも長い間一緒にやっていたから、試合中、お互い目をつぶっていても、お互いの位置がわかるはずだ」

ケイロスは少し間《ま》をあけて、ぽつりと言った。

「すっかり、昔を思い出してしまったよ」

最終的にポルトガルサッカー連盟と衝突し飛び出したとはいえポルトガルに、そして、長い間一緒に過ごしたフィーゴやルイ・コスタにサウダーデを感じているようだった。私は、１９８０年代の代表と何が変わったのか尋ねた。

「以前は、代表のユニフォームを着るのがご褒美みたいな感覚があった。０対３で負けようが、０対４で負けようが関係なかった。私はそんな意識を変えたかった。代表に招集されたら、大きな野望を持ってもらいたかった。つまり、代表招集はスタートなのだ。以前はスペインと戦う場合、試合前から気持ちで負けていた。なぜなら、ポルトガルの選手たちは外国がすべての点で優《まさ》っていると感じていたからだ。１９８２年当時、ポルトガル人が外国に行けばすべてポルトガルよりも進んでいると感じたものだ。いい車が走り、道路もいい、ホテルもいい、すべてが外国のほうがいいと感じた。我々は選手たちのそのような劣等感をなくそうとした。たとえ、経済的にそうでも、サッカーにおいては自分たちが優っているんだと思えばいい。少しずつそのメンタリティを変えようとしたのだ。私はこの国に代表の文化を築きたかった。以前はポルトの選手とベンフィカの選手は一緒に話したりしなかった。そんなことではいいチームができるわけがなかった。それが今日では、そのようなことはない。代表の文化がすでにできあがったからだ」

フィーゴもルイ・コスタもそれまでポルトガルにはいなかったタイプの選手だ。もともとポルトガル人選手は身体的に劣っているので、相手選手との接触を避けショートパスを多用し、細かいパスをつないでいくのを好む。しかし、ルイ・コスタは違った。周囲の状況を把握し、ときには30メートルものロングパスを供給してしまう。フィーゴもかつてのシャラーナを思い起こさせるドリブラーだが、当たりが強く海外に出ても、ほとんどケガをせずプレーした。

二人とも、若いときから代表文化のなかで育てられてきた。これまでのポルトガル人選手と彼らが大きく違うのは、勝利者のメンタリティを持っていることだ。そして、海外においても成功している。1980年代の先駆者たちも海外クラブでプレーしているが、いずれも中堅クラスのクラブだった。フィーゴとルイ・コスタはいずれもバルセロナやミランといった名門クラブで活躍している。

とくにフィーゴは若くして注目を集め、15歳でU－16欧州選手権準優勝。17歳でスポルティングでプロデビュー。18歳のときにワールドユースで優勝し、23歳でバルセロナに入団。世界一のプレーヤーの称号も手にしている。若くして栄光の階段を駆け上がっていった。

出生の地キンタ・ド・ファルカン

書籍『肝っ玉母さん、戦う人の力強さと信仰に満ちた人生』はタイトルのとおり、マリア・ドロレスの半生について書かれたものだ。しかし、そこに書かれていることは、おそらく「戦う人」という主題をはっきりさせるために、彼女の苦労した部分が強調されているので、いくつかの事実が多少あいまいにされているような印象も受ける。

たとえば、この書によるとロナウドの父ディニスは戦争から戻り、働く意欲を失っていたのだが、ある日、地元クラブであるアンドリーニャで用具係として働き始めたことは書かれている。ディニスは1975年に植民地戦争から戻ってきて、85年にロナウドが生まれ、やがてアンドリーニャの用具係として働き始めたとされているので、約10年間、ディニスは働く意欲を失っていたことになる。それほど長い間、ディニスは働いていなかったのだろうか。

２００９年3月、私自身がマリア・ドローレスに会い、話を聞いたとき、彼女はこう話している。

「ディニスは市の庭師として働いていました。しかし、家族のために戦う父親ではありませんでした。ですから、私は母親であると同時に父親の役割も担わなければならなかった。息子たちが盗みを働いたり、ドラッグの世界に足を踏み入れたりして欲しくなかった。私は6歳のときに母を失い、児童養護施設に預けられたので、私が味わった辛い思いを子供たちにさせたくなかったのです。子供たちがお腹をすかしているようなことはあってはならないと、思っていました」

この話からは、たしかに、ディニスが庭師として働いていたのは戦争に行く前のことともとれる。しかし、子供たちが生まれたのは、エルマを除けば戦争から帰還したあとであり、父親の役割とは家計を支えることを指し、やはり戦争から戻ってきてからととるのが自然ではないだろうか。実際、そのあとで私はこのような質問をしている。

――庭師をやりながら、アンドリーニャの用具係をやっていたことにを、どう思っていましたか？

「私としては庭師の仕事だけをして、家族と過ごす時間を多くとって欲しかったのですが、朝6時に仕事のため家を出ると、戻ってくるのは夜半過ぎ。問題はアルコールの量が次第に増していったことでした。仕事が終わると飲みにいってしまうのです。家族と一緒に過ごす時間はほとんどなくなりました。自然と夫婦関係は冷めていったのです。だから、ロナウドを宿したときも、もう産みたくないと思ったのです」

そのとき私は、初対面の外国人の私に対して、これだけ話すことに正直驚いた。彼女がとても正直で飾らない性格であるのかもしれない。とくに「もう子供は欲しくない」と思ったことについては、第1章ですでにふれた。ある意味、衝撃的な言葉であり、それが書かれていた『肝っ玉母さん、戦う人の力強さと信仰に満ちた人生』が発売されてから、スペインの新聞などにも取り上げられ、ずいぶんと話題に上っている。しかし、私が聞いたのはそれよりもずいぶん前であり、おそらくポルトガル人の記者にも、そのようなことは話していただろうが、デリケートな問題なので、ポルトガル人記者は書かなかったのかもしれなかった。

いずれにせよ、私が庭師をやりながら用具係をしていたことについて尋ねているのに対して、彼女は庭師の仕事だけをやって欲しかったと答えていることからも、平日は庭師として、夕方からは用具係として練習に付き添い、土日は試合があれば、チームに同行していたのだろう。その後の取材ではっきりしたのだが、アンドリーニャでの用具係の仕事は、アマチュアクラブであり、賃金は得ていなかった。とりあえず用具係をすることが、ディニスの仕事への復帰となったことが重要だったのだろう。そして、それがきっかけとなり、その後、庭師もやることになった。

マリア・ドローレスの答えからは、用具係を務めることは余計なものという考えが表れているが、ロナウドがサッカー選手の道を歩んでいくきっかけとなるのは、このアンドリーニャの用具係を始めたことだった。ディニスが仕事に復帰したことは、それまで家計を背負っていたマリア・ドローレスにとっては助かることであっただろう。また、ディニス自身も、用具係を務めることで、もともとファンであったクラブの練習や試合に付き添うことができることに大きな歓びを感じていたはずだ。

ロナウドが洗礼の時期を迎えたときに、ディニスはアンドリーニャの選手の一人、フェルナン・バッホス・ソウザにロナウドのゴッドファーザーになって欲しいと依頼した。そして、そのことが、将来的にロナウドの人生に大きな影響を与えることになるのだ。

フェルナン・バッホス・ソウザは1954年生まれで、ディニスより一つ年下だった。マデイラ島の二大クラブの一つ、ナシオナルのプロ選手として、7年間プレーし、その後、アンドリーニャに移り、32歳で引退している。ロナウドが生まれたとき、フェルナンは当時のアンドリーニャのなかで最年長であり、キャプテンを務め、チームメイトからの信奉が厚かった。そんなことからも、ディニスはフェルナンを尊敬していた。

ゴッドファーザーとは洗礼に立ち会い、神に対する契約の証人を務める者である。そして、その後もクリスマスや誕生日にプレゼントを贈ったり、面倒を見たりしていくのがポルトガルでは一般的だ。

ロナウドがサント・アントニオ教会で洗礼を受けた日のことを、フェルナンは次のように話した。

「ロナウドが洗礼を受ける日、アンドリーニャは街から少し離れたところで試合があったんだ。洗礼が6時から始まるのに、試合が終わったのは5時半。当然間に合うわけもなく、私とディニスは教会に遅れて着いた。イライラする神父を、母親はなだめるのが大変だったそうだ。ディニスは息子の洗礼のときもアンドリーニャを優先させた。彼は熱狂的なアンドリーニャのファンだったのだ」

試合が行われたのは、サント・アントニオからは直線距離で約15キロメートル離れたリベイラ・ブラヴァというところだった。しかし、高速道路もなかった時代である。起伏のあるマデイラ島全域に共通するカーブの多い道路を走らなければならず、移動はそれなりに時間がかかったはずだ。洗礼というカトリック教徒にとって大事な儀式を前にディニスがとった行動を、フェルナンは面白いエピソードとして語ったが、我々日本人が感じる以上に、試合を優先させた父の行いは、特異なものだったといえる。

そもそもディニスはアンドリーニャの熱狂的なファンだったからこそ、お金にもならない用具係を率先して引き受けた。ディニスにとって、試合に行くことはどうしても外せないものだったのだ。

用具係として、試合にはいつも顔を出していたディニスは、ロナウドが2歳になる頃には、いつもロナウドをグラウンドに連れていった。マリア・ドローレスはホテルで働いていたし、エルマ、ウーゴ、カティアもすでに学校へ通っていることから、ディニスしか面倒を見られる人がいなかったこともあるだろう。しかし、幼いロナウドが父親の影響を受けてサッカーを始めたことは間違いない。

ロナウドの年少期について、一番上の姉であるエルマに、２００８年と２００９年の二度にわたり、尋ねたことがある。

――ロナウドが生まれたとき、どのように感じましたか？

「彼が生まれたとき、私は11歳で、もう大きかったからとてもうれしかったわ」

――11歳ということは、お母さんの代わりにロナウドを育てたりもしたのですか？

「彼の世話をしたのは私よ。母は朝6時に仕事に行き、家に戻るのは夜の10時か11時だった。だから私が彼の面倒を見たの。カティアやウーゴも手伝ったけど、食事を与えるのは私の仕事だった。私が一番上だったから」

――とても辛いことでしたか？

「ええ。でも歓んでやっていたわ。彼はインディオのように激しく動きまわる子だったけど」

――ロナウドは父ディニスと、いつも一緒だったのですか？

「週末に試合があるときは、いつもロナウドを連れていったわ」

——お父さんにとってロナウドは一番下ということもあり、特別な感情を持っていた。

「そうかもしれないわね。一番小さかったしね。でも、それは父だけじゃなくて、私たちも一緒よ。ロナウドは一番下だったから、みんなが世話したのよ」

最後に、ロナウドはなぜサッカーを始めたのでしょうかと尋ねると、こう話した。

「さあ、それはわからない。でも、ほかのおもちゃで遊ぶのを好まなかった。クリスマスに彼はボールが欲しいと言ったわ。当時、サッカーボールはとても高かったので、母はミニカーをプレゼントした。でも、彼はそれが気にいらず、ボールでなければいやだと泣き続けた。そこで母はしようがなく、ボールを買ってやったのよ」

いつしか、ロナウドはいつも家の前の道路でサッカーを始めるようになる。父親が毎週末、アンドリーニャの試合に連れていった影響もあるだろう。しかし、島の子供たちがサッカーに興じるのは、その時代としては普通のことだった。エルマの語るボールのエピソードも、ほとんどの家庭で起こる、ごくありふれた話であったかもしれない。

ポルトガルのスポーツ紙である「オ・ジョーゴ」の2002年10月14日付のインタビューで、ロナウドはこう話している。

「僕よりも年上の子がチームをつくって、いつも家の前の通りでやっていた。僕もそのなかに混ぜてもらっていたんだ。大きな石を2つ置いてゴールをつくった。でも、車が来ると中断して石をどけなければいけなかった」

マデイラ島全体にいえることだが、どこも傾斜があり、平らな道など存在しない。ロナウドの家の前の通りも坂道であり、ボールを置けば、自然と転がってしまう。しかも、アスファルトがところどころ剝《は》がれ、穴があき、石も転がっている。そのような荒れた坂道であることを、ロナウドたちはむしろ楽しんでやっていたにちがいなかった。

２００８年と２００９年、マデイラ島を訪れたときに、ロナウドの生家の近所に住む人たちに話を聞いてまわったことがある。ある婦人に尋ねた。

——いつからここに住んでいますか？

「私はここ（キンタ・ド・ファルカン）に住み始めてから27年になる。でも、ロナウドのお母さんは私よりも先にここに住んでいた。ロナウドは小さいときからここで遊んでいた。いつからかアンドリーニャに行った。そして、サッカーを続けたらラッキーなことに、一家揃って幸せになった」

27年前というと、１９８１年頃になる。ロナウドの一家がキンタ・デ・ファルカンに引っ越してくるのは、77年にカティアが生まれ、それからまもない時期だった。当時の様子について尋ねると、

「椰子の木がたくさん植わっていた。私たちは邪魔だったから、切りたいと市に願い出たのだけど、許してくれなかった。そこで何度もお願いして、やっと切ってもよいということになった。もともと耕作地であったところに市が小さな家を建てた。ロナウドの家は２つの寝室と台所しかなかった」

マリア・ドローレスも、２つの寝室しかないこと、そして、子供たちのために２段ベッドを２つ並べて寝させていたことを話している。近所の婦人にさらに質問を続けた。

——家族の雰囲気はどうでしたか？

「普通ね。誰だって完璧ではないわ。何を言いたいかわかる？　貧しい家で母親も働かなければならなかったのよ」

別の婦人にも話を聞いた。

「家族の雰囲気はあまりよくなかったわ。ディニスさんは酒飲みだったし、奥さんも働いていたし、たびたびケンカをしていたわ。でも、それはほかの家と変わらないこと」

近所の人たちのコメントには、ロナウドが活躍を始めたため、一家に対するねたみややっかみもあったかもしれない。しかし、この婦人が言っているように、それほど豊かではないポルトガル人の家庭は、どこもそれほど変わらないものであったはずだ。さらに質問を続けた。

――マリア・ドローレスさんはホテルで働いていたのですか？

「最初はカゴ作りの工場よ。まだディニスさんが庭師として働く前は、彼女はレストランのタオルを家で洗濯していた。洗濯機がすでに家にあって、生活は少しずつよくなっていた。サン・ジョアン・ホテルで職を見つけて、調理場の手伝いをするようになったの」

――両親が外で働いていたため、ロナウドは家で一人になったのでしょうか？

「いいえ、学校に行っていたし、兄弟と一緒に遊んでいたわ」

――ロナウドは何か目立っていたことはありましたか？

「なかったわ。普通の子供でみんなと遊んでいた。まったく変わらなかったわよ。将来のことなどそのときはわからないものよ。人は生まれ、成長する。学校に行き、友達ができる。彼もまったく普通の子供だった」

まったく普通の子供だったという言葉は、とても印象的だ。ロナウドが頭角を現し始めるのは、もう少しあとのことだった。

最初のクラブ・アンドリーニャ

ロナウドが通った小学校は、大航海時代にマデイラ島を〝再〟発見した航海者の名前がつけられている。家の近くにあるゴンサルヴェス・ザルコ小学校だ。

前出の書籍のなかで、マリア・ドローレスは次のように話している。

「ロナウドは学校へ行くことが、まるで時間の無駄であるかのような行動をとっていました。学校で先生を前にして机に座っているよりも、走ったり、友達と一緒に遊んだり、サッカーをしたりすることのほうが好きだったのです」

家に戻り、学校の荷物を置くとすぐに家を飛び出し、家の前で友人たちとサッカーを始めたのだという。ロナウドが通っていた小学校の担任だった女の先生は、ロナウドにこう話したという。

「ロナウド、ボールはあなたをどこにも連れていってくれないわ。勉強しなければだめよ。それはあなたの将来に役立つものなのだから」

口癖のように先生が言っても、ロナウドは直そうとしなかった。それで、よくマリア・ドローレスは学校に呼び出された。しかし、この女の先生は後日、マリア・ドローレスに対して、「生徒たちにはそのように言うことはもうできなくなった」と笑って話したという。

かつて、マリア・ドローレスは、私の質問に対して次のように話している。

「ロナウドはとても利発な子供だったわ。幼少の頃の思い出といえば、とにかくサッカーに夢中だったことだけ。学校には行ったけど、休み時間にサッカーをするためで、授業は受けていなかった。だから、私はよく叱ったの。でも、私はボールには彼を夢中にさせる何かがあるのだと理解もしていた。私自身もサッカーが好きで、フィーゴのファンだったから、男の子が夢中になるのも仕方がないなと。私の息子も将来サッカー選手になってくれたらいいなと思っていたのよ」

家の前でストリートサッカーに興じていたロナウドが頭角を現すきっかけとなるのは、父親が用具係として働いていたアンドリーニャの下部組織に入るようになってからだった。きっかけは、すでにアンドリーニャに入っていた従兄弟のヌーノから誘われたことだった。下部組織といっても、アマチュアチームのアンドリーニャに、育成部門があるわけでもなく、子供たちのサッカースクールだった。

2008年に私がマデイラ島を訪れたとき、アンドリーニャの会長を務めていたのは、ルイス・サントスだった。彼とは、サント・アントニオ教会の前にある、オープンテラスのカフェで遭遇した。カフェの主人に何か情報が欲しくて尋ねたら、「あそこに座っているのが、アンドリーニャの会長ルイス・サントスだ。彼に尋ねたらいい」と教えてもらったのだ。

――失礼ですが、ルイ・サントスさんですか？　ロナウドについて話を聞きたいのですが。

ルイ・サントスは苦笑いをした。

「今さら、私が話すことは何もない」

――それはなぜでしょうか？

「外国のメディアの取材を受けたら、私が話したことが誤って伝えられたことがあった。それ以来、私は話さないことにしたのだ」

つれない返事に私は少し落胆してしまった。しかし、ルイ・サントスはそんな私の様子を見てとったのか、「ジュニア部門の責任者アルバロ・ミーリョに会えばいいだろう。ロナウドのことを覚えているのは彼くらいだ。今、練習場にいるはずだ」と教えてくれた。私はすぐにCFアンドリーニャの練習グラウンドに向かった。2003年にできた練習場はサント・アントニオの街の外れの山を登っていったところにある。グラウンドはフルサイズで天然芝の立派なものだ。ロナウドが加わった頃は、少し山を下ったマダレナ地区の、雨が降ると流されてしまうような土のグラウンドだったという。

アルバロ・ミーリョは60歳を超えたくらいだろうか。白髪の目立つ、小柄な男だった。グラウンドから戻ってきた彼は笑顔も見せずに黙って握手をすると、事務所に入るようにと言った。

「私はもうロナウドのことについては話したくないんだ」

会長から何らかの連絡がきていたのかもしれないと私は思った。なぜなら、用件を切り出す前から、アルバロは明らかに迷惑そうな顔をしていたからだ。

——それはなぜでしょうか？

「私が話したことが曲げられて報道されてしまうからだ。このあいだもラジオ局が取材に来て、ウソばっかり流しやがった。それ以来、もう話さないと決めたんだ」

アルバロ・ミーリョも会長と同じ答えだった。私は何も言うことができなかった。日本から突然やってきた言葉もたどたどしい私を、信頼してくれというのは、はばかられた。

2008年当時、ロナウドの生誕地を取材する記者は、ポルトガルに限らず、世界中から現れ、アンドリーニャの会長や彼に対してもたくさんの質問をしたにちがいない。それが曲げて伝えられたこともあったのだろう。ロナウドが世に出るにあたり、ロナウドの最初のクラブであるアンドリーニャよりも、プロサッカークラブであるナシオナルのほうがどうしても大きく取り上げられてしまう。そこにも不満を感じているることが、後日、取材を続けていくなかでわかった。事務所を出ると、何人か

の子供たちがグラウンドで練習していた。それを見ながら、

――ロナウドのおかげで、世界中にアンドリーニャのクラブ名が知れ渡り、しかも、子供たちにもいい目標となっているのではないでしょうか？

そう言うと、アルバロの表情が少し和らいだ。

「明日土曜日に、このグラウンドに来なさい。5歳から6歳の子供たちが練習する。200人近くいるのだが、みんなロナウドを目指しているのだよ」

と言ってアルバロは笑った。私は礼を言って、明日また、来ることを告げた。

翌朝、丘の上にあるアンドリーニャの練習場へ向かうと、グラウンドにつながる道は1本しかないため、子供たちを送り届ける親たちの車が連なり、渋滞となっていた。グラウンドでは20人ほどのグループに分かれて、たくさんの子供がボールで遊んでいた。水色のおそろいのユニフォームを着て、背中にはしっかりとそれぞれの名前が書かれていた。子供たちはみんな有名メーカーのスパイクを履いている。スタンドで子供たちの親が座って熱心に見学している。時々、子供がスタンドに近寄ってきて、親に向かって何かしゃべっている。

グラウンド横のカフェには、当時のロナウドを含むチームメイトの写真が貼られていた。何かの大会で優勝したときのものだろうか。トロフィーを真ん中に子供たちが笑顔を見せている。スパイクを履いている子もいるが全員ではない。ロナウドの足は前に立っている子供の陰になり見えないので、スパイクを持っていたかはわからない。ロナウドの父親も一緒に写っていたが、ほかに親らしい大人は写っていなかった。ディニスはやせていて、口ひげとあごひげをはやしていた。ロナウドはその父に寄り添うようにして、一人だけカメラに顔を向けず横を向いている。

アルバロ・ミーリョは昨日とは打って変わったように笑顔で迎えてくれた。アルバロはグラウンドの外から、いかにもサッカーが好きでたまらないというように子供たちに終始熱い視線を送っている。

「ロナウドは気の強い子だった。彼はその後の努力で世界一のサッカー選手になったのだ」

と目を細め、昔を懐かしむように話した。アルバロも本当はロナウドのことをもっとたくさん自慢したかったにちがいなかった。

アンドリーニャにとって、ロナウドが最初に入ったクラブという事実は、大きな宣伝効果となっていた。こんな素晴らしいグラウンドをもつに至ったのも、明らかにロナウド効果によるものだ。実際、このおびただしい数の子供たち、そして、子供たちを見守る親たちの多さは何を意味するのか。将来、ロナウドのようになりたい、あるいは、なって欲しいという気持ちの表れではないだろうか。

私がマデイラ島を訪れた翌月、２００８年5月8日付の「ジョルナル・ダ・マデイラ」には、アンドリーニャ会長ルイ・サントスの記事が掲載されている。それによると、CFアンドリーニャには現在６００人近いサッカー選手がいる。そのうち１７０人が幼少クラスに所属しているのだという。

フットボール以外にもバドミントンに80人、陸上競技に85人、トライアスロンに15人、水泳に22人が所属している。現在、コーチの数は22人、そのうちサッカーのコーチが17人となっている。

クラブは１９２５年に創設され、ルイ・サントスが会長に就任したのは94年。ロナウドが加わったのもその年だ。46歳の会長は、わずか14年間で、ロナウドがいた頃とは比べものにならないくらいクラブを大きなものへと変えた。前述のインタビュー記事によると、アンドリーニャがこれほど成長してきた理由は、サント・アントニオがフンシャルからとても近いということで、地区の人口が増加したこと。現在約４万人が住み、子供たちを我々のクラブに預けようとする親が増えたこと。また、近年の努力により、仕事が高く評価されてきたからだと述べている。また、ロナウドは、クラブにとってシンボルとなっているのか、という質問に対して、ルイ・サントスはこう答えている。

「ロナウドはアンドリーニャのイコン（聖像）となっている。彼がアンドリーニャで育ったという事実は消されることはないだろう。ポルトガル人選手でこれだけ短期間で最高のステージに駆け上がった者は、ほかにいないだろう。我々はクリスティアーノ・ロナウドのことを常に愛情を持って語るだろうし、彼は決してアンドリーニャから離れることはないだろう。残念ながら、これまで彼が休暇で戻ってきたとき、我々の施設に顔を出してくれたことはなかった。しかし、近い将来、必ず我々のクラブの子供たちの前にも顔を出してくれると信じている」

　レアル・マドリードの公式本として２０１０年に出された『クリスティアーノ・ロナウド、実現した夢』（エンリケ・オルテガ著）にも、ルイス・サントスのコメントが載せられている。

「ロナウドが６歳のときから我々のチームでプレーしているのを見てきたが、彼はまさにダイヤモンドだった。朝から晩までボールを蹴っていた。彼がここまでなるなどとはそのときは言えなかった。しかし、才能があった。そして、最も我々の注意を引いたのは、負けず嫌いであったことで、負けるといつも怒っていたことだ」


　アンドリーニャを初めて取材した２００８年から８年後の２０１６年、私は再びアンドリーニャを取材した。会長はすでに代わっており、ジョゼ・バセラール会長と、ロナウドがアンドリーニャに入ったときの最初のコーチだったフランシスコ・アルフォンソに話を聞いた。バセラール会長はディニスがアンドリーニャの用具係を始めた頃、トップチームの監督を務めていた。そのときのキャプテンがフェルナン・バッホス・ソウザだった。ディニスが用具係だった頃のことについて話してくれた。

「ディニスは昼、市の土木の仕事をして夜にアンドリーニャで働いていた。しかし、アンドリーニャには給料をもらっている者はいなかった。だから、ディニスに対しても給料を払うことはなかった。その後、彼は市庁舎の庭園の庭師になったのだ」

ディニスが幼いロナウドを練習に連れてきていたことをよく覚えていた。

「当時のアンドリーニャは本当にお金もなく、トップチームの練習でもボールは少なく、全員に行き渡らなかった。ロナウドはボールで遊びたくてしようがなかったが、余っているボールなどはなかった。そんな彼を見て、ゴールキーパーのマルセリーノが、よくロナウドにシュートをさせて遊んでやっていた」

ロナウドは6歳のときにアンドリーニャに加わったとされているが、年上で従兄弟のヌーノから誘われ、一緒に遊んでいたという言い方がふさわしいだろう。当時のアンドリーニャのような小さいクラブは、現在のようにサッカースクールとしてしっかりとした運営体制ができあがっておらず、小さい子供たちが集まってサッカーをやっていたにすぎなかった。したがって、入るのにもお金はかからなかっただろうし、有給のコーチが教えているわけでもなかった。

フランシスコ・アルフォンソは、ロナウドが通っていたゴンサルヴェス・ザルコ小学校の国語の先生であり、同時にアンドリーニャで子供たちにサッカーを教えていた。

「3人対3人のゲームをよくやっていたが、そこで彼は狭いスペースでボールキープすることを学んだ。彼のテクニックとスピードのある動きを我々は発見した。両足でプレーができた。土曜日には7人サッカー、日曜日には11人サッカーをやったが、彼はすべての試合に出たがった」

ロナウドはアンドリーニャできめきと頭角を現していった。そして、10歳になる頃には、神童の存在はすでにマデイラ島全体に知れ渡っていた。当然ながら島の二大クラブが関心を寄せた。しかし、ロナウドがより大きなマリッティモではなく、ナシオナルの下部組織に入った背景には、ゴッドファーザーであるフェルナン・バッホス・ソウザの存在が大きかったのである。

フェルナンはロナウドがアンドリーニャからナシオナルに移った経緯について、こう話した。

「私はアンドリーニャで32歳までプレーしていた。引退してからは、アンドリーニャの会長秘書を6年間ほど務めた。もともと私はアンドリーニャでプレーする前、7年間、ナシオナルでプレーしていたこともあり、ナシオナルからジュニア強化責任者のポストを与えられ、11年間務めることになったのだ。その強化責任者をやっているときに、ジュニアの監督から、アンドリーニャに素晴らしい選手がいるらしい、それを見てきて欲しいと頼まれた。そこで見にいったら、驚いたことになんとその子供とはクリスティアーノだったのだ。彼がサッカーをやっているというのは知っていた。しかし、ここまですごいとは、それまでまったく知らなかった。彼はたしかにほかの子供たちと比べて並外れた才能を見せていた。そのとき、私はこの子は家族を救うことになるだろうと思ったのだ」

ロナウドの洗礼式に立ち会い、その後もディニスが練習に連れてきた幼少の頃のロナウドを見ていたフェルナンは、ディニスの家がそれほど豊かではないことも知っていただろう。そういったことが、この言葉からもうかがい知れる。

マリッティモはナシオナルよりも先にロナウドに接触していた。２００２年10月9日付の「オ・ジョーゴ」に掲載されたルポには、マリッティモは5万エスクード（１９９５年当時、約4万円）を提示していたという。アンドリーニャのルイ・サントス会長は両クラブの責任者を招いて商談をしようとしたが、マリッティモのジュヴェニルの責任者は会合に現れず、ナシオナル行きが決まったのだという。しかし、実際はロナウドのゴッドファーザーでもあるフェルナンが積極的に両親に働きかけ、ナシオナルがロナウドを獲得することになったのではないか。フェルナンは私に次のように話した。

「ナシオナルも当時、貧しいクラブだったから、財政的に問題を抱えていた。アンドリーニャは、とくに要求してこなかったが、ナシオナルは新品のボールやスパイクを送ったのだ。当時の金額で150ユーロから200ユーロだったと思う」

ルーカ・カイオーリ著の『クリスティアーノ・ロナウド』によると、話はそれほど単純ではなかったという。なぜなら、ディニスはマリッティモ行きを望んでいたというのだ。キンタ・デ・ファルカンの近くには、当時、マリッティモのホームグラウンドであったアルミランテ・レイススタジアムがあることもその理由だった。また、もともとロナウドはサント・アントニオにあるマリッティモのグラウンドでいつも遊んでいたこともあり、マリッティモに入りたいと思っていた。しかし、ロナウドのナシオナル行きは半ば、フェルナンによって強引に行われたものだったのだ。

2008年に会長だったルイ・サントスに話を聞いた頃は会長自身のコメントにもあるように、ロナウドは再びアンドリーニャを訪れることはなく、一定の距離を保っていた。だが、その後、バセラール会長となり、2015年11月13日にロナウドをアンドリーニャの名誉会員とし、さらに、7番を欠番とすることを決めた。ロナウド自身もその年の7月にアンドリーニャを訪れている。アンドリーニャがロナウドの最初のクラブであることを、名実ともに世界へ知らせる意味があったのだろう。

第3章　旅立ちのリスボン

Keita Yasukawa

マデイラの名門クラブ

エスメラルド通り46番地。フンシャルの中心地にあるクルベ・デポルティーヴォ・ナシオナル（ナシオナル）の事務所を最初に訪ねたのは、２００８年のことだった。ロナウドが最初のＦＩＦＡ最優秀選手賞を受賞する年であり、また、マンチェスター・ユナイテッドにおいてチャンピオンズリーグ優勝を成し遂げ、ロナウドが真の意味で世界最高のプレーヤーと評価された年であり、まさに時の人となっていた。それだけに、世界最高の選手を地元から生み出したという意識から生まれる空気がマデイラ島に充満していたような気がした。

ナシオナルはマリッティモとともに、マデイラ島の二大クラブであり、両チームの対戦はマデイラダービーとして盛り上がる。ナシオナルは１９１０年に創設された歴史あるチームだ。スタジアムは、フンシャルから車で急な山道を30分ほど上がった標高５００メートルほどの山中にある。もともと、このあたりの地名からショウパーナ・スタジアムと呼ばれていたが、２００７年に全面的に建て替えられた。スタジアムの地下には駐車場、観客席の下にはホテルや体育館がある。

スタジアムの横にはクリスティアーノ・ロナウド・キャンパスという下部組織用のグラウンドもある。２００７年の落成式にはロナウドも出席している。これらの施設はマデイラ自治州政府の援助によって造られ、クラブは「クリスティアーノ・ロナウドが在籍したクラブ」ということを大々的に宣伝手段に利用している。ナシオナルの入り口にはロナウドの少年時代の写真を利用した、ほぼ等身大の立て看板が置かれていた。白と黒の縦縞のナシオナルのユニフォームを着て、右足は裸足で、右手に脱いだスパイクを持っている。なによりも興味深いのは、坊主頭のロナウドが泣いていることだ。泣き顔からは2004年にポルトガルで開催されたユーロの決勝戦で、ギリシャに惜しくも敗れ、大泣きをしていたロナウドが連想される。てっきり試合に負けたため泣いているのかと思ったら、この写真はマデイラ島のカテゴリー別大会で優勝したあとの写真だという。写真について説明してくれたのは、ロナウドのインファンティル時代のコーチだったペドロ・タリーニャだ。

「ロナウドの写真はほとんど残っていない。現在のように携帯電話やデジタルカメラが普及しているときならともかく、カメラを持っている人なんてあまりいなかった。この写真が残っているのも、インファンティルカテゴリーの地域リーグで優勝した特別な日だったからだ。優勝していなかったら、この写真も残っていなかっただろう。彼が泣いているのは、満足感もあるだろうし、感動が強かったからだろう。彼は試合に対してものすごく集中するタイプだった」

前出の『クリスティアーノ・ロナウド、実現した夢』には、いつも年上の子供たちと一緒にやっているので、ロナウドがケガをするのではないかとマリア・ドローレスが心配したことが書かれている。しかし、夫のディニスが、非凡なスピードがあるから、ロナウドのことを捕まえるのは無理だから心配ない、と納得させたのだという。

私自身も、マリア・ドローレスにその頃のことを尋ねると、彼女はこう答えた。

「ロナウドはやせっぽちでしたが、よく走りまわっていました。小さい体によくそれだけのエネルギーがあると感心したものでした。当時のあだ名は〝アベリーニャ（蜂の子）〟。すばしこくって、なかなか捕まえることができなかったからです。兄のウーゴもサッカーは好きでうまかったけど、途中でやめてしまった。兄はおとなしい性格で、ロナウドは明るくて、とても活発な子供だった。大人の言うことをよく聞いたし、しっかりと自分のしたいことを伝えていた。自分が何を求めているのかもよくわかっていました。人一倍向上心が強かっただけに、厳しい練習をするのも苦にならなかったのでしょう。目標に向かって戦っていく子供でした」

ポルトガルでは、子供たちのカテゴリーを年齢別に分けている。10歳までがスクール、11歳から12歳がインファンティル、13歳から14歳がイニシアードス、15歳から16歳がジュヴェニル、17歳から18歳がジュニアとなっている。

ロナウドがアンドリーニャからナシオナルに移ったのは9歳だったが、年齢では上のカテゴリーであるインファンティルに加わっていた。スペインの新聞「エル・パイス」の2008年6月19日付に掲載されたルポには、ロナウドがナシオナルに入ったときのインファンティルのコーチ、アントニオ・メンドンサのコメントが紹介されている。

「ロナウドは、ほかの子供たちよりはるかに優れていると感じていたのだろう。決して、ほかの子供にパスを出さなかった。ほかの子供たちもしようがないと我慢していた。なぜなら、ロナウドは一人で多くのゴールを決めていたからだ。すべての試合が9対0とか10対0といった内容だった」

メンドンサのコメントは、前出のルーカ・カイオーリの著書でも紹介されている。

「あの子がとても高い資質を持っていることは、我々にはすぐにわかった。彼の特徴ともいえるスタイルはそのときすでに十分に目立っていたのだ。素早い身のこなし、スピード、ドリブル、シュート。ストリートサッカーによって衝突を避ける術《すべ》を学んでいた。彼よりも年齢の上が子供と対戦することで、彼は相手をかわすことが必要だった。そして、また、性格を強くすることにもなった。すでに大きな勇気を持って彼はプレーしていたのだ」

ロナウドが10歳になったとき、インファンティルのコーチをメンドンサから引き継いだのが、ペドロ・タリーニャだった。タリーニャは、ロナウドと最初に会ったときの印象を次のように語った。

「私も彼がほかの子供たちよりもはるかに上だと感じた。インファンティル1年目の年齢だったが、ドリブルもシュートも簡単にこなしていた。マデイラ島では最高だと思った。簡単にドリブルして、両足でシュートが打てた。常にゴールへの意識があり、どの場所からでもシュートを打った」

その頃、ロナウドはインファンティルに属しながらも、上のカテゴリーであるイニシアードスの練習にも参加していた。つまり、10歳でありながら13歳や14歳と一緒にやっていたことになる。

「彼は7、8歳の頃から常に年上と一緒にやってきていたから、そんなことはなんとも思っていなかったようだ。普段はみんなとふざけあっているけど、試合になると人が変わったように真剣になった。そして、ほかの少年たちに対しても、たとえ年上であろうと関係なかった。勝利への意欲が人一倍強かったから、うまくいかないときは泣いた。勝ったときも感動して泣いた。感情の起伏が激しい子だったんだ。彼はみんなの前で注意されるのを嫌がったから、よく個別に呼んで話をした」

インファンティルは週に三度練習があった。ロナウドはそれ以外にイニシアードスの練習にも参加していたから、1週間毎日が練習となった。

「でも、練習以外にも学校やどこかのグラウンドで彼はいつもボールを蹴っていた。休みなんかなかったはずだ」

当時のナシオナルには、少年のための人工芝のグラウンドもなかった。ナシオナルよりも大きかったマリッティモでさえも、少年たちは学校のアスファルトや土のグラウンドを借りてやっていた。今日、マデイラのサッカー環境は当時とは比べものにならないほどいいものとなっている。

「でも、そのぶん、子供たちは忍耐強くなくなった。うまくなるために努力しなくなった。誰もがロナウドになりたいと思っている。しかし、ロナウドがサッカーにすべてを懸《か》け、いかに彼が努力して今のようになったのか、それをどれくらいわかっているのか、疑わしいね」

その話を聞いたとき、ロナウドがいつもサッカーをしてたという、家の前の道路を思い出した。

――あのようなデコボコの、しかも、坂道でサッカーなどやれるものなのでしょうか？

「今日のマデイラは交通量も増えたし、なかなか道路ではサッカーができなくなった。でも私が子供の頃も、道路でサッカーをする子は多かった。たとえ穴が空いていようが、坂道であろうが、そんなのは関係なかった。普通のことだったんだ」

また、タリーニャは父ディニスについても話している。

「ディニスはいつもロナウドの試合を観にきた。車を持っていなかったので、フンシャルまで出てきて、クラブのバスに乗って試合を観にいった。コーチに対して何か干渉してくるようなこともなかった。いつもおとなしく試合を観ていた。とても謙虚で礼儀正しい人だった」

２００９年にマデイラ島という島でロナウドが生まれてきたことの必然性を説く、興味深い話をしてくれたのが、当時ナシオナル副会長だったジョアン・グリス・テイシェイラだ。１９９０年代からずっとクラブ首脳部の一員としてクラブを支え、２０１７年10月に亡くなった。

彼は生粋《きっすい》のマデイレンセ（マデイラ島出身者）であり、ポルトガル人というよりもマデイレンセと呼ばれるほうを好むのだと私に強調した。

「ロナウドがマデイラ島に生まれたのは、エウゼビオがモザンビークに生まれたように、偶然の出来事であったかもしれない。しかし、彼には明らかにマデイレンセ魂が宿っているのだ。マデイラ島は耕作地も十分になく、昔から貧しかったため、たくさんの人が島を出て南アフリカ、ベネズエラ、オーストラリアへと出稼ぎに行き、そこで身を粉にして働いた。ロナウドも一所懸命に努力を続けたからこそ、世界のトップアスリートになれたのだ。ロナウドにはマデイレンセの血が間違いなく流れている。我々はロナウドの成功を讃えるだけでなく、マデイラの子供たちがロナウドを目標としてくれるようにと、スタジアムに彼の名をつけたのだ」

ナシオナル副会長の言葉のなかに、マデイラ島から南アフリカ、ベネズエラ、オーストラリアに出稼ぎに行く者が多かったことが語られているが、ポルトガル本国からは出稼ぎというとドイツやフランス、ベルギーといったヨーロッパ諸国へ行く人たちが多かった。このあたりにも、マデイラ島という島の独特なあり方が見てとれるようだ。彼はナシオナルについての説明を続けた。

「クラブは2010年で100周年を迎える。最初、学生によって始まったこともあり、若い力を尊重するのがこのクラブの方針だ。かつてはマリッティモが庶民のクラブ、ナシオナルが大学生やエリートのクラブという色分けだった。ファンの数では常にマリッティモのほうが優っていた。おそらく彼らのファンは現在4万人、我々は2万人といったところだろう。我々はフットボールに限らず、多くのスポーツに力を入れている。そのなかでもとくに盛んなのは体操だ。フットボールの下部組織には600人所属している。我々が財政的にも落ち着いたのは、せいぜい15年ほど前にすぎない。離島のクラブが1部リーグでやってくためには市の援助が必要だ。現在マデイラ島の人口は25万人であり、島の主要産業は観光業だ。島が豊かになり、我々もその恩恵を受けている。ロナウドが所属していた頃、現在のような財政状態であれば、あんな少額で手放すことはなかっただろう」

運命のいたずら

ロナウドがナシオナルに在籍していたのはわずかに2年足らずだ。しかし、スポルティングCPへの通過点として、決定的な役割を果たしたのも、このクラブだった。

２０１６年に、アンドリーニャ会長のジョゼ・バセラールはこのように話した。

「アンドリーニャには自分たちのグラウンドがなかったから、高校や、マリッティモのグラウンドで練習していた。もともとアンドリーニャはマリッティモとのつながりが強いから、本来ならロナウドはマリッティモに行っていただろうし、マリッティモはベンフィカとのつながりが強いから、ベンフィカに行っていたはずだ」

そして、ジョゼ・バセラールは驚くことを私に話した。

「ロナウドの存在をベンフィカに知らせようと、当時スポーツディレクターのネネにコンタクトをとろうとした。だが何度、電話をかけてもつながらず、伝言を残したが、結局、連絡はこなかった」

つまり、もしベンフィカのネネがこの話を聞いて関心を持ち、ベンフィカがテストを行っていたら、別のストーリーとなっていたことになる。ベンフィカはポルトガルで最も人気のあるクラブであり、実際、ジョゼ・バセラールのように、ベンフィカへのシンパシーから、あるいはひともうけを企んでの「売り込み」はたくさんあった。スポーツディレクターのネネとしても、その一つひとつを確認していくことは無理であっただろうし、マデイラ島にいる12歳の子供についていちいち人を送って調べさせるようなことはしなかっただろう。

ロナウドのスポルティング行きの積極的な橋渡し役を務めたのも、やはり、アンドリーニャからナシオナルへ手引きをしたゴッドファーザーのフェルナンだった。

ナシオナルでさらなる成長を果たしたロナウドが、いつかは本土のクラブへ移籍するだろうと誰もが思っていたかもしれない。しかし、まだ12歳の少年を移籍させようと考えるのはあまりに早急な話ではなかったのだろうか。それでもナシオナルがスポルティングにロナウドを売り込んだのには、ナシオナルは当時、スポルティングに対して450万エスクード（日本円で約360万円）の借金があり、ロナウドを渡すことで借金を帳消しにしたいという意図があったからだ。ベンフィカとは異なり、スポルティングが動いたのも、この借金の件は大きな要素であったはずだ。ロナウドは、借金を帳消しにできるほどの存在であるのか。いずれにせよ、このことがスポルティングを動かす要因となった。

フェルナンはスポルティングのソシオ（クラブ会員）、マデイラ支部長マルケス・フレイタスに話をもちかけた。フレイタスは一方で、マデイラ島でのスポルティングのスカウトの役割も担っていた。母のマリア・ドローレスもスポルティングのファンだったことからも、話はとんとん拍子に進んだ。フレイタスはスポルティングに連絡を取り、スポルティングがロナウドを視察することになった。

1997年3月下旬のイースター休暇に、マデイラ島でインファンティルカテゴリーの大会が行われた。スポルティングもその大会に参加することになり、マデイラ島出身のコーチであったレオネル・ポンテスが同行した。ロナウドを見てくるという目的も兼ねていた。ロナウドはすでにイニシアードスのカテゴリーに進んでいたので試合には出なかったが、フェルナンに付き添われ、ポンテスに紹介された。ポンテスはロナウドの印象を次のように語っている。

「彼のプレーが見たかったので、私が連れてきた少年たちと一緒にボール遊びをさせた。するとすぐに彼が器用であることがわかった。マデイラ島のサッカー関係者には知人が多かったので、いろいろと聞いたが、誰もがあの年代では島で最高の選手だと答えた。そこで私は、スポルティングに戻りそのことを伝えたのだ」

ポンテスの報告を受け、スポルティングは交渉のためにマデイラ島に人を派遣し、ロナウドの両親とフンシャルのホテルで話し合った。その結果、ロナウドはスポルティングのテストを受けることになった。

1997年の夏休み、ロナウドはゴッドファーザーのフェルナンとともに生まれて初めて飛行機に乗って、リスボンに向かう。当時のことを、ロナウドはこう述べている。

「自信はあったけど、やはり前の晩はよく眠れなかった。ナーバスになっていたのだろうね。でも、僕がいい選手であるとわかってもらえると信じていた」

スポルティング育成部門の責任者であったアウレリオ・ペレイラは、初日のテストを担当したインファンティルのコーチから報告を受けた。

「私は1日目の練習は観にいかなかったが、ロナウドを観たコーチたちはとても熱狂していた。私は2日目に練習を観にいったが、私もとても感動した。明らかに違いを見せていたからだ。スポルティングに集められていた少年たちは、数千人のなかから選抜された特別に優れた者たちだ。その子供たちのなかにありながら、ロナウドはあふれるような才能を発揮していた。ほかの子供たちは、彼を自分たちの世界とは明らかに実力が違うという驚きの目で見ていた」

アウレリオ・ペレイラは、ナシオナルとの借金を帳消しにするというオファーを受けるべきだというレポートを、すぐに上司に提出した。そのレポートに、彼は次のように記している。

「12歳の少年に支払われる金額としては非常に高いと思われるかもしれませんが、将来への投資として間違いありません。テストに付き添ったコーチの誰に聞いても、その高い資質は間違いないと認めるでしょう。１９９７年６月28日」

スポルティングは、それまで12歳の少年にこれだけの大金を払ったことはなかったし、幹部も最初は半信半疑であったという。しかし、アウレリオ・ペレイラの強い要望が通り、ロナウドのスポルティング入団が決まった。

マリア・ドローレスは、12歳の子供を単身リスボンへ行かせるかどうか大いに悩んだ。ロナウドを行かせることに、まるで子供を捨ててしまうような自責の念さえも感じたのだった。マリア・ドローレスは、ロナウドを送り出したときの気持ちを次のように語っている。

「スポルティングのテストで認められたのはうれしかったけど、あんなにたくさんの人が住む都会の生活に、はたして息子は溶け込んでいけるのかしらと、私は心配になった。けれど、ロナウドはリスボンに行くことを望んだ。いよいよマデイラ島を出発するとき、私は『息子よ、お前は戦うのが好きだし、私はお前とともに夢を見ることにするわ』と言ったのです」

１９９８年８月、ロナウドは今度は一人で飛行機に乗り、リスボンに向かうことになった。ロナウドは、こう回想している。

「空港で母や姉たちが泣いていて、僕はとても悲しかった。飛行機が離陸し高度を上げるとき、自然と目から涙があふれてきた。母や姉たちが泣いていたのを思い出して、とても悲しくなったんだ」

マデイラからリスボンへ

12歳の少年がマデイラ島を出て、単身リスボンに行く。このこと自体が彼の人生において、とても大きなものであり、ロナウドが成功する大きな要因となったと指摘する人は多い。ナシオナルのジョアン・グリスの「ロナウドには、身を粉にして働いてきたマデイラ島の人々の血が流れている。彼の成功はその努力があったからこそなのだ」という言葉のように、彼がマデイラ島出身であったことを強調する者もいる。

しかし、現在のマデイラ島からは、人々が身を粉にして働いていた時代を想像するのは難しい。箱根駅伝の山登りのように、急な斜面を走っているロナウドの写真を見たことがある。しかし、今の子供たちは山の上にある練習場へも両親が車で送るから、サッカーだけをやればよかった。「今の子供たちは、パソコンのゲームを楽しむようにサッカーをやっている。ロナウドがどれだけ努力したのか、おそらく今の子供たちには、ほとんどわからないのではないか」と言ったのはタリーニャコーチだった。だが、だからといって、厳しいマデイラの生活がロナウドを生み出したとはいえないはずだ。なぜなら彼は12歳でリスボンに渡っているし、スポルティングの育成システムの中で育てられたからこそ、大成できたともいえるからだ。

では、やはりロナウドが12歳でマデイラ島を出ていなかったら成功できなかったのだろうか？　一つの事実としては、ロナウド以前には、マデイラ島出身の選手で、ポルトガル代表に選ばれた者はいなかった。これまでマデイラ島の存在はあまりに小さく、また、あまりに遠くにありすぎたのだ。スペインの新聞「エル・パイス」の2008年6月19日付に、興味深いルポが掲載された。タイトルは「辺境の地に現れた綱渡り」というものだ。

このルポが掲載されたのは、ロナウドがマンチェスター・ユナイテッドにおいてリーグ得点王となり、チームの2連覇に貢献。さらに、2008年5月21日にチャンピオンズリーグ優勝を決め、その後、ロナウドがレアル・マドリードへ行くのではないかという噂が出始めた頃である。また、私が初めてマデイラ島を取材したときであり、たくさんの外国人記者が取材をしてロナウドレポートを書いた。まさに、ロナウドが時の人だった頃だ。

レポートのなかにはロナウドよりも一つ年上の選手で、将来が期待されながらもマデイラ島にとどまったゴンサロ・ゴメスの例が出されている。彼は11歳のとき、マデイラ島では、とくに目立つ存在だった。ところが、彼は島を出なかったために、結局大成できなかった。2008年当時の彼の生活は、朝6時に起床し、母親とともに瓶詰め工場で働いて月に700ユーロを稼ぎ、週末は3部リーグのチームの試合に出て、月500ユーロを稼いでいる。ゴメスは次のように話している。

「たとえどんなにがんばったとしても、もしロナウドがあと数年マデイラにとどまっていたならば、おそらく、すでにやめていたか、あるいは今頃島のどこか小さなクラブでやっていたことだろう」

はたして、ロナウドがマデイラ島にとどまっていたら、ゴメスの言うように、今頃、マデイラ島のクラブでやっていたのだろうか。ロナウドが12歳だった1998年当時も、そして、ロナウドが17歳でスポルティングでプロデビューした2002年当時も、ナシオナルはポルトガルの1部リーグだった。もし彼がナシオナルの中で育っていったとしたら、いずれはトップチームに上がり、ポルトガルの三大クラブとの試合を戦い、彼は注目され、移籍話も起こっていたのではないか。しかし、18歳でマンチェスター・ユナイテッドへといったようにとんとん拍子で物事は進まなかったかもしれない。

一つ面白い例がある。それは、ポルトガル代表でもプレーするダニーという選手のことだ。彼の両親はマデイラ島出身だが、ベネズエラに移民する。1983年にベネズエラのカラカスで生まれたダニーは15歳のときにマデイラ島へ渡り、マリッティモの下部組織へ入る。ミッドフィルダーの彼は2001年、18歳でトップチームデビューし、翌年、スポルティングへ入る。ちょうどロナウドがスポルティングでトップチームデビューしたときと重なるが、ダニーはスポルティングでそのシーズンは10試合に出ただけで、翌年、再びマリッティモに戻っている。その後、2005年にロシアのディナモ・モスクワやゼニト、チェコのスラヴィア・プラハでプレーする。代表としては2008年にA代表デビューして以来、ケガなどにも泣かされた時期があったが、代表キャップ数は30を超えている。

ダニーが15歳でマデイラ島へ移ったのは、単身であったのか、あるいは両親とともに戻ったのかは明らかではない。しかし、マデイラ島には少なくとも親戚や両親の知人もいただろう。また、都市のカラカスから渡った少年にとっては、田舎であるとは感じたとしても、それほど環境の面でもギャップを感じることはなかったはずだ。しかも、15歳であるし、ロナウドの12歳とは大きな違いがある。彼の場合、とくに頭角を現し始めるのが20歳を過ぎてからだった。つまり、再びマリッティモに戻った2003年頃からであり、2003年トゥーロン国際大会、2004年U－21欧州選手権に出て、アテネオリンピックに出場したりした。その後、ロシアリーグで活躍している。

ロナウドと同じマデイラ島出身で、マデイラ島にスポルティングから派遣されたレオネル・ポンテスは、スポルティングのコーチや代表アシスタントコーチを務めたあと、2014年にマリッティモの監督を務めている。彼はマデイラ島出身でマデイラ島のクラブでプレーを続ける選手たちについて「ポルトガル本国出身の選手に比べると、どうしても競争力の点で劣っている」と話す。

ロナウドの実力を認めたリクルート部門の責任者アウレリオ・ペレイラに、ロナウドがもしマデイラ島にとどまっていたら、成功できなかっただろうかと尋ねたことがある。それに対してアウレリオの答えは次のようなものだった。

「成功しなかったかもしれない。なぜなら、彼が来た我々のクラブは育成に非常に熱心なところだったからだ。当時はまだアカデミア（育成年代の練習場）はできていなかったが、育成には力を入れていた。そこへ入ったことは、ロナウドの成功へ重要な役割を果たしたと我々は自負している」

「エル・パイス」に出ていた、マデイラ島にとどまったゴメスの例について尋ねた。

「それは比較することはできないだろう。ロナウドはスーパーな才能を持った選手であり、もう一人のケースは、チャンスを逃した選手のことだ。ロナウドにとって家族の元を離れることはとても大変だったが、彼の気持ちの高まりを押さえるのはもっと難しかったはずだ。スーパーな才能をもった多くの選手の場合、サクリフィシオ（目的のためには自らを犠牲にすることをいとわない）をする能力を持ち合わせないことが多い。その能力をもたないために、スーパーな才能をもち合わせながらも、途中で成長をやめてしまうことも多い。彼は練習に対してものすごい意欲をもっていた選手であったことも、成功するうえで大きな力となった」

海を越えるということ

ロナウドのサクセスストーリーを、単なる貧しさをバネにしたからだと安直に考えるのは、無意味なことだろう。ロナウドの家庭は貧しかったと誰もが言う。しかし、1980年代のポルトガル人は、マデイラ島に限らず、本国においても、みな慎ましい生活を送っていたし、当時にすれば、ロナウドの境遇がそれほど珍しいものではなかったはずだ。たとえば、ブラジルのファヴェーラといったスラム街で生活するのとはまったく意味の違うものだ。

マリア・ドローレスもロナウドが生まれた頃から、ホテルのレストランで働くようになり、ロナウドが5歳の頃、姉のエルマは16歳になるとホテルで給仕の仕事を始めている。さらに兄ウーゴも同じ時期、15歳だったが、アルミニウム工場で働き始めている。二人が家計を助けたので、ロナウドの家庭の生活は安定したものとなっていたはずだ。

したがって、むしろロナウドが12歳の年齢で海を渡ったということが、やはり彼の成功をもたらした大きな要因となっているのではないだろうか。マデイラ島にある大西洋歴史研究センターの所長を務める歴史学者アルベルト・ヴィエイラに話を聞いたことがある。

「マデイラ島の歴史は、15世紀にポルトガル人の航海者が到達したときから始まる。ヨーロッパ人にとって大西洋で最初に発見された場所であったという事実から、ヨーロッパ人による大航海時代発展への重要な役割を担う。最初はポルトガル人、16世紀後半からイギリスが植民地を作っていくうえで意義のある役割を果たした。イギリス人が大西洋を航海するとき、重要な食料供給地として機能したからだ。マデイラワインが、イギリス人によって世界中に知られることになる。イングランドのサウサンプトンから南アフリカのケープタウンへの定期航路ができ、その中継地としてマデイラ島に寄航するため、南アフリカへの出稼ぎ者が多くなった理由でもある。マデイラの人々は島民であることから独特の性格を持ち、困難さも同居している。また、人々の性格は進取の気性に富んでおり、そして、働き者である。何かを変える能力を持ち、何かを実現させる力がある。もともと森林に囲まれていた島だったが、わずか数年後には農地に変わっていた。そのことからも勤勉さはよくわかるはずだ」

クリスティアーノ・ロナウドが典型的なマデイラ島出身者だと思うかと尋ねると、「彼はマデイラ島出身者のもつ勝利への意欲と力をもっている」とだけ答えた。

そして、ロナウドが海を渡っていった行動について、マデイラ島出身者が海外に出ていくうえで乗り越えなければならない障壁についても話した。

「海は広大であり、非常に大きく開かれている印象も与えてくれるが、同時に海は障害物ともなる。目の前に立ちはだかる障壁でもあるのだ。島であることから限界を感じつつ孤立感もあるなか、乗り越えるべき大きな目標が目の前にあると感じることもできる。島の人間が大陸に行ったとき、それは、おそらくどこの島の住民にも当てはまることだと思うが、同等に扱われないことだ。しかし、歴史的にもマデイラ出身者はこの差別に打ち勝ち、ポジティブなものに変えてきた」

マデイラ島では海を見たければ、少し坂を上ればよかった。ロナウドの育った家からも海がよく見渡せた。ロナウドはよくテラスでリフティングをしていた。その合間に、彼はほかの多くの住民とは異なり、大海原に対し障壁ではなく、かつてのポルトガルの航海者のように、無数の可能性を感じていたのかもしれない。島を出たロナウドを待ち受けていたものは、どのようなものだったのだろうか。

都会でのホームシック

イベリア半島の中心に位置するスペインの古都トレドを流れるタホ川は、西へ進みポルトガルに入ると名前をテージョ川と変え、大西洋に注いでいる。リスボンはそのテージョ川の河口付近（河口まで約12キロメートル）にできた港を中心に開けた街であり、16世紀の大航海時代には多くの船団がここから出航し、大西洋の海原へと乗り出していった。

7つの丘からなるリスボンの町並みは、とくに夕暮れ時が美しい。斜めから注がれる夕陽を受けて、起伏に沿って建てられた家々が赤く染まり、建物の間には陰影が生まれる。石畳の坂道を、路面電車がきしむ音を立てながら走っている。メランコリックな様相をとどめた旧市街であるアルファマ地区はテージョ川に面しているが、川から遠ざかるにつれて近代的な建物が増えてくる。ちょうどそのあたりにスポルティングのホーム、ジョゼ・アルバラーデ・スタジアムがある。

現在のアルバラーデ・スタジアムは、2004年にポルトガルで開催された欧州選手権のために、2003年に新築されたものだが、かつてはその同じ場所に古いアルバラーデ・スタジアムがあり、そのスタジアムの観客席の下に、地方から出てきた少年たちが住む寮があった。

マデイラ島からやってきた12歳の少年の目には、ポルトガルの首都リスボンはいったいどのように映ったのだろうか。パリやマドリードと比べると、はるかに規模は小さいが、それでも大都会であり、見るものすべてが驚きであったにちがいない。地下鉄に乗ったのも初めてだった。入団して3カ月後、マリア・ドローレスが会いにきたときのもので、アルバラーデ・スタジアムの最寄りの駅、カンポ・

グランデで撮られた写真には、Tシャツと短パン、坊主頭のロナウドが写っている。そして、なによりも驚きなのは、足がものすごく細いことだ。母親の手はロナウドの肩の上に置かれ、ロナウドは爪を噛《か》んでいる。これは癖なのか、青年になった写真でも同じ仕草をしたものを見たことがある。

マデイラ島出身でパリコレクションのメンバーになり世界的な成功を収めるデザイナー、ファティマ・ロペスに、リスボンに出てきたときのことを2010年に話を聞いた。

「私がマデイラ島を出たのは20年前（1990年）。リスボンに着いたとき、そこは外国だと思ったわ。そして言葉もマデイラ訛のせいで、まったく通じなかった。今はマデイラも発展し、ポルトガル本土とまったく変わらなくなったけど、それはつい最近のこと。ロナウドが出てきた12年前（1998年）は、まだまだ大きな格差があったはずだわ」

といくつかの単語を例に出して、発音し、少しおどけて見せた。マデイラで話されているポルトガル語はアクセントをあまりつけず、口を閉じて発音するため、私もたしかに聞き取りにくいと思った。

ロナウドは2002年10月14日付の「オ・ジョーゴ」のインタビューで、こう話している。

「初めてスポルティングの寮から学校へ行ったとき、遅刻してしまったんだ。そこで女の先生が、僕に自己紹介をするように言った。マデイラ訛りで話したのを聞いた先生は僕をからかったんだ。それで面白くなくて、イスを持ち上げて先生に投げつけてやった。僕はすぐに教室から追い出された」

ファティマ・ロペスにそのエピソードを伝えると、少しまじめな顔になった。

「マデイラは小さな島で、閉鎖されたなかで生き抜くために、みんな必死に働いてきた。だから、戦う力があるのよ。昔からよりよい生活を求めてたくさんの人が海外へ出稼ぎに出ていたけど、一所懸命働くし、ものすごくやる気もある。私も島にいたときは、海の向こうを夢見て、早く出ていきたいと思っていた。クリスティアーノが世界的に成功できたのも、彼が戦ってきたからだわ。もちろん、島の生活を気にいってとどまる人も多い。でも、外に出る人はみんな野望をもっている。戦う精神を持っている人はみんな外に出るのよ。私はマデイラにいるときはリスボンを夢見たけど、ここにきたら世界を夢見るようになって、パリへ出たのよ。クリスティアーノも一緒だわ」

言い終わると、彼女は再び笑顔を見せた。

1998年当時、アルバラーデ・スタジアム内にあった寮では、25人の子供たちが共同生活をしていた。そのなかでロナウドが最年少だった。12歳の少年が最初に克服しなければならなかったのは、ホームシックだった。のちにスポルティングのトップチームに上がり、ロナウドとともにプレーしたルイス・ロウレンソは同じ寮で生活している。彼はロナウドよりも2つ年上だった。

「合宿生活はけっこう厳しいものだった。朝は早く起きなければいけないし、朝食を食べて学校へ行き、学校から戻るとすぐに練習だった。僕が14歳のときに、ロナウドはマデイラ島からやってきた。僕ら年上の者が彼の面倒を見ることになったけど、最初は大変だったんだ。僕はアンゴラ出身だけど、8歳のときに家族でリスボンに移ってきていたから、週1回、親と会うことができた。でも、ロナウドはそれもできない。いつも電話をかけ終わると泣いていたよ」

ロナウドたちが朝食や午後の軽食をとったカフェは、新しいアルバラーデ・スタジアムがよく見えるところに今も残っている。「オ・マグリッソ」という名前で、当時、少年たちはクラブが発行する食券を持っていけば、ガラオンと呼ばれるミルク入りのコーヒーとパンを食べることができた。

カフェの主人は、新しいアカデミーがリスボン郊外にできてからは、練習生と会うことができなくなったと残念そうに振り返る。午前7時半頃にやってきて学校へ行き、そして、午後4時頃に軽食をとって練習に向かったという。

「ロナウドはいつも何人かでやってきて、とても陽気だった。彼らは午後の軽食をガムやお菓子と代えて欲しいと言ってきたこともあった。私は黙って食券にサインをしてあげた」

スポルティングの合宿所の寮長だったのは、イースター休暇にマデイラ島までクリスティアーノ・ロナウドを観にいったレオネル・ポンテスだった。同じマデイラ島出身の彼は、ロナウドの教育係も任されていた。まだ携帯電話など普及していない頃だ。ロナウドはテレフォンカードを買い、寮の公衆電話から、週に2、3回、実家に電話をかけた。テレフォンカードの度数が減っていくのをうらめしそうにロナウドは見つめていたと、ポンテスは話す。

「ロナウドはとてもプライドが高いから、私の前では泣かなかった。彼が泣いていることを知ったのは、お母さんに聞いたからだ。彼女はロナウドがあまりに泣いていたから、心配して私に電話をかけてきた。そこで私は『我々も努力しますから、遠くにいても彼を支えてください。彼には才能があります。辛抱強く、がんばるしかありません』と話した。そして、彼は困難を乗り越えた。それができたのも、フットボールが好きだったからだ」

もともとロナウドはマデイラにいた頃から学校嫌いだったが、スポルティングの寮に入っても彼の学校嫌いは変わらなかった。あるとき、スポルティングのジュヴェニルがマデイラのマリッティモと試合をすることになった。しかも、マリッティモのスタジアムはサント・アントニオにある。久々に里帰りができるとロナウドは楽しみにしていた。ところが、その遠征メンバーから外される。理由は学校での行いが悪いというものだった。ロナウドは学校では問題を起こしていたが、スポルティングの寮では、周りの子供たちのなかにすぐに溶け込んでいった。レオネル・ポンテスは当時を振り返る。
「ロナウドは彼の持つ素晴らしい才能のおかげで、ほかの子供たちとすぐにうまくやっていけるようになった。一番年下だったが、強いリーダー性を発揮していった。ほかの子供たちはみんなロナウドにパスを出した。なぜなら、彼は子供たちのなかで一番うまかったからだ」

育成システムに乗って

スポルティングが当時、ポルトガルで最高の育成システムを誇っていたことは間違いないだろう。少なくともスポルティングから生まれた名選手のリストを見れば明らかだ。パウロ・フートレ、フィーゴ、シモン・サブローザ、ウーゴ・ヴィアナ、クアレスマ、クリスティアーノ・ロナウド、ナニ、ジョアン・モウティーニョ、ミゲル・ヴェローゾ、ルイ・パトリシオ……。彼らはみなスポルティングの下部組織で育ち、ポルトガル代表になり、また、海外クラブに渡っている。1988年から、アウレリオ・ペレイラを中心に始められたプロジェクトが大きな効果を現していたのである。

アウレリオ・ペレイラは、かつて、カルロス・ケイロスの下、リスボン地区の少年のセレクションに関わっていたことがあった。また、1994年から96年までケイロスがスポルティングの監督をやっていたこともあり、スポルティングには黄金世代を育てたノウハウが蓄積されていた。

マデイラ島のマルケス・フレイタスのようにスポルティングに愛情を持つソシオからなるスカウトが、全国の子供に目を光らせていることも、多くの才能ある名選手を輩出している理由でもあった。

さらに、スポルティングは三大クラブのなかでも最初に、最新のアカデミアを持ったクラブだった。

ロナウドは常に年齢よりも上のカテゴリーに所属していた。ロナウドが15歳のときにコーチだったルイス・ディアスは、次のようなエピソードを明かす。

「ある試合で後半からロナウドを起用したら、試合が終わったときに泣いているんだ。『どうしたんだ？』と尋ねると『年上のチームで半分しか試合に出られないなら、同年代のチームで全部の試合に出たい』と答えたのだ。彼は常に試合に出たがり、ゴールを決めたがった。新しいフェイントを考え、いつもやる気に満ちていた。うまくなりたいという気持ちが強かったんだ」

ルイス・ロウレンソは、ロナウドが人一倍練習熱心であったのが印象に残っていると話す。

「ロナウドは14歳になる頃にはジュヴェニルへと昇格していたけど、年長の子たちのなかでも際立っていた。彼は通常の練習だけでは物足りなかった。練習が終われば自由時間で、みんなシャワーを浴びてどこかへ行こうとするのが普通だけど、ロナウドはいつもグラウンドに一人残ってシュート練習をしていた。きっとこの頃から、彼のなかにはプロになるというはっきりとした目的意識が芽生え始めていたんだろう。実際、彼は『早くうまくなってスポルティングのトップチームに上がりたい。家族を助けたいんだ。そのためにがんばるんだ』と口に出して言っていた」

ロナウドはジュヴェニル、ジュニアと順調に成長を続けた。ポルトガルの年齢別代表にもU－13から ずっと呼ばれていた。２００1年、ロナウドが16歳のときにはジュヴェニル、ジュニア、Bチームの試合に出て、さらに、トップチームの練習にも参加していた。つまり、４つのカテゴリーを行き来していた。

この頃、ウニアオン・レイリーアの監督をしていたジョゼ・モウリーニョがロナウドを見て、横にいたコーチたちに「おい見ろ、ファン・バステン（元オランダ代表の世界的なストライカー）の息子がいるぞ」と言った話はよく知られている。

ロナウドはフォワードやサイド、様々なポジションでプレーしていた。

「僕はスピードがあり、テクニックにも恵まれている。好きな選手はたくさんいるけど、フィーゴ、クライファート、ロナウド、アンリと、いずれも攻撃的な選手ばかりだ」

と、本人はポルトガルＳＩＣテレビ制作のドキュメンタリーのなかで話している。当時のジュニアチームの監督であったジョアン・コウトは、ロナウドの特徴についてこのように語っている。

「ロナウドはドリブルに優れ、スピードに関してもこれまで見た選手のなかでも飛び抜けていた。彼はトップの後ろ、セカンドトップがふさわしい。サイドに流れることもできるし、個人技を生かすこともできる。彼は元フランス代表のダヴィッド・トレゼゲに似て、前線で動きまわれる選手だ」

２００２－03年シーズン、ロナウドは17歳でスポルティングのトップチームに登録された。背番号は28番だった。当時の彼は抱負をこう語っている。

「スポルティングに入団したときから、僕はプロのサッカー選手になること、トップチームに上がることを目標にがんばってきたんだ。何もかもが順調に進んできた。こんなに早くトップチームに入れるなんて思ってもいなかった。夢が実現したといえるだろう。早く試合に出られるようになりたい」

トップチームのフィジカルコーチであったカルロス・ブルーノは、こう振り返った。

「彼がトップチームに上がってきたとき、たしかに、優れた才能の持ち主だったが、コーチングスタッフの誰もが世界最高の選手になるだろうとまでは思っていなかった。彼と同じように才能を持った選手はほかにもいたからだ。しかし、彼がすごかったのはフォルサ・デ・ボンターデ（やる気）が並々ならぬものだったことだ。才能があると、簡単にほかの選手と同じことができてしまうから、

『ほかより優れているから練習しなくても大丈夫』と勘違いする。練習をおざなりにして、結局は大成せずに終わってしまう選手をこれまで何人も見てきた。しかし、彼は練習が終わったあとも、監督に『もっとやりたい』と言った。監督がだめだと言うと、彼はこっそり一人でジムに来て練習をしていた。ある日そのことを知って、彼に『なぜそんなにがんばるんだ？』と尋ねた。すると彼は、『もっと練習しなければいけないんです』と切羽つまった表情で答えた。その熱意に押されて、いくつかの練習メニューを与えたんだ。彼の姿勢を見て、ロナウドはすごい選手になるだろうと確信した」

今日、スポルティングのアカデミアを訪れると、ロナウドがこっそりジムに通っていたときにカルロス・ブルーノが撮った写真が飾られている。それは子供たちに対する「あのロナウドも一所懸命練習していたんだ。だから、君たちもがんばらなければいけないんだ」というメッセージだという。

スポルティングのアカデミアを初めて訪れたのは、２００３年4月だった。リスボンからテージョ川に架けられたバスコ・ダ・ガマ橋を渡る。この橋が開通した１９９８年には、バスコ・ダ・ガマのインド到達５００周年を記念して、リスボン万博が開催されている。リスボンと対岸のモンティージョを結ぶ全長18キロメートル、ヨーロッパ最長の橋である。

橋を渡ると、民家もなく、コルクガシが点々と植えられた田園地帯が目の前に広がった。そのコルクガシの林のなかに、２００２年6月に落成し、25万平方メートルからなるアカデミア・デ・スポルティングがあった。13歳以上の子供が50人、敷地内にある寮に寄宿している。4月とはいえ、真夏のような陽射しが注いでいた。木々の葉の緑と赤い土がまぶしく目に映る。アカデミアを訪ねた一番の目的は、アウレリオ・ペレイラに会うことだった。最初にロナウドがテストを受けにきたときのことを尋ねた。

「私は一目見て、彼の技術がストリートサッカーで養われたものであることがわかった。同じことを1000回も練習しろと言われたら誰だって嫌になるだろう。しかし、路地裏でやっていると、知らないうちに同じプレーを何回も練習しているんだ。しかも、創造力と想像力が自然に身につく。この素晴らしい天気に誰が図書館や部屋にこもっていたいと思うかね。雨や雪の多い北ヨーロッパでは違うだろうが、ポルトガルの子供たちは1分でも多く外で遊びたがる。ビーチや路地裏で小さい頃からボール遊びをする。素晴らしい選手が多く生まれるのはこの恵まれた気候の恩恵でもある」

アウレリオはパウロ・フートレ、ルイス・フィーゴ、シモン・サブローザが下部組織にいた頃、コーチとして直接指導した経験を持つ。

「3人に囲まれたらしようがないが、1対1の局面であれば、とにかく果敢に挑めと私は彼らに言っていた。ゴールまでの3分の1は、想像力のおもむくままに自由にプレーさせたのだ」

近年の都市化により、ポルトガルでも路地でサッカーができなくなってきている。しかし、アウレリオはクアレスマの例を持ち出した。リスボン生まれのクアレスマは、8歳のときにスポルティングにスカウトされた。それまで彼がいたのはリスボンにある小さなクラブだ。

「ストリートサッカーができなくなる代わりに、たくさんの『街のサッカークラブ』が生まれてきている。そこで子供たちは路地裏でするように遊びの感覚でサッカーをやっている。つまり、ストリートサッカーの精神を持った子供がいぜん生み出されているわけだ」

かつては14歳からの育成であったスポルティング下部組織も、現在では8歳から指導をしている。

「子供たちから決して奪ってはいけないものに生まれつき持っている創造力と想像力、そして、プレーする歓びがある。小さいときから『これをしたらだめだ』とか、規則で縛ったりしてはいけない」

アウレリオはマンチェスターの例をあげた。

「マンチェスター・ユナイテッドの子供のクラスには『9つのフェイント』というものがあって『じゃあ、今日はフェイント3番をやろう』と指導している。この子供たちがクリスティアーノ・ロナウドのフェイントを見たら目を丸くしていた。彼のフェイントは誰からも教わったわけではなく、すべて彼がつくりあげたオリジナルばかり。だから、いくら練習しても誰もができるわけではないのだ」

リクルート部門でアウレリオ・ペレイラとともに働くパウロ・カルドーゾは、ロナウドが最初に入ったジュヴェニルのコーチだった。パウロは、ロナウドに対して行った指導を説明してくれた。

「我々が心がけたのは、彼が本来持つ才能を生かし、ストリートサッカーで育《はぐく》まれた技術をさらに発展させていくことだった。アーティストと同じだ。アーティストになるには、技術力も大切だが、想像力がなければだめだ。その想像力を大切にしてあげなければいけないのだ。彼は精神的にも肉体的にも強かった。技術力もあったし、インテリジェンスも備わっていた」

では、ロナウドに欠点はなかったのかと私が尋ねると、彼はあっさり「なかった」と答えた。

「たとえばチームのことをあまり考えず、自己中心的なプレーに走ったりすることは、ある一定の年齢までは欠点とは言えない。個人の能力、想像力をある年齢までは育てなければいけないからだ。組織プレーはあとで少しずつ覚えていけばいい。最終的には個人技がチームに役立つことになるから」

スポルティングにはパウロ・フートレ、フィーゴ、シモン、クアレスマ、ロナウド、ノニと、優れたサイドアタッカーがたくさん生まれているのはなぜなのかを聞いた。

「それはアウレリオが昔から、1対1に強く、ドリブルがうまく、スピードのある子を選んできたからだ。そして、そのような才能がある子に、重圧をかけることなく自由にやらせてきたからだ」

失意の2002年ワールドカップ

後味の悪い負け方だった。ポルトガルは第3戦の韓国戦で敗れ、早々とワールドカップから姿を消すことになった。しかも、この試合では二人もレッドカードによって退場させられていたのだ。その一人、ジョアン・ピントに至っては、レフリーの腹に肘打ちまで食らわせてしまった。1年前に黄金世代の取材をした際、ジョアン・ピントは「僕らが強いのも当たり前だ。15歳からずっと一緒にやってきたのだから」と話していた挙げ句の果てが、このような結果だとは信じたくもなかった。

2002年6月14日、日本にいてテレビで試合を見ていた私は、さぞかしポルトガルでは失望を味わっているにちがいないと思った。そのとき頭に浮かんだのは、私が観戦したルース・スタジアムで大会出場を決めたエストニア戦だった。クリエイティブな中盤から前線へ、波が押し寄せるように休みなく攻め続ける攻撃サッカーは胸が躍るような楽しさだった。結果は5対0で勝利を収め、終了のホイッスルが吹かれると、エウゼビオがピッチに現れ、アントニオ・オリヴェイラ監督と抱き合った。

さらに選手たちを一人ひとり祝福した。試合直後のインタビューでは、フィーゴが「ワールドカップは私が最も高い目標としてきたもの」と話せば、ルイ・コスタは「ユーロ以上の結果を出したい」と話した。いよいよ黄金世代の集大成のときが来ると、外国人の私ですら胸を熱くしたものだった。

後日、選手たちがワールドカップ後、ポルトガルでどのように迎えられたのか知りたくて、ポルトガル人記者に電話した。予想どおり、記者の声のトーンはぐっと低かった。

「選手たちが到着ゲートから姿を現すと、一部の観衆からは口笛やヤジが飛んだけど、それはほかの国で見られるような荒々しく攻撃的なものではなかったよ。もともとおとなしいポルトガル国民の多くは、心の中で泣いていたんだと思う。あれほどまでに期待し、黄金世代と讃えてきた選手が首《こうべ》を垂れて帰国するなんて……。見たくもなかったし、ただ悲しかったね」

その後、ワールドカップ敗戦の理由はポルトガルのメディアもいろいろと取り上げた。レフリーのせいだとするものもあれば、監督のオリヴェイラが直前の合宿地マカオで、夜の歓楽街を歩きまわり、チームをないがしろにしたといったスキャンダラスな記事までも現れた。

１９８６年ワールドカップのときの状況にとても似ていた。２年前のユーロで準決勝進出。ワールドカップへの期待が膨らんでいたこと。連盟の不可解なサポート、さらに、合宿地の選定や役員が合宿地にいないという状況まで似ていた。つまり、ポルトガルサッカー界を取り巻く環境はまったく変わっていなかったということなのだろうか。２００３年にポルトガルに行った際、何人かに話を聞いたが、失敗した原因を大会前の合宿地にマカオを選んだことにあるとする意見も少なくなかった。

ケイロスとともに黄金世代を育て、１９９６年アトランタオリンピックに監督として臨み、４位の成績を残したネロ・ビンガーダもその一人だった。

「フィーゴ、ルイ・コスタ、フェルナンド・コウトといった、ヨーロッパの強豪クラブで活躍する選手は疲れていた。彼らが力を発揮できなかったのも、リーグ戦からワールドカップまでの短い期間に十分に体力を回復できなかったからだ。その原因はマカオ合宿にある。私自身、マカオで２週間合宿をしたことがあるが、暑くて湿気があり、体力回復には適していないのだ」

たしかに、アメリカ戦でのポルトガル人選手の動きはおかしかった。初戦であるがゆえの硬さからきているとも見えないこともなかった。しかし、開始早々に失点し、歯車が狂いだした。

36分にアメリカに3点目を入れられたあと、2000年のユーロでイングランドを相手に0対2から3点入れてひっくり返したあの輝きは、ポルトガルにはなかった。また、1966年ワールドカップイングランド大会で北朝鮮を3点差から5点入れてひっくり返した奇跡も起こらなかった。

試合後、オリヴェイラ監督は「戦術上の問題ではない。選手たちは無意味に走りまわり、疲れてしまった」とコメントした。だが、ルイ・コスタは「ペティーは開始当初からディフェンスとともに動くように指示されていたため、彼と僕の間には大きなスペースが生まれてしまった。そのため、僕は守備と攻撃とを結びつけるために走りまわらなければいけなくなり、馬鹿みたいに疲れてしまった」と振り返り、戦術上の問題を指摘している。

初戦で躓《つまず》いたことが、自信に満ちあふれていた黄金世代に変化を起こさせたことも事実だろう。ネロ・ビンガーダも「アメリカ戦での敗戦がすべてだった。選手たちの自信は一気に下がってしまったのだ」と話した。それでも、続くポーランド戦でパウレタがハットトリックを決め、ポルトガルは4対0で勝利する。だが、この試合でポルトガル本来の動きが出たのは60分にルイ・コスタが途中出場してからだった。第3戦でもルイ・コスタはベンチスタートだった。なぜ、オリヴェイラ監督はルイ・コスタを先発で使わなかったのだろうか。オリヴェイラ監督は大会後、一切マスコミの前に現れず、その理由も明らかにしていない。インタビューを求めて、連絡を試みたが梨の礫《つぶて》だった。

ワールドカップでポルトガル代表に起こったことをまとめた書籍、アフォンソ・デ・メーロ著『ポルトガル・エン・カルソインス』（短パン姿のポルトガルの意）には、興味深い指摘がされている。「韓国対ポルトガルの試合が始まってかなり早い段階でポーランドがアメリカを2対0でリードしていることがわかった。したがってポルトガルは引き分けさえすればよかった。それなのに27分、ジョアン・ピントが朴智星《パクチソン》にタックルをしてレッドカードをもらってしまう。不必要な退場を食らったのもオリヴェイラ監督が選手たちにポーランド対アメリカの結果を知らせていなかったからだろう。さらに、後半ベトまでが2枚目のイエローで退場になったのはまるで自殺行為だった」

アフォンソ・デ・メーロはオリヴェイラ監督の無策を非難している。また、レフリーに対して抗議するポルトガル人選手の悪習の原因はポルトガルリーグにあるという。

ワールドカップ3試合で7枚のイエローカードと2枚のレッドカードがポルトガルに出されているが、受けた選手は、ペティーと、フレシャウ、ルイ・ジョルジュ、ベト、ジョルジュ・コスタ、ジョアン・ピントである。驚くことに、ジョルジュ・コスタ以外はすべてポルトガルリーグでプレーしている選手たちばかりだというのだ。アフォンソ・デ・メーロは「ポルトガル国内リーグではビッグクラブの名選手の反則を見逃し、選手を助けるようなレフリングがされている。国内リーグでプレーする選手は罰則を逃れることに慣れてしまっているのだ」と指摘している。

それにしても、1986年ワールドカップで失敗したポルトガルが、そののち黄金世代を生み出し、ケイロスの言うように代表文化が築き上げられたはずではなかったのか。ところが、ポルトガルの代表を取り巻く環境はあまり変わっていなかった。

サッカー関係者に理由を尋ねてまわったが、ほとんどの人が「期待が大きすぎたため、選手たちにプレッシャーを与えすぎたから」というものだった。結果を出せないで終わった選手たちを許してしまうポルトガル人の優しさが、こんなところにも見えるようだ。しかし、期待を裏切られたことに対しての怒りはもうないのか、少し不思議だった。

ブラジルの名伯楽

ルイス・フェリペ・スコラーリがポルトガルにやってきたのは2003年1月のことだった。ポルトガルが日韓ワールドカップで期待を裏切ってグループリーグで敗退したことに加え、オリヴェイラ前監督が大会前の合宿地マカオでスキャンダラスな行動をとったことが明らかにされたこともあり、代表に対する国民の信頼はすっかり地に落ちていた。新監督を選ぶうえでポルトガル人の名前も何人か挙がったが、これまでも何かと三大クラブの利害関係にとらわれ、思い切った改革のできないポルトガル人監督を、もはや国民は望んでいなかった。

そんななか、同じポルトガル語を話し、兄弟国としてシンパシーを感じているブラジルの、しかも、ブラジル代表を2002年ワールドカップにおいて世界チャンピオンに導いたスコラーリは願ってもない存在だった。人々は大きな期待を持って彼を迎え入れた。1年半後に迫った自国開催のユーロに向けて、失墜した代表への信頼を取り戻すこと。ポルトガルにとって念願である初の国際タイトル〝ユーロ優勝〟を目指すこと。それがスコラーリに課せられた任務だった。

ポルトガルにおいて代表文化が築かれずにきた大きな要因は三大クラブの存在だった。これまでは常に、代表よりもクラブが優先されてきた。クラブにとって日程上重要な試合があると、代表のために選手を出すのを拒むこともあった。

1938年にスタートしたポルトガル1部リーグは、何度かチーム数が変更されている。2006年以降、18チームから16チームに変更されたが、14年からは再び18チームとなっている。しかし、いずれにせよ、優勝は常に三大クラブに独占されてきた。16－17年シーズンまでの優勝回数はベンフィカが36回、ポルトが27回、スポルティングが18回であり、あとはボアヴィスタが1回とベレーネンセスが1回優勝しただけだ。

ポルトガルは日本の4分の1という小さな国土であることからも、スペインのような地域間のライバル意識はない。基本的に国民は地元のクラブを応援しながらも、三大クラブのどれかにシンパシーを寄せるという形ができあがっている。三大クラブを応援すれば、何年に一度かは優勝の感激も味わうことができた。なかでも最も人気のあるのがベンフィカであり、国民の半分以上がファンだといわれる。また、スペインなどでは、父親があるクラブのファンであると、息子も生まれたときからソシオとなり、そのクラブを応援することが多いが、ポルトガルでは家族のなかでもバラバラである。たとえば、ロナウドの家では父ディニスがベンフィカのファンであり、母マリア・ドローレスがスポルティングファンだった。

代表がクラブよりも軽んじられてきたのは、クラブと比べてもよい成績を出してこなかったからだ。2002年のように期待を裏切ったことは、連盟に大きな危機意識を抱かせた。とくに2004年はユーロが自国開催されるだけに、その大会でよい成績を残すことが絶対的に必要だったのだ。

スコラーリ監督は就任当初から、ブラジルとポルトガルの違いに悩まされ続けることになる。また、三大クラブはスコラーリに対して大げさな攻撃はしないものの、招集に関しては何かと難癖をつけた。選手たちも監督について聞かれると、「世界チャンピオンになった監督だからいいに決まっている」とだけ答える。多くのポルトガル人が表向きシンパシーを感じるとしながらも、結局、ブラジル人は自分たちと違うとでも言いたげな、冷ややかな態度をとることが多いのだ。

スコラーリはブラジル代表監督時代、ブラジルが勝てないのはチームにまとまりがないためだとして、歴代ブラジル代表のなかでも最もまとまっていたとされ、アメリカ大会で優勝した1994年代表をモデルに据えた。また、人気のあるブラジル人テニスプレーヤー、グスタボ・クエルテンのパフォーマンスを見せて、国民から愛される代表を目指したり、オリンピックで優勝したバレーボールのコーチなどに講演させて、選手たちのモチベーションを高めるなど様々なアイデアを試し、ブラジル代表を成功に導いた。

それを再現するように、スコラーリは着任早々の2003年3月に行われたブラジル戦の際、ホテルからスタジアムへ向かうバスの中でロベルト・レアルというブラジルでも人気のあるポルトガル人歌手の歌を流した。ポルトガル人なら誰でも知っているファドの名曲「ポルトガルの4月」をかけて、試合前の緊張を取り除こうとしたのだ。ブラジルといえばカーニバルやサンバを思い浮かべるように、音楽が生活のなかにまで染み込んでいる。だが、ポルトガルは違う。ポルトガルの新聞は、ブラジル人のやることは変わっていると、奇異な目でそっけなく取り上げただけだった。

また、このブラジル戦で大きな問題となったのはデコだった。ブラジル生まれでポルトガル国籍をとった帰化選手を招集したことで、ベンフィカやスポルティングのファンから反発の声が上がったのだ。デコは1997年にポルトガルにやってきて、翌年ポルトに移ってからめきめきと頭角を現してきていた。たぐいまれなテクニックと正確なフリーキックを武器に、1999年ポルトのリーグ優勝に貢献していた。実力的に見ても、デコの代表入りは至極当然であった。「なにもブラジル人を入れなくとも、生粋のポルトガル人だけで代表は作れる」というのが反対派の表向きの意見だったが、ポルトに対するほかのクラブの思惑が含まれていたことも事実だった。フィーゴとルイ・コスタまでもが異議を唱えたことが、さらに論争に火をつけることになった。

もう一つ、スコラーリとポルトガルの間の壁となったのは、世代交代をともなうチーム改革の問題だった。スコラーリは就任当初から、年齢的にピークを過ぎた黄金世代中心の代表から積極的に世代交代を進めていった。代表に残っている黄金世代は、フェルナンド・コウト、ルイ・コスタ、フィーゴの三人だけだ。これまで代表のゴールを守り続けてきたヴィトール・バイアやジョアン・ピントは招集されなくなった。そして、２００２年ワールドカップ当時、控えだった若手選手が次々に代表の中心となっていった。

これに対して、有名クラブは当然のように噛みついた。なかでもポルトは最初から、ヴィトール・バイアを招集しないことに不満を見せた。ポルトのピント・ダ・コスタ会長は「代表監督を批判しなければいけないのに、みんな怖がってできないのか。ポルトガル人監督ならば遠慮はなかったはずだ。私が心配しているのは結果や悪いパフォーマンスではない。国民と代表との間に築かれていた信頼関係を壊したことだ」とテレビで痛烈に批判した。これに対し、スコラーリはきっぱりと反論した。

「私がポルトガルにやってきたときからそうだった。影響力のある人間が、代表はよくないと言いふらしている。だが、私は何を言われようと自分の考えを変えるつもりはない。クラブを指揮している人間が口出しすることでもないだろう。多くの場合、利害関係がからむから干渉してくるのだろうが、選手を選ぶのは私の仕事だ」

三大クラブに対して毅然とした態度をとることで、代表の立場を高めようとしたのだった。やがて、スコラーリは、ダイヤモンドの原石を見つけることになる。ポルトガルにもロナウドがいたのだ。

ポルトガルのロナウド

クリスティアーノ・ロナウドは、2002年8月14日のチャンピオンズリーグ予備戦、対インテル戦に出場した。そして、9月30日、ブラガ戦でプリメイラ・リーガデビューを果たした。

そして、その1週間後の10月7日、プリメイラ・リーガ第6節モレイレンセ戦に初先発し、34分、ロナウドはハーフライン付近でボールを受け取ると、そのままスピードのあるドリブルで次々に相手選手をかわしてシュート。公式戦初ゴールを決めた。試合後、そのときのことを、こう振り返った。

「中盤でボールを受け取り、1人、2人、3人と抜いた。気がついたら、前には誰もいなかった」

ロナウドの爆発はそれにとどまらなかった。後半終了間際、ルイ・ジョルジュからのクロスボールを頭で決めた。スポルティングは3対0で快勝するが、そのうちの2得点がロナウドのゴールだった。

翌日の新聞には〝スター誕生〟〝今節最高の得点〟といった見出しが躍り、写真や図解でシュートに至るまでの軌道が解説されていた。その直後から各紙は一斉にロナウドの特集記事を組むようになった。10月14日付の「オ・ジョーゴ」には、ロナウドのインタビューが掲載された。

「こんなに早く、先発として起用してくれるとは思っていなかった。ゴールを決めたときはとてもうれしくて、僕はユニフォームをまくってしまった。それはあまりに感動が大きすぎたからなんだ。モレイレンセ戦で僕がトップチームでもやっていけることをわかってくれたと思う。僕はもっとたくさん自分の力を見せたいんだ。僕という選手を知ってもらうためにもね」

さらに、このインタビューのなかでは、まだA代表にも招集されたことのないロナウドに対して、早くも2年後にポルトガルで開催されるユーロについて質問されている。

「ユーロのときには僕は19歳になっている。だから、きっと大会に出ているだろう。まだ、先のことだけどね。でも、僕はその目標を実現させるためにも、さらにがんばっていくつもりだ。代表でユーロのような大きな大会に出ることが僕の夢なんだ」

10月28日付のスポーツ紙「ア・ボーラ」には、〝ロナウダオン！〟というタイトルがつけられている。ロナウダオンというのはロナウドにポルトガル語の増大辞がつけられて、〝大きなロナウド、あるいは偉大なロナウド〟という意味になっている。

ロナウドという名前はブラジルのサッカー選手に多い。区別するのに大きいほうの、あるいは小さいほうのという呼び方をする。1998年ワールドカップでMVPを獲ったロナウド・ルイス・ナザリオ・デ・リマもデビューしたとき、縮小辞がつけられ、ロナウジーニョと呼ばれていた。

ロナウジーニョと呼ばれていたロナウドもロナウジーニョ・ガウーショ（ロナウド・デ・アシス・モレイラ）が現れて、ロナウドとなったのだ。

クリスティアーノ・ロナウドは最初の頃はよく、「本名ではなくニックネームですか」と聞かれたそうだ。ポルトガルのマスコミは最初〝ポルトガルのロナウド〟と紹介していた。

ロナウドは結局、最初のシーズンで25試合に出場、そのうち11試合が先発出場で、得点数は3だった。スポルティングの下部組織のときと比べるとゴール数が少ないようだが、トップチームでは右サイドを務めることが多かったのもその理由の一つだ。ロナウド自身、やりやすいのはセカンドトップかサイドアタッカーだと話している。

トゥーロン国際大会での躍動

スポルティングでの最初のシーズンを終えると、ロナウドはフランスで行われるトゥーロン国際大会に出場している。1967年に初めて開催され、74年から毎年開催されるようになったこの大会は、2008年からU－23が対象となったが、ロナウドが参加した2003年は21歳以下が対象だった。大会は若手選手の登竜門的な位置づけとされ、若き才能の発掘の場としてヨーロッパの名門クラブのスカウトが集まることでも知られている。

すでにロナウドの噂は名門クラブのスカウトに伝わっていたが、この大会でさらに世界中のスカウトから注目されることになる。関心を寄せていたのはアーセナル、マンチェスター・ユナイテッド、リバプール、チェルシー、インテル、ユベントス、パルマ、アトレティコ・デ・マドリード、バレンシアといった、いずれも名門クラブばかりだった。

この大会について、ルーカ・カイオーリ著『クリスティアーノ・ロナウド』には、ロナウドに関心を持ったビッグクラブのスカウトの動きやコメントなどが載せられており、いずれも興味深い。

たとえば、アーセナルのアーセン・ベンゲル監督は2003年1月にロナウドとマリア・ドローレスをロンドンに招き、将来について話をしたという。ベンゲルはロナウドがティエリ・アンリにあこがれていることを知っていたので、ロナウドにアンリを紹介する約束もしたという。しかし、ベンゲル監督の考えは、あと1年間ポルトガルでプレーしてからプレミアリーグに来るというものだった。

バルセロナのスカウト、ジョアン・マルティネス・ビラセカは「とても興味深い選手だ。独特のプレースタイルをもち、将来有望な若者だ。ある日頭角を現し、ヨーロッパのビッグクラブでプレーすることだろう。それも近い将来であることは疑いのないことだ。ポルトガル最高の選手の一人となるだろう」と話している。

たくさんの名門クラブから注目されていることに対して、ロナウドは、次のように答えている。

「べつに重圧なんて感じていないよ。ビッグクラブや偉大な人物が僕のプレーに注目してくれているのを知ってとても幸せだ。このことが僕に大きな力を与え、さらに日々よくしていこうという、やる気を与えてくれる。いずれにせよ、僕は誰とも話をしていないし、どこもオファーをスポルティングに出していない。メディアが関心を持つのはわかるけど、僕自身はチームに貢献して決勝に進出し、優勝することだけを考えている。全力を尽くしたい」

ロナウドはわずか18歳で、この21歳以下の大会へ出場することになった。チームのキャプテンはスポルティングの寮で世話役を務めたルイス・ロウレンソだった。また、ベネズエラから帰化したダニーも一緒だった。

２００3年大会は6月10日から21日まで行われた。このときの大会方式は10チームが２つのグループに分かれてリーグ戦を行い、１位同士が決勝を戦い、２位が3位決定戦を行うシステムだ。ポルトガルはイングランド、トルコ、アルゼンチン、日本と一緒の組だった。初戦のイングランド戦を3対０で勝利。ロナウドも1得点を決めている。さらに、アルゼンチンも3対０で撃破した。アルゼンチン戦の翌日には中2日休養の日本と対戦し、やはり、疲れが出たのか、０対1で日本に敗れている。しかし、最終戦のトルコには2対０で勝利し、グループ1位で通過を果たした。

そして、ポルトガルは見事、イタリアを決勝で破り優勝している。１９９2年大会、２００1年大会につぐ三度目の優勝だった。優勝したこともあり、最優秀選手にはロナウドが選ばれると思われたが、受賞したのは3位になったアルゼンチンのマスチェラーノだった。

マンチェスターへの旅立ち

ロナウドがマンチェスター・ユナイテッドへ移籍するきっかけとなったエピソードに、次のようなものがある。

〝2003年8月6日、ユーロ2004のために新たに造られた新スタジアム、ジョゼ・アルバラーデのこけら落としのため、スポルティングはマンチェスター・ユナイテッドを招いて試合を行った。その試合にロナウドは出場し、大活躍したため、マンチェスター・ユナイテッドの選手たちは帰りの飛行機の中で、ぜひともロナウドをとるようにと、アレックス・ファーガソン監督に進言した〟

たしかに、選手たちが監督に進言したことは事実のようだ。ファーガソン監督自身が「ロッカールームでも、帰りの飛行機の中でも、選手たちは彼のことだけを話題にしていた。そして、マンチェスターについたら、契約して欲しいと私に言ってきたのだ」と語っている。

しかし、実はマンチェスター・ユナイテッドはかなり前からロナウドに注目していた。ルーカ・カイオーリの著書によると、マンチェスター・ユナイテッドはロナウドが15歳のときから関心を寄せていたという。当時ファーガソンのアシスタントコーチを務めていたカルロス・ケイロスがロナウドの将来性について情報を与えていたのだ。ファーガソンは次のように説明している。

「カルロスはポルトガルの年代別代表に対する情報をもっていたし、我々に対して、ロナウドの価値について説明し、早く獲得するようにと言っていたのだ」

マンチェスター・ユナイテッドが獲得に向けて急速に動き始めたのは、ロナウドがプリメイラ・リーガ初得点を決めたモレイレンセ戦からだったという。この試合を見たマンチェスター・ユナイテッドの代理人であるピニ・ザハヴィが、すぐにスポルティングの幹部と交渉を始めた。マンチェスター・ユナイテッドの幹部は、スポルティングがすでに、ほかのクラブからもオファーを受けていることを知っていたからだ。

また、スポルティングは経営的に難しい状況にあり、数カ月前にはリカルド・クアレスマをバルセロナに600万ユーロで移籍させている。ロナウドもできるだけいい条件で移籍させたいと考えていることも確かだった。ロナウドの入団セレモニーが行われる前日の8月12日に行われた記者会見で、ファーガソン監督は獲得のいきさつについて説明している。

「ずいぶん前から、我々は彼に注目してきた。しかし、ほかのクラブの関心が非常に高まってきていたので、早いアクションをとる必要があったのだ」

「オ・ジョーゴ」によると、とくにチェルシーやパルマが強い関心を示しているのを知り交渉を早めたのだという。それにしても、ジョゼ・アルバラーデ・スタジアムのこけら落としの試合のすぐあとに、ロナウドがマンチェスターへ向かうことになったのは、ポルトガル中に大きな驚きを与えた。ロナウドがマデイラ島を出てきて以来、ずっと親しく接してきたルイス・ロウレンソも、まったく知らされていなかったという。

「マンチェスター・ユナイテッドとの試合は僕も彼も先発だった。3点目はロナウドが起点になって、僕がアシストをして、ジョアン・ピントが決めた。試合後、僕らはとてもいい気分だったので、一緒に食事に行くことになった。彼も試合内容に満足していたんだろう。その夜は、とくにおしゃべりになっていた。翌日がオフだったから遅くまで語り合ったんだ。でも、彼は一言もマンチェスター行きのことを話さなかった。もちろん僕も、いつかロナウドは国外のクラブに行くだろうと思っていたけど、そんなに急な話だとは思っていなかった。それが次の日に練習に行くと、彼はジムで別メニューの練習をしていて、僕らは彼がマンチェスターに行くと知らされたんだ」

実は、ロナウドのマンチェスター・ユナイテッド行きは、こけら落としの試合よりも前に決まっていた。ロナウドの代理人であるジョルジュ・メンデスが試合前日に、リスボン郊外のリゾート地カスカイスにあるホテル、キンタ・ダ・マリーニャで、ファーガソン監督と会合をもった。この様子について、ミゲル・クエスタ著『特別な代理人、ジョルジュ・メンデス』に書かれている。

「『鍵を握っている唯一の人物こそがアレックス・ファーガソンだった』とジョルジュ・メンデスは言う。そして、マンチェスター行きを決定するのは『ファーガソンは、マンチェスター・ユナイテッドにおいてクリスティアーノ・ロナウドを少なくとも50%の試合に出場させると私に約束したことだった。私が彼の口から聞きたかったのはまさにこの言葉だった。それでマンチェスター行きが決まったのだ』」

また、同書には次のように書かれている。

「多くのヨーロッパのビッグクラブがクリスティアーノを欲しがった。しかし、どれもが、あと1年スポルティングでプレーして、それからというものだった。クリスティアーノの将来にとって、最良の道を探し出すことが大切だったのだ」

第4章　運命の背番号

Mutsu Kawamori

ベッカムの後継者

２００３年8月13日、マンチェスター・ユナイテッドのホーム、オールド・トラッフォードにて、ロナウドの入団発表が行われた。

その日紹介されたもう一人はブラジル代表、02年ワールドカップ優勝メンバーのジョゼ・クレベルソンだった。彼の移籍もそれまでは大きく報道されていたし、選手としての格からすれば、クレベルソンのほうがはるかに上であるはずだ。しかし、この日は、わずか18歳の若者の陰に完全に隠れてしまっていた。ロナウドの移籍金は、この年齢の選手に対しては破格ともいえる１２００万ポンド、契約は5年間というものだった。給料もスポルティング時代の年俸2万８０００ユーロから２００万ユーロへ。つまり一気に１００倍近いサラリーを受け取ることになったのだ。

さらに、世界中を驚かせたのは、それまで代々マンチェスターのスター選手たちがつけてきた背番号〝7番〟がロナウドに与えられたことだった。ロナウドはデイヴィッド・ベッカムの後継者として迎えられたのである。ロナウドは、スポルティング時代の28番を希望したというが、しかし、それ以上にマンチェスターはロナウドに対する期待を表す7番を用意していたというわけだ。しかも、それを強く推したのはファーガソン監督自身であった。

かつて、マンチェスター・ユナイテッドで7番をつけたものには、次のような選手がいた。１９６0年代にはスピードのあるドリブラーとして知られるジョージ・ベスト、80年代はキャプテンでもあり、イングランド代表でも活躍したブライアン・ロブソン、さらに、90年代はフランス人でありながらきらめくイマジネーションでファンを虜にしたエリック・カントナ。そして、直前までつけていたのがマンチェスター・ユナイテッドの生え抜きであり、精度の高いクロスとフリーキック、そして、なによりも甘いマスクで多くの女性ファンを魅了したベッカムだった。

マンチェスター・ユナイテッドの公式ウェブサイトでは、「ポルトガル人の若者に7番を与えたのは、いかに潜在能力の高い選手であることを表す最良の方法であった」と説明している。

イングランドの翌日の新聞各紙は、ロナウドとファーガソン監督が握手している写真とともに、「これが私の新しいベッカムだ」とタイトルを載せていた。しかし、イングランドのマスコミのなかには、ロナウドの入団を疑問視するものもあった。スポルティングでトップチームデビューを果たしたとはいえ、ポルトガルリーグにおいてでさえも、まだレギュラーをとっていない、しかも、英語も理解できない選手が世界最高峰のプレミアリーグでやっていけるのか。背番号7番を与えられ、期待の大きさによる重圧でつぶれてしまうのではないかというものだった。

ファーガソン監督はそれに対してはっきりと答えた。

「ロナウドを大切に育てていくから、心配はいらない」

実際、ファーガソン監督は最初からロナウドに無理をさせることもなく、いろいろと気遣っていた。毎日のようにロナウドに声をかけ、日々のコンディションを確認しながら、試合にも少しずつ起用し、ならしていったのだ。ロナウド自身も、周りが危惧することに対して、ポルトガルの新聞「レコルド」のインタビューに、こう答えている。

「僕は恐れてなんかいないんだ。もちろん、マンチェスター・ユナイテッドのようなクラブでやっていくのは大変なことかもしれない。でも、試合に出られるようになれば、すぐにチームのなかに入っていけるようになるだろう。世界最高の選手たちのなかでプレーすることで、僕はたくさんのことを学んでいけるはずだ」

入団記者発表が行われた翌日、ロナウドはマンチェスターの練習に初めて参加したが、その日には、もう一つの大きなサプライズが待っていた。母から電話がかかり、ポルトガル代表に初招集されたことを知らされたのだ。カザフスタンとの親善試合だった。ロナウドはそれまで年代別の代表には選ばれてきていたが、A代表に選ばれるのは初めてのことだった。

「まさか、そんな知らせを受けるとは思ってもいなかったし、とてもうれしかった。僕の人生にとってまさに偉大な瞬間が続いている。僕のもう一つの夢が実現したんだ。誰もが代表を目指してやってきている。僕はまだ若いけど、ずっとそれを目標にやってきたんだ」

ロナウドのプレミアリーグデビューも人々が予想していた以上に早かった。ファーガソン監督はなんと入団発表から3日後の8月16日、開幕戦のボルトン・ワンダラーズ戦の61分にロナウドをピッチに送り出したのだ。マンチェスター・ユナイテッドのファンもロナウドを温かく迎えた。オールド・トラッフォードに集まったサポーターたちは、ロナウドのために応援歌までも用意していた。

〝ロナウドと呼ばれるのは君だけだよ。レアル・マドリードやバルセロナにいるロナウドはもはや過去の人。これからロナウドと呼ばれるのは君だけだ〟

この歌こそ、その後、サポーターに繰り返し歌われるようになる「ゼアーズ・オンリー・ワン・ロナウド」だった。ロナウドはその日の感激を次のように語っている。

「初めてオールド・トラッフォードに立ったとき、僕が想像していたよりも、はるかにすごいクラブであることを実感した。名門ゆえにもつ華やかさ。サポーターの熱気。世界一のクラブにポルトガル人として初めて加わることができたことを、とても誇りに感じた」

試合は4対0の勝利。ロナウドは開幕戦から華麗なドリブルでファンを魅了し、しかも、得点をアシスト。マン・オブ・ザ・マッチに選ばれるという華々しいデビューを飾ったのだ。

ルーカ・カイオーリの著書のなかに、この試合後のファーガソン監督のコメントが紹介されている。

「サポーターは新しいヒーローを得たようだ。素晴らしいデビューとなった」

と褒め立てる一方で、ロナウドを大切に育てていく方針を繰り返した。

「彼に対して気を配らなければいけない。まだ18歳であるということを忘れてはならない。彼を起用するときは、そのことを忘れてはいけないのだ」

その後はすべての試合に出るわけではなく、ベンチにとどまることも多かった。トリッキーなプレーばかりが目立ち、決定的な仕事をしていないとか、なかなかゴールを決めないといった批判をされることもあった。そのためファーガソンは無理をさせなかった。

「監督はいつも練習中に声をかけてくれた。最初は通訳を通じてだったけど、僕が困ったりすることのないように心配してくれた。監督はたとえ細かいことでも、気がついたときにその都度言ってくれる。よく注意されるのは戦術面のことだ。僕もまだまだ成長していかなければいけないところはたくさんあるけど、僕をとても信頼してくれることがわかってうれしかった」

イングランドでプレーを続けていくうえで、ポルトガルでは通用したものが通用せず、大きく批判にさらされることもあった。『アレックス・ファーガソン自伝』（小林玲子訳、日本文芸社）には、ロナウドがシミュレーションや個人技に走りがちだったことが記されている。そして、ロナウドがそれを修正し、適応していく様が描かれている。

〈若い頃のロナウドに、審判をあざむこうとする癖があったのは否定しない。最初にサッカーを覚えたのが、大げさに倒れる演技をよしとする文化だったのだ。その癖のせいでずっと不当な評価を受けてきたのだが、彼は変わった。またロナウドに批判的な連中がいつも無視するのが、あのスピードだ。あれだけの速さで走っていれば、軽く触れられただけでどうしても転倒してしまう。人間の体は、全力疾走しているときにうまくバランスを保てるほど精巧にできていないのだ。足の外側を軽く蹴られたり、肘《ひじ》で押されたりしただけで、簡単にバランスが失われてしまう。スピードとバランスの相関関係を無視するのは不公平だろう。

かつてのロナウドが個人プレーに走りがちだったのも事実だ。そうした側面を改善しようと、ケイロスは繰り返し語りかけた。「クラブの外の人間に評価されてようやく、偉大な選手と言えるんだぞ。マンチェスター・ユナイテッドの中で誉《ほ》められているだけではダメだ。いいタイミングでパスやクロスを出せるようになったら、敵はもうお前についていけない。その技術こそが、偉大な選手の証《あかし》だ」

（中略）かつての痩《や》せっぽちのエゴイストは、自分の力を見せつけようと躍起《やっき》になっていただけだったのだ。才能に恵まれた選手とは得てしてそういうものだ。誰にも止められない。ロナウドは何度削られても、全身から負けん気を漂わせていた。「俺を試合から消そうというのならやってみろ。俺はクリスティアーノ・ロナウドだ」。彼には人並み外れた勇気と、自分の力に対する自信があった。ユナイテッドの選手も同意してくれるだろうが、ロナウドははるかな高みまで上りつめた結果、周りから畏怖《いふ》のまなざしで見られるようになった。

ロナウドは環境にも恵まれた。チームメイトが成長の手助けをしてくれたのだ。昔のロナウドは、練習試合でタックルを受けると絶叫した。「痛ってぇえ！」。しかし誰も相手にしなかった。彼はすぐさま、そんなバカげた真似《まね》をしないようになった。非常に頭がよかったのだ。練習中の絶叫や下手な芝居は顰蹙《ひんしゅく》ものだと気づき、すぐにつまらない振る舞いをやめた。やがて試合からも悪癖は消えた〉

ファーガソンが言うように、ラテン系の国々とイングランドではサッカー文化の違いはあるだろう。演技するかどうかは別として、もともとポルトガル人は小柄なこともあり、ボディコンタクトを嫌う。思い出すのは、ロナウドが子供の頃、年上の子たちと一緒にサッカーをやっていることをマリア・ドローレスがケガをしないか心配したときに、ディニスが「ロナウドは、すばしっこくてぶつかることもないから大丈夫だ」と言ったというエピソードだ。

もちろん、サッカーにおいて故意に身体をぶつけるのは反則であるが、スライディングやボールを取り合ううえでのボディコンタクトなどの激しさは、イングランドサッカーにおいては普通のことだ。それで倒されたからといって、いちいち痛がったりするのは、イングランド人からすれば、みっともないということになるのだろう。

また、ラテン系の国々ではマリシア（かけひき、機転が利く）といったものはサッカーにおいて当然必要なものであると捉えているが、イングランドでは必ずしもそうではない。マラドーナがメキシコワールドカップイングランド戦で手を使ってゴールを決めたことに対して、そのときのイングランド代表監督であったボビー・ロブソンは「明らかな誤審だった。誤審はあり得ることで仕方がないが、それを神の手と呼ぶことの欺瞞《ぎまん》が許せない」と強く批判している。

イングランド代表はマラドーナの神の手ゴールと5人抜きゴールの2得点でアルゼンチンに敗れるが、仮に対戦相手でなかったとしても、やはりマラドーナの行為に対しては批判的であっただろう。

ポルトガル代表デビュー

マンチェスター・ユナイテッドでデビューを飾ったすぐあとに、ロナウドはポルトガルA代表でもデビューすることになる。8月20日、ロナウドはカザフスタン戦の後半から出場した。

「国歌を歌ったときは気持ちがとても高ぶった。みんな僕を歓迎してくれたし、何かと僕をサポートしてくれた。試合後、監督からも褒めてもらった。まるで夢を見ているようだった」

ファーガソン監督と同じように、スコラーリ代表監督もロナウドを大切に育てようとした。気を使い、折にふれてロナウドに声をかけ、試合への起用も無理はしなかった。スコラーリ監督について書かれたルポ『オーメン・ポル・トラス・デ・スコラーリ』(ジョゼ・カルロス・フレイタス著)には、スコラーリが最初にロナウドと接したときの様子が書かれている。

「ひさしを後ろにして帽子をかぶり、帽子も取らずに席に着いた。大きなサングラスをかけてヘッドフォンで音楽を聴いている。それは5メートル離れていても聞こえるくらいの大音量だった」

スコラーリ監督は、ロナウドとの距離をなんとか縮めようと努力した。ロナウドのことをよく知ろうと、監督自ら積極的に話しかけている。サッカー選手としてだけではなく、一人の人間としても大切に育てていきたいと考えていた。しかし、ときには記者に不満を漏らすこともあった。

「私が言っていることをわかっているのだろうか。彼はとても優れているが、もし彼に誰かが世界一のプレーヤーだと言ったのなら、そして、そう彼が感じているのなら、彼とやっていくのは大変だろうし、チームのなかでいい働きをさせるのは難しいだろう」

スコラーリは早い段階からロナウドをフィーゴの後継者に、のちには将来の代表キャプテンにと考えていた。同書によると、背番号もフィーゴの7番に対して後継者のロナウドが17、ルイ・コスタの10番に対して後継者のデコが20番となった。つまり関連づけた番号を与えていたことになる。

２００３年12月29日、ロナウドはファーガソン監督から5日間の休暇を与えられ、マデイラ島に戻った。わずか1年の間にマンチェスターへの移籍、代表デビューと、状況は大きく変わっていた。

「とても素晴らしい年だった。とにかく今はゆっくり休みたい。家族と過ごせること、そして、マデイラに戻ってこられてとてもうれしい」

たくさんの記者が空港に集まった。「レコルド」がそのときの一問一答を伝えている。ロナウドは少しでも多くの時間を家族と過ごしたかったので、質問は最小限にとどめられた。

「まだ半年が過ぎただけだ。僕の契約は5年間だけど、できればそれを全うしたいし、今は、期待を裏切りたくないという気持ちで一杯なんだ。僕自身も納得がいくプレーが少しずつできるようになってきたのも事実。周りの人たちがみんな、僕を支えてくれるので、それが大きな力になっているんだ。英語も通訳なしでも監督と少しずつコミュニケーションができるようになってきた」

イングランドサッカーに対する印象も語っている。

「なによりもスタジアムの雰囲気が最高なんだ。いつも満員でサポーターの応援を身近に感じる。どのクラブの力も拮抗《きっこう》しているから勝つのはとても大変なんだ。テンポが速く、スペクタクル。すごくやりがいがある」

ファーガソン監督はロナウドをベンチに置きながら、少しずつ出場機会を増やしていった。ロナウドは得点こそ少なかったが、アシストや得点にからむ活躍は試合を重ねるごとに多くなっていった。

チャンピオンズリーグはグループステージ第4戦のグラスゴー・レンジャース戦、パナシナイコス戦と続けてフル出場した。少しずつチームでの存在感を増し、7番に対する重圧も消えていた。

「試合出場回数が増えてくるにつれ、思っていた以上に、僕自身がこの番号を意識していることに気がついたんだ。7番をつけているから試合に出ても素晴らしいプレーができるような気持ちにもなった。プレーに対するインスピレーションもどんどん生まれてくるから不思議だ」

すでにマンチェスター・ユナイテッドの一員であるという自覚をもっている。

「マンチェスター・ユナイテッドのようなクラブでプレーすることが子供の頃からの夢だった。それは僕に限らず、誰でも抱く夢だと思う。それが実現したことをとても幸せに思っている。マンチェスターのような名門クラブにとって宿命でもあるのだけど、一つでも多くのタイトルを獲らなければいけない。その力になりたいと僕は強く思っているんだ」

ロナウドにとって最初のシーズンとなる2003－04年シーズンの成績は、プレミアリーグ3位、チャンピオンズリーグベスト16、FAカップ優勝、リーグカップベスト16でシーズンを終える。ロナウドはプレミアリーグに29試合出場、そのうち先発は15試合、出場分数1548分で4得点を挙げている。またチャンピオンズリーグに5試合出場、FAカップに5試合出場し2得点を挙げている。

ロナウドの頭の中は翌年、ポルトガルで開催されるユーロのことがすでに大きく占めていた。

「多くのポルトガル人選手が望んでいるように、僕もユーロに出たいと思っている。そして、もしユーロに出られたら、僕はポルトガル人が誇りに感じられるようにベストを尽くす。とくにマデイラ島の人に誇りに感じてもらいたいんだ」

もう一人の異才

ジョゼ・モウリーニョのような監督は、これまでポルトガルには存在しなかった。彼こそが海外で成功した最初のポルトガル人監督だった。

２００３－04年シーズン、ポルトをチャンピオンズリーグ優勝に導き、04年、イングランドのチェルシーの監督に就任する。ロナウドがイングランドに渡った1年後である。ロナウドとは何度か重要な試合で顔を合わせている。ロナウドとともに海外で活躍するポルトガル人のなかでも最も注目される存在として、ポルトガルの新聞には常に大きく取り上げられている。

今日の成功をつかむ大きなきっかけとなったのは、１９９２年から96年までスポルティングとポルトにおいてボビー・ロブソンの下で学ぶ機会に恵まれたことだった。ボビー・ロブソンとの出会いこそ、モウリーニョにとって最も大きなものであったのだ。しかも、ボビー・ロブソンが96年にバルセロナの監督に就任するためにポルトを離れるとき、なんとモウリーニョをアシスタントコーチとして連れていったのだ。向学心の強い彼にとって、バルセロナ行きは大きな幸運を手に入れるきっかけとなった。ストイチコフ、ブラジル人のロナウド、グアルディオラ、フィーゴ、リバウドといった優れた選手たちと一緒に過ごすことで多くのことを学ぶことができた。ロブソンに代わり、ファン・ハールが監督に就任することになっても、アシスタントコーチとして残り、モウリーニョはロッカールームで重要な役割を続けることになる。これはファン・ハール自身もモウリーニョの力を高く評価していた現れである。２０００年夏、モウリーニョは学び終えたと感じ、ポルトガルへ戻り、監督となる。

選手たちの心をよく掌握し、発憤させ、そして、選手たちに何を望んでいるかを上手に説明する能力がモウリーニョには備わっていた。

「戦術的に大きな影響を受けたのはファン・ハールだ。しかし、監督としての生き方、責任感を持ち続け、チームを引っ張っていくことを教えてくれたのは、疑いもなくボビー・ロブソンだった」

２００２年１月にポルトの監督に就任したとき、チームは６位だった。そのときモウリーニョはふがいない成績に落ち込んでいた選手とサポーターに対して、励ましの言葉をかけている。「今季はどうなるかわからない。でもはっきりしているのは、来季は必ず優勝できるだろう」

その言葉は現実のものとなった。就任した２年間に６つのタイトルを獲得している。しかも、このなかには、ＵＥＦＡ杯優勝とチャンピオンズリーグ優勝というビッグタイトルが含まれている。

２００３年はポルトがＵＥＦＡ杯で優勝する年だが、モウリーニョをポルトに訪ねたことがある。折しも準決勝の対ラッツィオ戦を２日後に控えたときだった。ポルトの練習は一切非公開で、練習後の会見はアシスタントコーチのアンドレが行った。彼はポルトが１９８７年トヨタカップで優勝したときのメンバーの一人だ。

その日、モウリーニョはＢＢＣの取材を受けていたが、それ以外の取材は受けないとのことだった。しかし、日本からわざわざ来たことを知ると、快く取材に応じてくれた。

「私がボビー・ロブソンから影響を受けたといえるのは、『試合における歓び』だ。ボビー・ロブソンはサッカーを愛していた。質の高い攻撃サッカーをして、負けることを恐れなかった。私はそういった姿勢、試合に対する心構えをボビー・ロブソンから学んだのだ。アシスタントコーチ時代、敵チームの視察をよくさせられた。イタリア、イギリス、ドイツ、ブラジル、ウルグアイ、アルゼンチンをまわり、様々なシステムや戦術を目にしてきた。そのなかから多くを学ぶことができた。1986年、UEFAのコーチングコースをスコットランドで受講し、ポルトガルで大学のスポーツ科学科にも通った。若いときからこの分野で働いてきたから、日々が授業でもあったのだ」

ポルトガル人の多くがそうであるように、彼もとても饒舌だった。実はこのとき、すでに彼は海外への夢を語っていたのだ。

「まだ契約が残っているからすぐではないけど、いつかはここから出たいね。私はポルトと契約するまでは小さなクラブにいた。そして、必要とされてポルトにやってきた。しかし、会長が私を必要としなくなったら、ポルトガルから出ていきたい。外国へ行きたい。ビッグであろうとスモールであろうと、関係ない。しかし、代表の監督はいやだ。毎日練習して、毎週試合をしたいから、6カ月ごとに試合をするような代表監督はまだやりたくないんだ。でも、日本代表だったら、話は別だけどね」

モウリーニョはウィンクをして、いたずらっぽく笑った。国内リーグではすでに優勝を決めていた段階だったので、最後に翌年のチャンピオンズリーグへの抱負を尋ねた。

「来季、同じメンバーで戦えるかどうかはわからない。たとえ同じチームだとしてもチャンピオンズリーグで優勝できるなどとは明言しないよ。なぜなら、チャンピオンズリーグに出るクラブはどこも強く、レアル・マドリード、マンチェスターのように経済的に恵まれているクラブもある。我々にはフィーゴやベッカム、ファン・ニステルローイといった選手を持つ余裕はない。彼らのような選手がいれば、一人でも試合を決定づけられる。しかし、我々はグループとしてチームとして、戦っていくことになる。でも、ある程度のところまで行く自信はある」

思えばそれから1年後、その言葉どおりとなるのだ。２００３－04年チャンピオンズリーグ決勝ラウンド1回戦で、ロナウドは初めてモウリーニョと顔を合わせている。ロナウドがマンチェスターに加わったシーズン、マンチェスター・ユナイテッドはチャンピオンズリーグのグループステージをトップで通過し、優勝候補とされていた。04年2月25日、ロナウドはこの第1戦には途中から出場しているが、ポルトが2対1で勝利している。それは誰もが予想しない結果だった。

不思議であったのは、モウリーニョ監督は得点が入ってもベンチから立ち上がることもなく、表情も変えずにじっと戦況を見つめていたことだ。何を心の中に秘めているのかわからない神秘的な監督と、世界中のサッカーファンの目には映った。

試合が終わると、モウリーニョはそれまでの硬い表情が一気に崩れ、満面に笑みを浮かべた。憮然とするファーガソン監督とは好対照だった。怒りの収まらないファーガソン監督は、ポルトがスポーツマン精神に反する戦い方をしたと強く非難した。ポルトの選手は少しでも接触すると大げさに倒れ込み、ファウルをアピール、時間を稼いだというのだ。

一方、モウリーニョ監督は記者会見の席上で、「マンチェスターは素晴らしい選手を揃えた世界最高のクラブ」と持ち上げ、さらに「我々はそのような強敵を相手に勝利したことで、自分たちにも高いクオリティがあることを証明した」と自画自賛した。彼は終始、上機嫌であったが、ファーガソン監督がポルトの戦い方を批判したことを知ると不快感を露わにした。

「それではオールド・トラッフォードでの第2戦では、ポルトの素晴らしいサッカーをお見せしようじゃないか」

と強気にやり合う姿勢を見せた。それでも数々の輝かしい成功を手にしてきたファーガソンの言葉だけに、モウリーニョはやはり重く受け止めていたのだろう。一変して真摯な態度となり、ファーガソンへメッセージを送った。

「素晴らしいサッカーを披露したあとには、マエストロに対してポルトガルのおいしいワインを贈ることにしよう」

モウリーニョのマンチェスター対策は徹底していた。6人からなる調査隊を組織し、300枚にも及ぶレポートをまとめさせた。2004年3月9日に、オールド・トラッフォードで行われた第2戦は1点リードされながらも、90分に追いつき引き分けた。フリーキックをゴールキーパーが弾くと、突然コスティーニャが現れて押し込んだのだ。結果は1勝1敗、2試合合計3対2でポルトが勝ち進んだ。ロナウドには最後まで出場のチャンスは訪れなかった。ファーガソン監督も1対0のまま逃げ切れると考えていたのだろう。そのまま終われば、ポルトでの試合で1点入れているので、アウェイゴール2倍ルールにより、マンチェスター・ユナイテッドが勝ち進むはずだった。

モウリーニョ監督は試合後、次のようにコメントした。

「我々は最後まで辛抱強く戦った。最低でも引き分けで勝ち進めると私は最後まで信じていた。必ずフリーキックのようなチャンスが訪れ、得点が入ると思っていた。我々がマンチェスターを破ったことを驚く者は、我々のこれまでの試合を見ていない者である。彼らは非常に優れたチームだが、我々が勝ち進んだのは当然の結果だったのだ」

モウリーニョは約束したように素晴らしいサッカーを見せた。ファウル数もマンチェスターより少なく、ボールを奪った数もポルトが倍であった。記者会見後、モウリーニョはファーガソン監督にポルトガルのワインを贈り、握手を求めた。このことは、ファーガソン自伝の中でもふれられている。

〈初めてモウリーニョと顔を合わせたのは2003－04シーズンのチャンピオンズリーグで、彼が率いるポルトは我々を敗退に追い込んだ。ファーストレグの終盤、私は彼と小競り合いになった。だが初対面の監督と衝突するのは、私にとって珍しいことではない。ジョージ・グラハムにしても、彼がアーセナルの監督に就任して初めての試合のときに言い争ったが、後にいい友人になった。モウリーニョも同様だ。彼は親切で、話もうまかった。向こうにしても、私がどん底も絶頂も知り尽くした人間だと察したようで、会話を楽しんでいた。

私がファーストレグで激高したのは、ポルトの選手が〝ダイブ〟（ファウルをもらおうと大げさに倒れる行為）を繰り返したせいだった。モウリーニョは私の怒りに面食らっていたようだ。確かに少し熱くなりすぎた。彼に感情をぶつける必要はなかった。どちらかといえば私は、退場処分を食らったキーンに腹を立てていたのだ。私の頭に引っかかっていたのは、ポルトの勝利に終わるUEFAカップ決勝戦で、マーティン・オニールが相手チームの選手の振るまいに抗議したことだった。私には先入観があった。決勝戦を観たときは、他のポルトガルのチームとそう変わらないと思ったのだが、オニールがあまり言うので、いつの間にかモウリーニョのチームは狡猾《こうかつ》だと信じ込むようになっていたのだ。

ファーストレグを戦った直後は、キーンは誤審の犠牲になったと思っていた。だが、あとから見直すと、明らかにゴールキーパーに蹴《け》りを入れようとしていた。おかげで我々は十人になり、キーンはセカンドレグに出場できなくなってしまった。

オールド・トラッフォードで行われたセカンドレグでは、主審が不可解な行動を取った。終了前後の三分間から四分間、ユナイテッドが猛攻を仕掛ける中で、センターバックをかわそうとしたロナウドが倒された。ところが線審が旗を挙げたのに、ロシア人の主審はプレーオンの判断をしたのだ。ポルトは攻め上がって得点した。

終了後、私はモウリーニョに祝いの言葉をかけた。試合を落としたあとは、ぐっとこらえて「次も頑張れ」と言わなくてはいけない。私はワインを片手に言った。「君はツイていたな。この先もツキが続くのを祈っているよ」

次にオールド・トラッフォードを訪れたモウリーニョは、母国のバルカ・ヴェーリヤというワインを手土産《てみやげ》に持ってきた。ワインの交換が私たちの習わしになった〉

監督に就任して以来、モウリーニョの得技の一つに、試合前に選手たちのモチベーションを高めるということが挙げられる。チャンピオンズリーグ決勝戦の前にも、こう語りかけた。

「試合の結果がどうなろうと、我々はこの日のことを忘れることはないだろう。我々が年を取ったときに、自分の子供あるいは孫たちに、きっとこの日のことを語ることだろう。当然、いい思い出として語れるのがいいに決まっている。死ぬまで悔しい思い出をもち続けるのは、誰にとっても嫌なことだろう？」

マンチェスター・ユナイテッドを破ったことで、モウリーニョの存在を誰も無視できなくなる。同時に彼の前には大きな道が開かれた。チェルシーのアブラモビッチ会長からオファーを受けたのはこの勝利の直後であった。チェルシーの入団会見でモウリーニョは自ら「私はスペシャル・ワンだ」と言い、そして、「4年のうちにはプレミアリーグのタイトルを獲ってみせる」と豪語した。誰もが大口を叩いていると思った。しかし、彼は就任1年目でチェルシーに50年ぶりの優勝をもたらしたのだ。

その後、彼は世界で最も高給を稼ぐ監督となり、テレビのコマーシャルにまで登場するようになった。もはや世界のスーパースターと肩を並べるほど知名度も上がったモウリーニョだが、その彼のターニングポイントとなったのは、まさにオールド・トラッフォードでの一戦であった。尊敬するファーガソンを相手に堂々と戦い、勝利したことで、神秘のベールに覆われていた彼がいよいよ世界の表舞台へとデビューを果たしたのである。負のイメージを与えていたようなエピソードさえも、カリスマ性を表すものとして捉えられるようになった。メジャーな存在へと彼は変貌を遂げたのである。

レイリア監督時代にロナウドを見て、ファン・バステンのようだと話したモウリーニョだが、ポルト、チェルシー、インテルと、対戦相手の監督として、ロナウドと顔を合わせる。モウリーニョもロナウドも野望が強い。このようなポルトガル人が同時代に、世界の注目を集めることになったのは不思議なことといえる。しかも、その後二人は、レアル・マドリードで一緒になるのだ。

自国開催のユーロ2004

ロナウドにとって幸運だったのは、ユーロ2004年大会が自国開催であるため、予選を免除されていたことだ。大会に向けてポルトガルは16カ月間に17試合と、1カ月にほぼ1試合のペースで親善試合を行っている。予選を戦っていたなら結果第一となり、若手を試すような余裕はなかっただろう。

また、スコラーリ監督自身が、就任当初から、黄金世代に頼ってきた代表から脱皮し、新世代による代表へ生まれ変わろうとする動きも、ロナウドにとって追い風となった。ユーロ2004のあとには2006年ワールドカップの予選が始まる。それを視野に入れたチーム作りがされていたのだ。

ユーロに出場するチームに残った黄金世代は、ルイ・コスタ、フィーゴ、フェルナンド・コウトとわずかだった。フェルナンド・コウトはキャプテンシーを強く持ち合わせているため、スコラーリ監督もキャプテンとしてディフェンスの統率を任せていた。しかし、その力の衰えをはっきりと露呈したのが、開幕戦の対ギリシャ戦であった。

開幕前、ギリシャとの対戦が決まったとき、ポルトガルは簡単にギリシャを退けるだろうと誰もが予想していた。なぜなら、ポルトガルはホームで戦うし、タレントも多く抱えている。一方のギリシャは、これまでのユーロ本大会で1試合も勝利したことがなかった。

試合開始からポルトガルは重圧からか、固くなり、動きもぎこちなかった。7分、信じられない光景が目の前で起こった。華麗なパスまわしもポルトガルの大きな武器であったはずなのに、ディフェンダーのパウロ・フェレイラがミスパス。ギリシャのカラグーニスに渡してしまったのだ。カラグーニスはそのまま数メートル、ドリブルしてシュート。そのとき、ポルトガルの選手たちは、魔法にかけられたようにまったく動けなかった。誰もカラグーニスに詰めることもなく、シュートを打たせてしまったのだ。ボールはまっすぐにゴールネットに突き刺さった。

その後、フェルナンド・コウトはスピードのあるギリシャを怖れ、ラインを下げたままにして相手にスペースを与え、自らのスピードのなさを露呈する形となった。また、ルイ・コスタは序盤からボールにからめず、決定的と思われたヘディングシュートを外してしまう。まったくいいところはなく、反対に後半から入ったデコが素晴らしい動きをしたため、世代交代を強く印象づけることになった。

スコラーリ監督は、後半、ロナウドをピッチに送り出す。ロナウドは闘志を体中にみなぎらせているのが外見からもわかるほどだった。しかし、それが裏目に出た。51分、ギリシャはカウンターからエリア内に走り込んだセイタリディスにボールが渡る。そこへ後ろからすごいスピードで戻ってきたロナウドが足を引っかけてしまう。決定的ともいえるPKを与えてしまったのだ。

しかし、PKを与えることになったきっかけはコスティーニャが二人に囲まれているロナウドに送ったパスが原因だった。セイタリディスがパスをカットし、前へ走り出す。コスティーニャがパスを出す前に左サイドバックのルイ・ジョルジュがオーバーラップしていたため、ポルトガルの左サイドには大きなスペースが生まれていたのだ。そこにセイタリディスとハリスチアスが走り込んだ。つまり、この日のポルトガルは二度とも攻撃へ気持ちが移ったときに出されたパスをカットされ、カウンターを決められたことになる。ロナウドはぺたりとピッチに座り込み、両手で顔を覆った。

2点差になったギリシャは、ディフェンスに人数をかけて徹底して守った。ポルトガルは再三シュートを放つがニコポリディスの鉄壁の守備の前に決まらない。ロナウドも一度はデコからのクロスを右足で受け、シュートを放つが、セイタリディスに当たり、ゴールを外れた。

ポルトガルは終了間際のアディショナルタイム3分に、フィーゴが蹴ったコーナーキックのボールをロナウドが頭で入れ、1点を返すが、時すでに遅かった。この1点はロナウドにとって記念すべき代表初ゴールであったが、敗戦のうえPKを与えてしまったこともあり、ほろ苦い思い出となった。

ポルトガルは残された2試合に2勝しなければならないという絶体絶命の状況となった。しかし、その状況こそが、代表に対する国民の大きな団結をもたらしたのだ。それはスコラーリ監督自らの呼びかけで始まったことだった。

「逆境のときこそ大事なのはサポーターの力だ。第2戦はポルトガルのユニフォームを着てスタジアムに駆けつけて欲しい。スタジアムに来られない人は窓からポルトガル国旗を垂らして欲しい」

その呼びかけに人々は応えた。ヴィトール・バイアの問題で一時は反発していたポルトでも、多くの家の窓からポルトガル国旗が垂らされたのだった。

スコラーリ監督はギリシャ戦敗戦をきっかけに、第２戦ではメンバーを大幅に入れ替えた。ルイ・コスタとフェルナンド・コウトを先発から外し、ディフェンスを３人入れ替えるという荒療治に出た。ルイ・コスタの代わりにデコが入ったが、ロナウドはこの試合もベンチスタートだった。１対０でリードしているなか、78分、ロナウドはフィーゴに替わりピッチに立った。89分、左サイドから、途中から出てきたルイ・コスタに対して絶妙のクロスを上げて２点目をアシストした。

ポルトガルはなんとか生き残ることはできたが、第３戦のスペインに勝たなければいけなかった。舞台はジョゼ・アルバラーデ。１年ほど前、ロナウドがマンチェスターへ行く大きなきっかけともなる試合が行われた、スポルティングのホームスタジアムであった。そして、なんとスコラーリ監督はこの試合でロナウドを先発に起用したのだ。

絶対に勝たなければいけないポルトガルに対して、スペインは引き分けでもいい。しかも、歴史的に、ポルトガルは隣国のスペインには勝てないという苦手意識がそれまでは支配していた。圧倒的にスペインが優位だった。だが、心理的な面で両チームの立場はむしろ逆だった。

スペインにとってもポルトガルが初戦を落としたのは大きな誤算だった。しかも、スペインは大会を通じて、なぜか弱気だった。ポルトガルが初戦を落としたことをポジティブにとらず、むしろネガティブにとってしまったのだ。第１戦をロシアに勝利したスペインは、ギリシャ戦に勝てば決勝トーナメント進出が決まる。しかし、ユーロ予選でギリシャに一度ホームで負けているスペインは、「もし、ギリシャに負けたら残りの１席をポルトガルと争わなければならなくなる」との不安が選手たちに影を落とし始めたのである。そして、ギリシャ戦にはその影響が出たのか、リードするものの、1点を守ろうとして、反対に同点に追いつかれ引き分けてしまったのだ。スペインのサエス監督はそれまで選手起用に関して頑固一徹、自らの方針を貫いてきたが、第3戦を前に方針を変えた。ギリシャ戦を引き分けたことで批判が集中したことも影響したようだ。

一方、ポルトガルはもう一つも負けられない。第2戦でロシアを破ると、逆境を跳ね返したことで強い意志がチーム内に生まれた。スペインに対しても、勝つしかないと腹は据わっていた。スコラーリ監督は選手たちと、そして、自らをも鼓舞するため、「これは戦争だ。殺《や》らなければ、我々が殺られるのだ」と言って煽った。

ロナウドには、かつての世代が抱えていたような劣等感もなかったし、スペインに対する苦手意識とも無関係だった。第1戦や第2戦のときのような硬さはとれ、鋭いドリブルで何度も攻め込んだ。

これまでのポルトガルであれば、勝たなければいけないという気持ちが逆に重圧となり、自滅していたが、この日は違った。パウレタに代わって入ったヌーノ・ゴメスが交代早々に思いきりのよいシュートを放ち、決勝点をあげる。ギリシャ戦のあと、「ワールドカップにおける韓国戦の亡霊が代表にはまだ彷徨《さまよ》っている」と発言していたヌーノ・ゴメスが値千金の仕事を成し遂げたところにも、短期間に変貌を遂げたポルトガルが見てとれる。

グループリーグA組を1位で通過したポルトガルが、決勝トーナメントで最初に対戦したのはイングランドだった。試合開始早々の3分、コスティーニャの不用意なバックパスを、オーウェンにカットされ、先取点を奪われてしまう。先発したロナウドはこの日も積極的にサイドから攻め上がるが、なかなか得点に結びつかない。結局、2対2のまま120分間で決着がつかずPK戦となった。

ロナウドはデコ、シモン、ルイ・コスタに次ぎ、4番目に蹴った。イングランドは先頭のベッカムが外したが、ルイ・コスタも失敗し、2対2となった。イングランドの4番手テリーが決めたあとにまわってきただけに、大きなプレッシャーがロナウドにかかっていたはずだ。ロナウドはゆっくりボールを置いた。助走を始めて、いったん止まり、タイミングをずらして蹴った。ボールが右隅に収まると、ハーフラインで最年少の選手が蹴るのを心配そうに見守っていた先輩選手たちに向かって、ロナウドはうれしそうに笑った。イングランドのバッセルのシュートをリカルドが止め、続いてリカルド自身がPKを決めて、ポルトガルは準決勝進出を決めた。エウゼビオがピッチにまで降りてきてリカルドを抱きしめた。

準決勝のオランダ戦では、ロナウドが大会2点目を決めた。デコが蹴ったコーナーキックを頭で合わせたのだ。得点を決めるとシャツを脱ぎ、上半身裸のまま観客席に向かって全身で歓びを表した。また、同時にポルトガル人の愛を全身で感じていたにちがいない。かつてルイ・コスタがワールドユース決勝戦のときの思い出として、「サッカー人生のなかで最も感激した瞬間だった。10万人以上の観客が僕らを信じて応援してくれた。ポルトガル国歌をみんなが合唱してくれたことは決して忘れないだろう」と話していた。ルイ・コスタにとって、自らが育ったベンフィカのホームグラウンドであるルース・スタジアムで優勝を決めただけに、思いはひとしおであっただろう。

ロナウドにしても、1年前、自らのマンチェスター・ユナイテッド行きを決めることになったスポルティングの本拠地ジョゼ・アルバラーデ・スタジアムで準決勝を戦い、そして、得点までも決めて、いよいよ決勝進出を決めた。ルイ・コスタと同じ感動をロナウドも味わっていたにちがいなかった。

スターが生まれる瞬間

２００４年7月4日。あと10時間ほどで、ユーロ決勝戦が始まる頃だった。日本にいる私のもとに、リスボンに住む友人のアウトゥールから電話がかかってきた。

「町中がポルトガル国旗であふれている。国旗を窓から垂らす家、国旗をなびかせながら走る車。人々の胸は期待ではち切れんばかりになっているよ」

アルトゥールの声も興奮のためか、幾分弾んでいる。窓の外を見れば、すでに夕闇が迫っている。日本との時差は8時間、ポルトガルはまだ朝のはずだ。携帯電話から聞こえてくるポルトガル語を聞きながら、私はユーラシア大陸最西端の地に思いを馳せていた。

3週間前、私は開幕戦であるポルトガル対ギリシャ戦をポルトのドラゴン・スタジアムで観ている。ポルトガルでユーロの開催が決まったときから、ポルトガルで代表の戦いを追いかけたいと思っていた。ポルトガルで6年間生活し、その後も取材に何度も訪れていたこともあり、やはりポルトガルは自分にとって特別な存在だった。そして、ユーロ２００４のポルトガル代表には、初めて国際舞台で頂点に立つのではないかと期待させるだけのタレントが揃っていた。2年前に行われたワールドカップのときもそうだ。ポルトガルの黄金世代と呼ばれたフィーゴやルイ・コスタが円熟味を増し、優勝候補の一つと推す人々もいた。しかし、散々な結果で、まったくいいところがなく、敗退した。

今回は自国開催ということもあり、大きな期待を抱いた。さらに、黄金世代を超えるような若手選手の台頭を目にするのではないかという楽しみもあった。なんとしてもポルトガルが頂点に立つのを目の当たりにしたい。ポルトガルの人々と歓びを分かち合いたいと強く思うようになっていたのだ。

ところが、ギリシャとの開幕戦で、まさかの敗戦。やはり、今回もだめなのかという失望を強く味わった。結局、予選グループが終わると帰国し、その後はテレビ観戦を続けた。しかし、ポルトガルは、スコラーリ監督の思いきった世代交代を思わせるメンバーの入れ替えが功を奏し、ロシア、スペイン、イングランド、オランダと強豪を次々に倒して、とうとう決勝まで到達したのだった。

テレビに映し出されたルース・スタジアムにも、ポルトガルの国旗があふれていた。2階席と最上階との境のフェンスにはずらっと並べられるように緑と赤の国旗が垂らされている。選手たちがピッチに現れると、観客は総立ちになり、マフラーや国旗を頭上に掲げた。こんなに人々が一つになって代表を応援する姿を、私はそれまで見たことがなかった。

後日、映像で見ることになったのだが、代表が合宿していたアルコシェッテにある「スポルティング・アカデミア」から、ルース・スタジアムまで街道沿いにはたくさんの人々が出て、決勝戦に向かう選手たちが乗ったバスに向かって旗を振り続けている。

とくに印象的だったのは、テージョ川の水面にたくさんの船が浮かび、ヨーロッパ最長の吊り橋ヴァスコ・ダ・ガマ橋を渡るバスに向かい、船上から国旗を振っている人たちの姿だ。ポルトガルでは長い間、代表よりもクラブチームが優先されていた。それだけにこの風景を見て隔世の感がした。

奇しくも開幕カードと同じとなった決勝戦だが、またしてもポルトガルは先取点を許してしまう。57分、コーナーキックからだった。テレビはスタンドのポルトガルサポーターを映したが、みんな今にも泣き出しそうな顔をしていた。首相のドゥラン・バローゾの顔も映し出されたが、それまでの笑顔は消え、苦虫を嚙みつぶしたような顔だ。その横で夫人だけが一所懸命、旗を振っていた。

なぜ、反撃を期待し、逆転を信じないのだろうか？　まだあと30分以上も残されているのに、スタジアム全体がすっかり悲観的になり、落ち込んでしまっているのだ。これは残念ながら、私が知っているポルトガル人の負の姿ともいえるものだった。「これじゃまるでファドの世界だ。運命、宿命と、あきらめて受け止めてしまっている。これでは今までとちっとも変わっていないじゃないか」と、私は画面に向かって叫びたい気持ちになった。

ルイ・コスタやヌーノ・ゴメスが入り、積極的に攻撃に転じるが、ギリシャは全員が引いて守り、ことごとくはね返す。結局このままホイッスルが吹かれ、ポルトガルの優勝はならなかった。

ポルトガルにとってユーロ２００４はまさに国の威信をかけた大会だった。それまでワールドカップへは66年大会、86年大会、02年大会と３回出場し、最高順位が66年大会の３位であり、あとの２大会はいずれもグループリーグで敗退している。したがって、ポルトガルをサッカー伝統国と呼ぶことはできないだろう。しかし、近年、世界中の注目を浴びるようなスター選手が次々と生まれるようになった。シャラーナ、パウロ・フートレ、フィーゴ、ルイ・コスタといった、テクニックがあり、見ている者を楽しませてくれる、華のある選手たち。彼らのような選手がなぜポルトガルに生まれるのか、それがポルトガルを取材してきた大きなテーマの一つでもあった。そして、ユーロ２００４でも新たなスター選手を誕生させようとしていた。

クリスティアーノ・ロナウドは、人目もはばからず大泣きをした。口を少しとがらせ、視線は宙をさまよい、定まらなかった。

やがて悲しみが体の中からわき出てきたのだろう。

堪えきれないように、目を閉じて、うつむいた。

唇を噛みしめながらも、自ずと涙がほおを伝わった。

その日控えだった選手たちがベンチから駆け寄り、ロナウドの頭に手をまわし、抱きしめた。


ギリシャの選手が優勝カップを頭上に掲げたのと同時に、青い紙吹雪がスタジアムに舞った。その中で、涙するロナウドの姿を、テレビを通じて世界中の人が目にした。

１９６６年ワールドカップ準決勝イングランド戦に敗れて、大泣きしていたエウゼビオがチームメイトに抱きかかえられるようにしてピッチを去る映像は、今日、ユーチューブでも見ることができる。かつてのエウゼビオの姿をロナウドに重ねて見た人も少なくなかったはずだ。

ロナウドが大泣きしたのは、優勝を逃した悔しさからだったが、マデイラ島で過ごした少年時代、試合に勝っても泣くほど感情の起伏が激しかったことが思い出される。ロナウドが将来ポルトガル代表を背負っていくことになるだろうと、そのとき感じた人々も多かったはずだ。

ロナウドは試合を重ねるごとにのびのびと自信を持ってプレーするようになっていた。華麗なフェイントや、スピードに乗ったドリブルで観客を魅了した。19歳でありながら、世界のトッププレーヤーの仲間入りを果たしたロナウドを、人々は誇らしく感じていたはずだ。ポルトガルはあと一歩及ばず優勝を逃した。しかし、ユーロで大ブレークしたロナウドに対する強烈な残像は人々の脳裏に深く刻み込まれることになる。

ポルトガルに一人、スターが誕生した瞬間だった。

2006年ワールドカップ予選

ユーロが終了して2カ月後にはワールドカップ予選が始まった。ロナウドも優勝を逃した感傷に浸っている時間はなかった。決勝前夜、ルイ・コスタは代表引退を表明していた。フィーゴも、大会前に引退をほのめかす発言をしていたが、具体的な引退時期までは言及していなかった。ロナウドは代表のレギュラーとして定着していた。

就任以来、常にフィーゴの存在を不可欠と押してきたスコラーリ監督も、フィーゴ抜きで予選をスタートさせている。ラトビア、エストニアと2連勝し、ポルトガルはワールドカップ出場に向けて順調な滑り出しをした。10月、リヒテンシュタインにアウェイで引き分けるも、4日後にリスボンで行われたロシア戦では7対1で快勝する。その試合でロナウドは2得点を決めている。

快調に戦っていくポルトガルには、もはやフィーゴが入り込む余地などないように思われた。だが、スコラーリ監督がフィーゴ復帰を考え始めたのは、この序盤4戦を受けてのことだった。問題視したのは、グループ最弱とされた小国リヒテンシュタインを相手に引き分けたことだ。

「我々は決してあってはならないミスを犯してしまった」とスコラーリ監督は試合後、振り返るが、その試合で勝ち点3は絶対だった。若い選手たちの多いポルトガル代表の詰めの甘さ、弱点が露見した。もちろん、引き分けは国民にとっても大きな衝撃だったが、強豪ロシアに大勝したことで、人々には楽観ムードが漂っていた。ただ一人、指揮官を除いては……。

2005年2月に行われたアイルランドとの親善試合ではユーロ以後、初の敗戦を喫した。この段階でスコラーリはフィーゴを呼び戻すべく動き出す。3月にサッカー連盟会長のマダイルとともに、フィーゴをマドリードに訪ね、代表復帰を打診している。それに対してフィーゴも「僕もまだあと2年はやれると思っている。どこのポジションでもよいからプレーしたい」と代表復帰を示唆し始めた。フィーゴがポルトガル代表に復帰したのは6月4日、リスボンのルース・スタジアムで行われたワールドカップ予選スロバキア戦においてだった。左腕にキャプテンマークをつけたフィーゴがピッチに現れると、6万5000人の観衆から歓声がわき起こった。

その一方で、長い間留守をした父親を迎える子供が見せるような戸惑いの表情を隠せない人も少なくなかった。その戸惑いはスタジアムだけのことではなく、試合前、インターネット上のブログには、復帰を疑問視する声が多数書き込まれていた。

ロナウドやデコが台頭したユーロ2004は世代交代を印象づけた大会だったし、サイドアタッカーならシモンもクアレスマもいる。これまでのように黄金世代に頼らなくても、ユーロ準優勝という実績を武器に戦っていけるのではないかという意見がその大半だった。決勝戦を前に引退したルイ・コスタを美徳と捉え、「単に引き際を逃してしまっただけ」と非難する者さえいた。人々を納得させるうえでも、フィーゴをいきなり先発させることはリスクであったはずだ。スコラーリは2対0で快勝した試合後、「彼がどのように応えるか、私はわかっていた。だから私も彼とともにリスクを背負うことにしたのだ」と説明している。

その後、スコラーリは残りの予選すべてにフィーゴをキャプテン、右サイドとして先発起用している。しかも出場決定後のラトビア戦を除いては、すべてフル出場だ。すでにユーロで衰えを隠せなかったフィーゴを重用する理由を、ワールドカップへ向けて語った抱負のなかで語っている。

「選手に余計な重圧を与えたくないが、ワールドカップでの目標は、決勝に残り、そして、勝つことだ。だが、我々よりも明らかに優位に立っている国が2つある。ブラジルとアルゼンチンだ」

ポルトガル代表の目標はワールドカップ出場でなく、優勝だ。フィーゴは絶対不動の軸ではなく、駒の一つ。高い目標を掲げるにあたって、優秀な駒は一つでも多いほうがいい。それが経験を積み重ねた駒なら尚のことだ。ワールドカップ出場を決めた直後、フィーゴはファンへの感謝を口にした。

「僕が代表でプレーし続けてきて、代表よりもクラブのほうがファンが多い時代もあった。でも、今のポルトガルには代表とファンとの間に素晴らしい調和が存在している。僕らを後押ししてくれるファンがあったからこそ、ワールドカップ出場を果たせたのだと思う」

父ディニスとの別れ

ユーロ2004後、ロナウドは代表では主軸となり、マンチェスターでも活躍の機会が増えてきた。すべてが順調に進んでいくかに見えた。しかし、ロナウドには心配事があった。それは父ディニスの病気についてだった。

2005年7月。マンチェスター・ユナイテッドはプレシーズンにアジアツアーを企画していた。日本や香港、中国を訪ねて試合を行うというものだ。そして、ロナウドは21日にマデイラ島に戻っている。マンチェスター・ユナイテッドは香港にロナウドが来なかった理由を、「家族の事情により」と細かい説明はしていない。6月25日に行われたエルマの結婚式には出席しているが、ディニスが肝臓を悪くして入院したのはわずか数日後のことだった。ロナウドはその後、父親をフンシャルからロンドンまで飛行機で運び、ロンドンの病院に入院させている。

9月6日、ワールドカップ予選ロシア戦前夜、夕食後のことだった。すでに選手たちは部屋に入っていた。ロナウドはスコラーリ監督から部屋に来るように呼ばれた。ロナウドが部屋に入っていくと、そこにはフィーゴもいた。スコラーリからロナウドに伝えられたのは、父の死だった。スコラーリ監督はすぐに家に帰るようにと言ったが、ロナウドはとどまり、翌日の試合に出ることを望んだ。

9月7日、ポルトガル代表はロシアと試合を行い、ロナウドは先発で出場している。国歌斉唱のとき、目をつぶりながら聞くロナウドの顔には悲しみが深く刻まれていた。

フィーゴはロナウドの戦いを見て、次のように語っている。

「彼はまさにチャンピオンのように戦った。僕らはロナウドのために何としても勝利しようとがんばったのだが、それはできなかった」

アゾーレス出身でロナウドと同じように少年期にポルトガル本土に渡ったパウレタも、なんとかロナウドを励ましたいと思った。

「父を失うというのは人生で最も辛いことだ。僕らはみんなで励ました。彼も僕らの気持ちをわかってくれた」

エウゼビオもロナウドを励まそうとした一人だった。

「昨晩、彼と話をした。私も似たようなことを経験しているからだ。それは母の死だった。私もやはり試合に出て、3得点を決めている。みんなが彼を励まそうとしていたのだ」

ロナウド自身も後日、そのときの気持ちについて説明している。

「その日、僕は試合に出たかった。僕には試合に出たいということしか考えられなかった。父のために試合に出たかったし、父のために得点を決めたかった」

マンチェスター・ユナイテッドは専用機を用意し、ロンドンまでロナウドを運ぼうとしたが、ロナウドは代表に帯同することを望んだ。代表とともにリスボンまで飛び、マデイラへ戻るというものだ。ロンドンには母と姉がいて、ディニスの遺体をマデイラに運ぶ準備をしていた。ポルトガルの「ア・ボーラ」は第一面に「ポルトガルは君とともにある」という見出しをつけ、ロナウドに対して哀悼の意を表した。ファーガソン監督は、翌週、チャンピオンズリーグの対ビジャレアル戦を控えていたが、ロナウドには「戻ってくるのはいつでもいい。家族と一緒に過ごすように」と伝えている。


ディニスがアルコール依存症になった経緯は、植民地戦争から戻ってきてから仕事に対しても無気力になり、アルコールに浸るようになったからだった。

映画「ロナウド」のなかで、ロナウドは父のアルコール依存症について「父がなぜアルコール依存症になったのか、僕は知らないし、知りたくもない」と話しているが、代理母出産によって生まれた子供たちに対して、「いつかは自分のことを理解してくれるはずだ」と話すように、ロナウドも父ディニスのことを理解する日がくるのではないか。同映画では、お酒が入って上機嫌となり踊っているディニスの映像も流される。

マデイラ島でディニスを知る者たちの言葉は、どれもディニスをよく言うものばかりだった。ナシオナルでロナウドのコーチだったタリーニャは、アルコール依存症であったことについて私が尋ねると、彼はかばうような発言をしている。

「マデイラ島ではお酒を飲む人はたくさんいるし、普通のことなんだ。子供の試合のあと、みんなで飲む機会があり、彼も飲んでいたが、ほかの者たちもみんな飲んでいた。彼が酔っ払っているのを見たことはない。とにかくとても礼儀正しい人だった」

マデイラ島ではお酒を飲む人はたくさんいるといわれたことに、このとき私はあまりピンとこなかった。しかし、２０１６年にマデイラ島を訪れたとき、ロナウドのゴッドファーザーであるフェルナンに誘われて、ポンシャというマデイラ島の伝統的なお酒を飲みにいき、理解することができた。

その店に入ると、なんと真っ昼間であるのに暗く、目をこらすとたくさんの人がテーブルに着いているのがわかった、しかも、驚いたのは女性同士のグループが何組もいて、次々にグラスを空にしていたことだった。ポンシャはサトウキビでつくられた蒸留酒であるアグアルデンテにレモンと砂糖が加えられたものというが、現在ではレモンよりも、マラクジャ（パッションフルーツ）を使ったポンシャが一般的なようだ。その店ではいろいろな果汁で割ったポンシャを注文することができた。口当たりがよいので、ついつい飲み過ぎてしまう。

ポンシャの起源については、インドから伝わったものとする説や、16世紀にポルトガル人の航海者たちがビタミンC不足による壊血病を防ぐためにレモンを保存して航海に持っていき、15世紀からマデイラ島で作られるようになったサトウキビから取れる砂糖と蒸留酒と一緒に飲まれるようになったという説もある。ポンシャはいずれにせよ大航海時代に生まれたものだった。

アンドリーニャで一緒だったジョゼ・バセラール会長は、２０１６年に次のように話している。

「ディニスとは14年間、一緒だった。私は監督であり、彼はホペイロ（用具保）。ときには彼に怒ったり、ののしったりもした。たしかに彼はアルコール依存症になったが、幸せに亡くなったともいえるだろう。彼は好きなことを決してやめなかったからだ」

島の多くの人が酒好きであることはともかく、ディニスにはやはり植民地戦争を経験した傷跡が、その後の半生に大きく影響を与えたといってもよいだろう。戦争から戻ってきたら人が変わっていたと、マリア・ドローレスが話すように、ディニスが戦争で経験したことは、言葉では表せないようなものだったのだろう。

ディニスが愛したサッカー。それだけに息子がマンチェスター・ユナイテッドで7番をつける選手となり、しかも、ポルトガル代表選手となったことをどれだけ誇りに感じていただろうか。

思えば、ロナウドのたどってきた道には数々の巡り合わせがあった。ディニスがアンドリーニャの用具係を務めていなければ、ゴッドファーザーのフェルナンとも会うことはなかっただろう。フェルナンがナシオナルで働いていなかったら、ロナウドはマリッティモに行っていたかもしれない。そうすればロナウドはスポルティングにこれほど早く行くことはなかっただろうし、あるいはベンフィカに行くか、島に残っていたかもしれなかった……。

２００２年の「レコルド」に、ディニスがアンドリーニャのユニフォームを掲げて写っている記事を見つけた。そのなかでディニスはこのように語っている。

「息子がさらに幸せになってくれることを望んでいる。そして、選手としても人間としても、さらに成長して欲しい。私は彼の父だからといって有名になりたいとは思っていない。ただ、彼にはがんばってさらに上を目指して欲しいだけだ」

しかし、父が亡くなったのは、ロナウドが20歳のときであり、その後の成功からすればまだ階段を一段上がっただけに過ぎなかった。これからさらに大スターへの道が開けていくときであったのだ。

息子がマンチェスターへ移籍し、大スターになっても、ディニスはマデイラを愛し、生活を変えることはなかった。マリア・ドローレスが言うように。ディニスは家庭を顧みない父親であったかもしれない。しかし、アンドリーニャを愛し、その父に付き添ってロナウドはサッカーを始めた。ロナウドの試合には必ず同行したというディニスにしてみれば、ロナウドがどこでプレーしようが関係なかった。おそらくアンドリーニャでロナウドがプレーしていたときも幸せに感じていただろう。ロナウドは父からのたくさんの愛を受けて育ったのだ。ロナウドがジョゼ・ディニスとマリア・ドローレスの間に生を享け、二人の愛情のなかで育ったのは確かなことだった。

9月10日、ディニスはサント・アントニオの墓地に埋葬された。埋葬にはスコラーリ監督、ポルトガルサッカー連盟会長も立ち会った。スコラーリ監督はここで、ロナウドにとってもう一人の父としての役割を全うしている。ロナウドに辛い知らせを伝えたときも、一緒に涙を流したという。

思えば、12歳の若さで家を出たロナウドだが、父親のように大切に育ててくれる存在が身近にいた。スポルティングのコーチたちがそうであり、ファーガソン監督、スコラーリ監督もそうだ。とくに、ファーガソンとスコラーリの下でプレーしてきたことは、ロナウドに大きな影響を及ぼしている。

もともとイングランド人の監督は父親的な役割を担うことが多い。ジェフ・キング著『監督の条件』（竹澤哲訳、日刊スポーツ出版社）では、ファーガソンについて次のように書かれている。

〈ファーガソンは若い選手たちに対する自分の役割は親代わりとなることであると公言してはばからなかった〉

ファーガソン監督の下で育てられた選手を、イングランドのメディアは〝ファーガソンのひな鳥たち（Fergie's Fledglings）〟と呼んでいる。ベッカムもファーガソンが大切に育てたひな鳥だった。

「ベッカムが12歳の頃、私は彼のお母さんに、大丈夫、これから大きくなりますよ、と言った。15歳になるまでには彼は見事に成長したのだ」

ファーガソン監督は若い選手には余計なプレッシャーを与えず、大人として責任をとらせるようなこともしてはいけないと考えている。新聞「インデペンデント」に、かつてこのように語っている。

「18歳の彼らが、なぜインタビューなどに煩わされなければならないのだ。自分の息子が新聞や雑誌に誤った形で取り上げられて、うれしい親がいるだろうか。そんなことは誰だって望んでいない」

また、新聞「サンデーミラー」にもこのように語っている。

「父親ならば、息子がちゃんと仕事ができるか確かめたいものだ。息子にできるかぎり、手をかけてやりたいと思うのは当然だろう。私は彼らにとって父親も同然だから、どうしたらよいかわかっているし、手をかけてやるのが理にかなっている」

若くしてスポルティングから同時期に移籍していったクアレスマとロナウド。移籍先のクラブでの環境が二人のその後を大きく決定づけたといっても過言ではないだろう。スポルティングのリクルート部門責任者アウレリオ・ペレイラは、ロナウドがマンチェスターのようなクラブへ行ったことは幸運であったと話している。

「マンチェスターへ行ったとき、ロナウドはまだジュニアの年代だった。マンチェスターに着くと、すぐに義務を背負うことになる。7番という責任重大な番号をつけて神話的なスタジアムで素晴らしいプレーをしなければならない。マンチェスターは彼にとってとても重要なクラブとなった。マンチェスターは育成もしっかりしたところであり、選手を磨く力をもったクラブであった。しかも、ロナウドにとって幸運であったのは、新しく加わった選手をすぐに起用しなくてもよいだけの戦力を持っていたことだった。だから、20分プレーさせたら休ませるということができた。18歳の選手に重圧を与えることなく、慣らしていくことができたのだ」

バルセロナに移籍したクアレスマの場合はどうだったのか。２００３－04年シーズン、移籍後すぐに彼はレギュラーとして起用された。バルセロナは当時、１９９８－99年シーズンに優勝して以来、下降線をたどっていた。何としても盛り返さなければいけない状況だった。彼もまだ20歳だったが、最初から大きな期待を受けてプレーしなければならなかった。そのシーズンから監督に就任したライカールトにしても、優勝しなければならない重圧を受けていた。そのなかで、クアレスマはシーズン後半になると起用されることも少なくなり、わずか１シーズンでバルセロナを去ることになるのだ。

2006年ドイツワールドカップ

ロナウドがドイツワールドカップの優勝を口にするようになったのは、予選が始まったばかりの頃だった。メディアのインタビューを受けるたびに、「ワールドカップへ出場して、必ず決勝まで行って勝ちたい」と繰り返し答えていたのだ。

ポルトガルの人々は、ギリシャとのユーロ決勝戦後、号泣していたロナウドの姿を見ていただけに、ワールドカップに懸ける彼の思いは特別なのだろうと、21歳の若者の言葉を好意的に受け止めていた。

しかし、スコラーリ監督はロナウドについて一つ心配していることがあった。ワールドカップ開幕直前に行われたルクセンブルクとの親善試合で、相手の選手からファウルまがいのスライディングを受けると、興奮して相手選手を押し倒してしまったのだ。彼の気持ちが強いあまり少し空まわりをしている、と感じたスコラーリ監督は心配を隠せなかった。

「あんな態度をとってはならないことを彼は知るべきだ。このままだと、対戦相手は、彼を挑発してくるだろう。レフリーがいつもファウルをとってくれるとは限らないことも、知るべきだ。だが私の知るかぎり、クリスティアーノはとても素直だし、チームメイトの言葉によく耳を傾けている。だから彼は変わってくれると信じている」

本大会での初戦、アンゴラとの試合でロナウドがナーバスであったことは誰の目にも明らかだった。自らの性能を誇示するかのように、個人プレーに走ることも多く、そのたびにボールを失い、つまらない反則でイエローカードをもらった。

ベテランのフィーゴはこの一件をそれほど重要視していなかった。ある記者が「年長者である君から忠告したほうがいいんじゃないか」と言うと、フィーゴはこう答えた。

「クリスティアーノは良かったよ。初戦というのは誰でも緊張するし、大変なものなんだ。輝くようなプレーを、ワールドカップのようなレベルの高い大会ですることはなかなか難しいんだ。もう誰もが彼の素晴らしさを理解しているし、チームに貢献していることもわかっているのだから、あんなに焦って見せようとすることはないんだけどね」

スコラーリ監督も代表最年少であるロナウドには特別に気を配っていた。

「彼を特別に甘やかしているわけではなく、扱いはほかの選手と一緒だ。しかし、パウレタ、フィーゴ、コスティーニャといった経験のある選手ならともかく、彼はまだ21歳で、未経験の状況がたくさんある。そういうときにはアドバイスが必要だ。決して、相手チームの挑発に乗ってはいけない。彼は自分のスタイルでチームのためにがんばってくれれば、それだけで十分ポルトガルを導けるんだ」

　2戦目のイラン戦では余分な力が抜けたのか、落ち着いてプレーすることができた。フィーゴがファウルされて得たPKも落ち着いて決めた。実は、キッカーを指名したのはスコラーリだった。素直に譲ったフィーゴも「彼は重圧にも耐えられる精神力を身につけつつある」と言い、ロナウドの成長を認めていた。80分、見事にPKを決めたあとの雄叫びは、まるで自分を鼓舞するかのようだった。

　3戦全勝でグループDを勝ち上がり、迎えた決勝トーナメント1回戦、ロナウドは34分にオランダのボラルーズのタックルを太ももに受け、負傷してしまう。交代してベンチに下がったロナウドは、周囲をはばからず涙を流していた。試合後、怒りの収まらないロナウドは強い口調で語った。

「相手は僕にケガをさせようとして故意にやってきたんだ。僕はもっとチームを助けられると思っていたのに、それができなくなって悔しかった。試合を外から見るのはとても辛いことなんだ。僕はすべての試合が決勝戦だと思って戦っているんだから」

　ポルトガルの記者が「みんなが君に期待しているみたいだけど、焦らないかい？」と挑発するように尋ねた。我に返ったロナウドは、スコラーリの教えを繰り返すように答えた。

「僕はチームの力になれればいいんだ。そう、今の僕が何かを証明する必要はないのだから」

　続く準々決勝のイングランド戦で、ロナウドは成長の跡を見せることになる。ルーニーがリカルド・カルヴァーリョの股間を踏みつけるというファウルを犯した際、ロナウドが真っ先にレフリーに駆け寄った。マンチェスター・ユナイテッドのチームメイトであるロナウドの態度にかっとなったルーニーは退場処分となった。だが、ロナウドは自身は冷静だった。ロナウドは後日、こう説明した。

「僕はただ反則だから笛を吹くように迫っただけ。審判に対して、退場させるべきだなんて言っていないよ。ルーニーとはとても親しい間柄のままだよ。試合後も、いつものように携帯のメールをやりとりしているくらいだ。ルーニーは『中傷されるような記事を書かれても気にするな』と言ってくれているんだ」

延長戦の末のPK戦でも、ロナウドは落ち着いていた。ベンチへ向かい、スコラーリ監督が書き込んでいるリストを覗き込んだ。まるで自らの名前が載っているのを確認するかのように。

決めればポルトガルの勝利となるPKの場面を、ロナウドは振り返っている。

「PK戦になったときは、たしかにドキドキしたよ。僕が決めれば準決勝にいけるんだから。でも、落ち着いてシュートを決められた。僕のサッカー人生のなかでも美しい瞬間となったんだよ。僕が成熟したことも証明できたんじゃないかな。蹴る前に笑ったって？　それは必ず決められるという自信があったからなんだ。僕の故郷であるマデイラ島の人々が歓んでいる姿を想像していたんだよ」

ロナウドは口に出さなかったが、ゴールを決めた瞬間、右手人差し指を天に向けて伸ばしている。それは亡き父への追悼だった。イングランド戦を観ていたモウリーニョは、こうコメントしている。

「ロナウドは才能があるだけに、大きな重圧がのしかかっている。対戦相手も、そんな彼を精神的に挑発しようと、いろいろな手を仕掛けてくる。それを乗り越えれば、ロナウドは、いつ爆発しても不思議ではないのだ」

7月5日、準決勝フランス戦、連戦の疲労から動きが悪くなっていたポルトガルのなかでも、ロナウドはたった一人気を吐いていた。フランス寄りともとれるレフリングと、ルーニーとの一件以来続いていた大ブーイングにさらされながら、それでも冷静にプレーを続けた。

終了間際に見せた縦にドライブするフリーキックは、そんな気持ちのこもった一撃だった。バルデスがたまらずファンブルし、それをフィーゴが決めていれば試合はどうなっていたかわからなかった。結果は0対1でポルトガルが敗れ、決勝進出はならなかった、

フランスに敗れた、「自分たちの国は小国である」と現実に戻ったポルトガル人が多かったという。だからこそ、ロナウドは、フランスの地で出稼ぎで働いているポルトガル人たちに思いを馳せた。

「ポルトガルは小さな国だ。ヨーロッパの様々な国々で努力する働き者のポルトガル人は、僕らの勝利を最後まで信じてくれたはずだ。そんな人々に向けて、僕らが素晴らしいチームであったことを証明できたはずだよ」

ユーロ2004の決勝戦で敗れ、号泣したあの日から2年。この日のクリスティアーノ・ロナウドは口を一文字に結び、必死に涙をこらえた。

ルーニー事件の余波

ワールドカップ準々決勝のポルトガル対イングランド戦で起きたルーニーの退場劇は、イングランドサポーターに、ロナウドに対する大きな反感をもたらした。

62分、ルーニーがタックルを仕掛けてきたカルヴァーリョの股間を踏みつけた。それは意図的にも見えるし、偶然にも見える、微妙なものだった。前述したように、このとき、真っ先にレフリーに駆け寄ったのがロナウドだった。同じクラブでプレーし、年齢も近いロナウドと親しい間柄にあるルーニーにとって、信じられない光景だったろう。唖然とした表情でロナウドを小突く。その直後、レフ

リーはルーニーに対してレッドカードを出した。0対0の緊迫した展開。イングランドにとってルーニーを失うことがどれだけ大きな意味を持つことか。ただ、テレビで観戦していたイングランド人を決定的に怒らせたのは、その後のロナウドの行為だった。画面には、ポルトガルベンチに向かってウィンクをするロナウドの顔が映し出されていたのだった。

BBCは、大会が終わってからも何度もその映像を流した。また、イングランド代表のジェラードが「ルーニーが退場したのはロナウドのせい。まったく恥ずべき行為だ」とはっきり批判したことも拍車をかけた。ロナウドは、イングランド中のサッカーファンを敵にまわすことになったのである。

もはや、ロナウドはプレミアリーグでプレーすることはないだろう。誰もがそう思った。ロナウド自身にもあきらめた様子が見られ、こう口にしたこともあった。

「誰にも悪いことはしていないのに、騒ぎは大きくなる一方だ。クラブ関係者はいろいろと僕を弁護してくれるけど、もうイングランドでプレーできる状況ではないよ」

信じがたいスピードで階段を駆け上がったロナウドのシンデレラ・ストーリーも、ここで終焉を迎えるのかと思われた。イングランド中を巻き込んだ非難の声は、いつまでも鳴り止まなかった。それでもマンチェスター側は彼を守った。「ロナウドとの契約は2010年まであり、ほかのクラブと交渉するつもりはない」と早い段階から声明を発表し、ファーガソン監督を始め会長までもが、懸命にロナウドの説得に当たった。マンチェスターはワールドカップで成長したロナウドに、さらなる可能性を感じていたからだ。彼を一番高く評価しているのは「クリスティアーノのメンタリティはとても強いから心配していない」と言ったファーガソン監督だ。

この時期、チェルシーのモウリーニョ監督が、あるテレビ番組で面白いことを言っている。

「なあに、クリスティアーノが試合に出て素晴らしい活躍をするか、ルーニーにアシストをして二人一緒に抱き合えば、批判なんてものは消えてしまうよ。彼の素質は誰もが認めているのだから」

はたしてそのとおりとなった。マンチェスターのホーム、オールド・トラッフォードで行われたシーズン開幕戦の後半、ロナウドが起点となり、ブラウンからのクロスをルーニーが決めた。駆け寄ったロナウドとルーニーがしっかりと抱き合う。この瞬間、それまでのわだかまりは少なくともマンチェスターサポーターの間では消え失せたのだ。

このルーニー事件の内幕を、のちにファーガソン監督は自伝のなかで、こう明らかにしている。

〈ロナウドを救ったのはルーニーの思いやりだった。休暇中、私はルーニーにメールを送って、電話が欲しいと言った。何も問題がないと示すためにロナウドと二人でインタビューを受けるのはどうか、とルーニーが提案した。

翌日ミック・フェラン（アシスタントコーチ）に意見を訊くと、わざとらしくて無理をしている感じだ、という答えだった。確かにそのとおりだろう。しかしルーニーの気遣いはロナウドを救った。もうマンチェスターに帰れないのではないか、とまで思い詰めていたという。孤立無援でメディアの餌食《えじき》にされるだろう、と。ルーニーは何度かロナウドに電話して、励ましの言葉をかけた。（中略）

ルーニーを退場させようとして、ロナウドが主審に駆け寄ったのは事実だ。現代サッカーでは珍しくもない。しかしロナウドの頭には一つのことしかなかった。母国に勝ちをもたらすこと。翌シーズン、ユナイテッドでプレーすることまで考えていなかった。それがW杯の試合というものだ。そして彼は後悔した。あとで話を聞いてみると、自分の行為がどう受け取られたのかよくわかっていた。あのウィンクは曲解された。揉《も》めごとを起こさないように代表監督から釘《くぎ》を刺されていたのだから、ルーニーの退場に手を貸したのが嬉《うれ》しくてウィンクをするわけなどない。自分のジェスチャーは誤解された、という彼の説明を私は信じた。「どうだ、ヤツを追い出してやったぜ」と言う意味などではないと。

ロナウドとはポルトガルの別荘地で昼食を共にした。ホルヘ・メンデス（ジョルジュ・メンデス）も同席していた。ルーニーが電話をくれたおかげでロナウドの気持ちはやわらぎ、落ち着きを取り戻していた。私はロナウドに言った。「お前はマンチェスター・ユナイテッドの歴代の選手の中でも一、二を争う勇敢な男だ。逃げ出すのはお前らしくない」。そして１９９８年のベッカムの話をした（ベッカムは１９９８年のフランスＷ杯の準決勝で相手を蹴って一発退場になり、チームもＰＫ戦の末に敗退した。その後国内でベッカムに対する猛烈なバッシングが起きた）。「まったく同じ状況だった。ロンドンのパブの外にはベッカムの人形が吊されたんだ。すっかり悪魔扱いだったよ。だがベッカムは歯を食いしばって戦った」〉

そのようにロナウドに話したことは功を奏することになる。8月23日、第2節チャールトン戦はロナウドにとってワールドカップ後、アウェイで戦う最初の試合だった。ザ・バリー・スタジアムは、激しいブーイングに包まれた。マンチェスター・ユナイテッドの選手たちがウォーミングアップのためにピッチに姿を現し、クリスティアーノ・ロナウドが出てきたのは最後から2番目。ブーイングが彼に向けられているのは明らかだった。

試合開始のホイッスルが鳴り、40秒ほど過ぎた頃、ボールが初めてロナウドのもとに渡ると、大きなブーイングは再びスタンドを駆けめぐった。激しい雨音が、少しは騒音を防いでくれたのだろうか。

ロナウドは表情を変えずにボールをさばく。努めて冷静さを保とうとしているその姿は、かえって痛々しく見えた。

しかし、スタジアムの片隅に陣取るレッドデビルは、終始ロナウドに声援を送り続けた。相手サポーターからのブーイングが起きるたびに、負けないくらいの大きな声で、〝ロナウドと呼ばれるのは君だけだよ〟と応援歌を歌った。

「僕を励まそうとずっと応援し続けてくれたサポーターに、何としても感謝の気持ちをダイレクトに伝えたかったんだ。僕の心はマンチェスター・ユナイテッドとともにあるんだってね」

試合終了のホイッスルが吹かれると、ロナウドはマンチェスターサポーターが陣取るスタンドに駆け寄った。左手で拳固を作り、ユニフォームの左胸にあるマンチェスターのエンブレムを何度も叩いて見せた。再びスタンドからは「ゼアーズ・オンリー・ワン・ロナウド」の大合唱が始まった。

代表初キャプテン

ルーニー事件で始まった2006－07年シーズン。実は、このシーズンからロナウドの得点数は飛躍的に増えていくことになる。マンチェスター・ユナイテッドでデビューした年、2003－04年シーズンの公式戦得点数が6点。2004－05年シーズンが9点、2005－06年シーズンが12点であったのが、このシーズンには23点となる。さらに2007－08年シーズンにはなんと42点まで達するのだ。なぜ、ロナウドの得点力がこれほど増したのだろうか。

ロナウドがスポルティングの寮に入って以来の友人で、新アルバラーデ・スタジアムの落成記念試合にも一緒に出た、元チームメイト、ルイス・ロウレンソはロナウドの変化に気がついていた一人だ。
「ロナウドがマンチェスター・ユナイテッドへ行ってから変わったのは、生粋のゴールゲッターへと生まれ変わった点だ。その変化に気がついたのは2年目だった。彼はもともと持っていたテクニックをさらに磨き、得点を決めたいと思うようになったからだ。その理由は、世界最高の選手になるためには得点を決めなければだめだと考えたからだ。ヘディングシュートもスポルティング時代にはあまり見せなかった。シュートに関しては彼は自宅で技術を磨いていたのかもしれない」

こんなエピソードも残されている。ファーガソン監督は２００４－05年シーズンに10点取れるかどうかロナウドと賭けをした。ところが、ロナウドは９点しか取れず負けてしまった。そこで次のシーズンは15点に設定して再び賭けた。だがその年もロナウドは12点で負ける。さらに、翌シーズンも同じ15点で賭け、ロナウドは23点決めて、やっと賭けに勝利したのだという。ファーガソン監督がこのようなことをしたのも、ロナウドの優れた得点能力を見抜いていたからだろう。

２００６－07年シーズン、マンチェスター・ユナイテッドはプレミアリーグ優勝を飾る。ロナウドにとって初めてのリーグ優勝だった。マンチェスター・ユナイテッドに加わり4年目のことである。デビューした年、プレミアリーグには29試合出場、そのうち先発は15試合、得点4で、順位は3位だった。その年はチャンピオンズリーグはベスト16だったが、5試合（先発3試合）出場している。さらに、ＦＡカップには5試合出場し2得点を決め、優勝している。２００４－05年シーズンはプレミアリーグに33試合出場、先発は25試合と増えた。しかも、チャンピオンズリーグでは、同じくベスト16だったが7試合に出場、そのうちの6試合が先発だった。3年目の２００５－06年シーズンもプレミアリーグ33試合出場、チャンピオンズリーグはすべて先発で6試合に出場している。2006－07年シーズンに飛躍的に得点数が増えたのも、出場分数が増えたことも一因だろう。この年にはプレミアリーグに34試合出場、そのうち先発は31試合。さらに、チャンピオンズリーグではベスト4まで達しているが、11試合に出場。そのすべてが先発だった。もはやマンチェスター・ユナイテッドにおいてしっかりとレギュラーポジションをとったことになる。

もう一つ、このシーズンにおいてロナウドにとって大きな出来事となったのは、2007年2月に行われたブラジルとの親善試合に、ポルトガル代表のキャプテンとして出場したことだ。

ポルトガル代表は伝統的にキャップ数（出場試合数）の多い選手がキャプテンを務めると決まっていた。スコラーリ監督が就任した当時に、代表のキャプテンを誰にするのですかと尋ねたことがあった。スコラーリは「ポルトガルにはそのような伝統があるから」とだけ答え、そのときは具体的にどうするか言わなかった。実際、ユーロ2004においてもスコラーリ監督はその伝統に従い、キャプテンにはフェルナンド・コウトを指名していた。その後、フィーゴが引き継いでいる。

もともとスコラーリは、ブラジル代表監督時代からキャプテンというものに対して、独自の考えをもっていた。2002年ワールドカップでは強いキャプテンシーを持ち、グレミオ時代から最も信頼していたエメルソンをキャプテンにしていたが、直前にケガで外れると5人をキャプテンに任命している。ライバル意識を持った者を任命することでバランスをとろうとしたのだ。なかにはあまりキャプテンシーがあるような選手とは思えないリバウドも含まれていた。スコラーリはあえて責任感を持たせるために選んだのだというが、ロナウドの場合も同じだった。

ロナウドをブラジル戦でキャプテンに選んだことについて、スコラーリは次のように話している。

「彼がキャプテンを務めるのは早いと思うかもしれない。しかし、彼が責任感を持ってチームを引っ張って行く自覚をそろそろ持つべきだ。キャプテンマークはきっと彼をさらに成長させるだろう」

大きな飛躍の年

２００７－08年シーズンは、まさにロナウドにとって大きな飛躍の年となった。数々のタイトルを獲得した輝かしいシーズンとなった。マンチェスター・ユナイテッドはプレミアリーグ２連覇に加え、さらにチャンピオンズリーグ優勝という二冠を達成する。さらに、ロナウドはプレミアリーグで31得点、チャンピオンズリーグで８得点、いずれも得点王となっている。しかもプレミアリーグでの31得点で、ヨーロッパ得点王のタイトルであるゴールデンシュー賞も受賞している。

チャンピオンズリーグのなかでも象徴的であったのは、グループステージで古巣のスポルティングと対戦したことだった。２００７年９月19日、アルバラーデ・スタジアムでの試合で、ロナウドはブラウンのクロスへのダイビングヘッドでゴールを決めている。観客席に向かって両手を合わせて許しを請うポーズをした。

さらに、２００７年11月27日に行われたホームゲームではスポルティングに先制を許しながらも、ロナウドのアシストをテベスが決めて１対１。さらに、フリーキックからロナウドが決勝点を決めている。素晴らしいフリーキックだった。ペナルティエリアの10メートルほど後方から右足で蹴ったボールは大きくカーブを描き、ネット上方に突き刺さった。決めた瞬間、ロナウドは喜ばず、まるで弁解をするかのように両手を大きく広げた。それは自分を育ててくれたスポルティングにエクスキューズする姿勢にも見えた。チームメイトから祝福を受けながらも、なんとも複雑な表情を浮かべていたロナウドが印象的だった。試合後、テレビのインタビュアーがロナウドに尋ねた。

「リスボンのときのように謝らなかったのはなぜでしょうか？」

ロナウドは英語で答えている。

「スポルティングファンもこれが僕の仕事だと理解してくれるはずだ。でも、リスボンでのゲームは異なった。今でも応援してくれるし、僕も愛着があるからだ」

準決勝ではバルセロナと対戦した。バルサのホームで試合開始早々にペナルティキックを得るが、ロナウドはその決定的な得点機を外し0対0で引き分ける。しかし、マンチェスター・ユナイテッドはセカンドレグをホームで戦い、スコールズの1点を守り切り決勝へと駒を進めた。

そして、5月21日、モスクワのルジニキ・スタジアムで行われたチェルシーとの決勝戦。ピッチへ入場する際、ロナウドは、やはり興奮していたのか、やたらに唇をなめている。しかし、ピッチ中央に一列に整列すると観客席に目をやり、決勝戦の雰囲気を味わい感激しているような笑みを浮かべた。

世紀の一戦ともいえる重要な試合で、先制点を決めたのはロナウドだった。頭で決めた得点は実にこのシーズン42得点目だった。しかし、チェルシーもランパードが得点を決めて、結局同点で120分が過ぎ、PK戦となった。試合前から降っていた雨は一段と激しくなっていた。ロナウドは3番目だった。いつものように助走をいったん止めてから蹴ったが、チェフに防がれてしまう。ロナウドはその瞬間、両手で顔を覆った。チェルシーは5番目のジョン・テリーが決めれば、勝利だった。ところが軸足を滑らせたのか、ボールをポストに当ててしまう。その後、サドンデスとなり、チェルシー7番目のアネルカが外し、マンチェスター・ユナイテッドのチャンピオンズリーグ優勝が決まった。

マンチェスターの選手はみんなアネルカのPKを防いだファン・デル・サールのもとに駆け寄るが、一人ロナウドだけが、芝生にうつぶせになり号泣した。ロナウドはピッチ上でのインタビューで、「きっちりと決めたチームメイトを誇りに思う。僕が外してもあきらめなかった」と話した。さらに、ミックスゾーンで、「僕がPKを外したことで負けるところだった。得点を決めながらPKを外した僕にとって人生最悪の日になるところだった。でも、チームメイトが最後まで勝利を信じてくれててもうれしい。僕の人生にとって最良の日の一つだろう」と語っている。

ロナウドが試合後、ピッチ上で号泣したことで、4年前のユーロ決勝戦を思い出したファンも多かったはずだ。また、勝利まであと一歩に近づきながらボールをポストに当ててしまったジョン・テリーも大泣きしている。この二人の涙について、ポルトガルのサッカー史を元にポルトガル人の行動形態を研究する、社会学者ジョアン・ヌーノ・コエーリョは面白い分析を行っている。

「二人の涙には大きな違いがあった。テリーはクラブのために泣いた。なぜなら、彼が外さなければ勝利し、優勝できていたからだ。彼の涙はクラブへの愛情を示すものだが、ロナウドは彼自身のことで泣いた。4年前のユーロの決勝で見せた涙は代表が優勝を逃したことに流したもので、このときのテリーと似ている。しかし、このときの涙は明らかにミスした自分に対しての怒りで泣いていた」

ロナウドはレアル・マドリードへ移ると、やがて個人主義者だと非難されるようになる。マンチェスター・ユナイテッドにいた頃は、とくにそのような批判はされていなかった。ヌーノ・コエーリョはしかし、その性格こそ、また、ロナウドの長所ともいえるものであると指摘する。

「たしかに、自分自身のことしか考えていない、個人主義者だとネガティブな捉え方をされることもあるだろう。しかし、彼自身の強い闘争心の現れであり、それが彼を選手として成長させてきたことでもあるのだ。世界一のプレーヤーになりたい。個人タイトルにも固執しているだけに、その裏で彼はとても大きな努力をしているのだ」

成熟のユーロ2008

2008年6月7日、ユーロ・オーストリア・スイス大会が開幕した。ポルトガル大会から4年、マンチェスターで中心選手となったロナウドは、代表においてもワールドカップを経験し、重要性は大きく増していた。

7番をフィーゴから受け継ぎ、スコラーリ監督がキャプテンとして選んだ5人のうちの一人となっていた。キャプテンはヌーノ・ゴメス、クリスティアーノ・ロナウド、ペティ、リカルド・カルヴァーリョ、シモンであり、キャプテンマークをつけるのはヌーノ・ゴメスだったが、彼がピッチを去るときはロナウドがキャプテンマークを受け取った。

スコラーリ自身、ロナウドがサッカー選手として、また、一人の人間としても大きく成長してきたことをとても満足に感じていた。大会直前に出されたイギリスの雑誌「スポート」のインタビューのなかで、このように話している。

「クリスティアーノにとって今季はとても素晴らしいものだった。世界最高の選手であることをあらためて認めさせたのだ。彼がここまで傑出することができたのは、常にうまくなりたいという気持ちを持ち続けているからだろう。練習熱心であり、ときには、ケガを心配して、もうやめて欲しいと頼みたくなるが、それでも彼は練習をやめないのだ。しかも、人間としてもとても素晴らしいのだ」

ポルトガルは開幕戦でトルコと対戦した。これまでの2大会のような初戦での硬さは、まったく見られなかった。ポルトガルは本当に強かった。すでにフィーゴも代表を引退しており、黄金世代から完全に決別を果たしていた。２００４年ユーロのギリシャ戦、２００６年ワールドカップ、アンゴラ戦と比べて、まったくといっていいほど危うさを感じなかった。ほぼ90分間完璧なゲームをしたという印象を持った。メンタル面、身体面ともに充実しているようだ。ポルトガル国歌を歌う選手たち、スコラーリ監督とともに、みんなとてもいい表情をしていた。とくにキャプテンマークをつけていたヌーノ・ゴメスには今までにない精悍さがあり、キャプテンという責任を与えられたせいか、体中に気力をみなぎらせている様子がひしひしと伝わってきた。

激戦が続いたプレミアやリーガ・エスパニョーラを戦ってきたロナウドやシモンといった選手には疲れが心配されたが、それをあまり感じさせない、いい動きを見せていた。むしろ、シーズン中の好調さをそのまま維持しているようだった。なかでもレアル・マドリードでリーグ優勝を飾ったぺぺの活躍が光っていた。ディフェンダーでありながら、スルスルと前線にあがって、ヌーノ・ゴメスとワンツーを決めて貴重な決勝点を叩き出した。守備においても、スピードのあるニハトが突破しようとするのをうまく体を入れて対処するなど、しっかりと仕事をしていた。まだ、代表で数試合しか経験していないぺぺが初戦で活躍したことは、これからも日替わりでヒーローが誕生するのではないかという予感を抱かせた。ポルトガルの控え選手リストを見ても、誰が出てきても活躍をしてくれそうだ。それだけポルトガルは戦力が充実している。シーズン中はケガが多く、バルサで十分な活躍ができなかったデコも、完全とはいえないものの存在感を示し、チームに大きな安定感を与えていた。

もう一つ、今回のポルトガルに大きな変化を感じたのは、これまでのように、レフリーに対して両手を広げて抗議するようなシーンがまったく見られなかったことだ。後半、シモンがハンドをしたトルコの選手が一斉に手を挙げた場面があったが、かつてのポルトガルの選手たちを見るようだった。実際、ハンドをとられても不思議ではないような微妙なシーンだったが、ハンドはとられなかった。レフリーをも味方につけるような、横綱相撲といってもいい内容であり、今後の戦いにも大きな期待を抱かせてくれたのだ。


第2戦のチェコ戦もまったく危なげなく、素晴らしい勝利を収めた。しかし、その試合直後に大きな驚きが選手たちを襲った。スコラーリ監督が来シーズンからチェルシーの監督を務めるというのだ。チェコ戦が終了した段階で、チェルシーの公式サイトにはすでに発表されていたというが、スコラーリ監督自ら、夕食の席で、選手たちに直接伝えたのだという。

なぜ、スコラーリ監督はこのタイミングで選手たちに伝えたのだろうか？　いくらグループリーグ1位勝ち抜けが決定したからといって、なにもこの段階で発表することはなかったのではないか。

スコラーリ監督のマネージャーの説明が新聞に掲載されていた。

「すでにポルトガルサッカー連盟のマダイル会長には伝えてあった。そして、フェリポン（スコラーリ監督の愛称）はこの時期こそが、明らかにするのにふさわしいと考えたのだ」

スコラーリ監督のチェルシー行きはこれまでにも話題にされていた。したがって、このような噂でチームが影響されるよりも、先に発表してしまったほうがよい。ポルトガルが準々決勝を戦うまで日にちがあるから、それまでには騒ぎは落ち着くと考えたのだ。翌日、練習はキャンセルされ、選手たちには休みが与えられた。誰もこの問題については質問されても口を開こうとしなかった。

ポルトガルの新聞には唯一、ウーゴ・アルメイダのコメントが紹介されていた。

「僕ら選手はこのことで動揺はしていない。とにかく僕らは勝ち続けていこうという気持ちでいっぱいなんだ」

多くの選手はジュネーブで買い物を楽しんだ。クリスティアーノ・ロナウドの動向については、レアル・マドリード移籍の噂があるため、スペインのメディアがかなりしつこく追いまわしている。スペインの新聞「アス」がその日の行動をくわしく伝えていた。

「ロナウドはマネージャーに車で迎えにきてもらい、ペティ、ジョルジュ・リベイロをともないヌーシャテル湖でクルーズや食事を楽しんだ。門限は9時だったが、ホテルに7時に戻ってきた」

グループリーグにおいて華々しい勝利を飾ったポルトガルへの評価はうなぎのぼりだった。しかし、スコラーリ監督のチェルシー行きが、はたして今後のポルトガルの戦いぶりにどのような影響を与えるのか、少し気がかりだった。


準々決勝の対戦相手はドイツに決まった。グループリーグでドイツがクロアチアに負けて2位抜けしたため、A組1位のポルトガルと対戦することになった。ドイツは初戦のポーランド戦には危なげなく勝ったものの、第2戦、第3戦ととくに見るところもなく、決していいサッカーをしていない。それでもやはりドイツはドイツ。２００６年ワールドカップでは、ポルトガルはドイツと3位決定戦で対戦し敗れている。ドイツはこれから調子を上げていくことも十分考えられるし、何といっても伝統的にゲルマン魂からくる勝負強さをもっているだけに、ポルトガルにとってはいやな相手だった。

だが、ポルトガルの選手は強気だった。ペティは次のようにコメントしている。

「ミスをしたらやられるだろうし、大変な試合になることはわかっている。でも、僕らは決勝進出を目指している。それを達成するためには強豪国は避けて通れないんだ」

結局、2対3でポルトガルはドイツに敗れた。あとになって思えば、20分、ボシングワのクロスをデコが決めていれば、試合の流れは変わっていたかもしれなかった。それにしても見事だったのは、その直後にドイツのシュヴァインシュタイガーが決めたゴールだった。試合開始からその失点まで、ポルトガルが優勢にボールを支配していただけに、カウンターによるこの失点はポルトガルの選手に大きな衝撃を与えた。しかも、立て続けにセットプレーから失点。前半のうちにポルトガルはなんとか1点を返して、希望をつないだが、後半、3失点目を許してしまい万事休すとなった。

それでもポルトガルのサッカーは美しかった。攻撃へのビルドアップ、一連の流れるようなプレーはとても魅力的だったし、内容では間違いなくポルトガルのほうが優っていた。

前半1点を決めたヌーノ・ゴメスは試合後、次のようなコメントを残した。

「ドイツがセットプレーに強いことはわかっていた。問題は、あまりに早い時間帯に得点を許してしまい、相手に大きな自信を与えたことだった。前半1点差に追いつき、ハーフタイムで僕らはまだやれると話していたんだ。勝利を信じて後半のピッチに立った。しかし、運も僕らに味方しなかった。ドイツのような相手を負かすにはアグレッシブに戦わなければいけないことは戦前からわかっていた。しかし、僕ら以上にドイツはアグレッシブだったんだ」

たしかに、ドイツはグループリーグのときとは見違えるようにスピードがあったし、アグレッシブだった。やはり、これが伝統国の強さなのだろう。少ないチャンスを活かして勝利した。

ポルトガルが消えてしまったことはとても残念だった。クリスティアーノ・ロナウドは間違いなく、この大会で最も輝いていた選手の一人だった。彼がボールを持つだけで、いつもわくわくさせられた。世界中のサッカーファンが、彼のプレーをもっと見たいと思ったはずだった。

ロナウドが出場したユーロ2大会とワールドカップでは、いずれもよい成績を残した。ポルトガルはサッカー強国としての存在を強くアピールしたのだった。

ファーガソンとの紳士協定

ロナウドがレアル・マドリード行きを考えるようになったのは、いったいいつ頃からなのだろうか。

ロナウドにとってマンチェスター・ユナイテッドにいた6年間のなかでも、最高のシーズンであった２００７－08年シーズン。このシーズンにはプレミアリーグ優勝に加え、チャンピオンズリーグで優勝を果たしている。個人的にもプレミアリーグＭＶＰ、バロンドール、ＦＩＦＡ最優秀選手賞を受賞している。まだ、バロンドールやＦＩＦＡ最優秀選手賞が発表される前の夏の時点で、レアル・マドリードのラモン・カルデロン会長が「いずれクリスティアーノ・ロナウドはレアル・マドリードに来ることになる」と発表し、マンチェスター・ユナイテッドの反発を招くことになる。マンチェスター・ユナイテッドがどのように対応し、そして、ロナウドが最終的にさらに1年間、マンチェスター・ユナイテッドに残ることになった経緯が、ファーガソンの自伝にくわしく記されている。

ファーガソン監督自体、８０００万ポンドのお金が動けば、ロナウドの流失は避けられないと考えていた。すでにスーパースターとなったロナウドを、いったいいつまで引きとめておけるかということに対して、アシスタントコーチのケイロスのコメントが、ファーガソンの自伝に紹介されている。〈「5年引き留められたらいいほうですよ。17歳で国外に渡ったポルトガル人の選手が、5年も同じチームでプレーするなんて聞いたことがない」〉

そのときがちょうど5年目にあたっていたのだ。そして、どのようにロナウドを説得したのか、同書には次のように書かれている。

〈噂《うわさ》程度だった移籍が現実味を帯びてくると、私はクリスティアーノ・ロナウドと紳士協定を結んだ。ポルトガルのケイロスの自宅を訪ねたとき、レアル・マドリードに行きたいと懇願するロナウドと鉢合わせしたのだ。私は言った。「今シーズンの移籍は認めない。カルデロンがあんなことを言ったあとだからな。移籍したい気持ちはよくわかるが、今あの男に売るくらいならおまえを撃ち殺してやる。試合で手を抜こうなんて考えるな。世界最高の移籍金が提示されたら行かせてやろう」。代理人のホルヘ・メンデス（ジュルジュ・メンデス）にも同じことを伝えてあった。

するとロナウドは冷静になった。今すぐの移籍を許さないのはカルデロンのせいだ、と私は言った。「ヤツの思い通りにさせたら私の面子《メンツ》は丸つぶれだし、積み上げてきたすべてものを失う。ユナイテッドの試合に出たくないからスタンドに座っている、というのなら勝手にしろ。おまえはそんな人間ではないと思うが、とにかく、今シーズン移籍するのはダメだ」〉

クリスティアーノ・ロナウドは2008年8月6日、ポルトガルの新聞「プブリコ」を通じて、マンチェスター・ユナイテッド残留を発表している。

「来シーズン、僕はマンチェスター・ユナイテッドでプレーします。もし誰かがそれとは反対のことを言うのなら、それはウソをついていることです。僕は心身ともにこのクラブに捧げます。そして、このユニフォームのためにこれまでと同様に身を捧げて戦います」

また、レアル・マドリードとマンチェスター・ユナイテッドがロナウドの移籍をもとにもめたことに対する責任は自分にあるとロナウドは話した。ロナウドがファーガソン監督の説得に応じて、残留を決めたわけだが、ファーガソン監督が「紳士協定を結んだ」と言っているのは、1年先の移籍に関しては認めていることを暗示している。契約は2012年まで残っていたが、ファーガソン監督自身も、いつまでもロナウドを引きとめておくのは不可能であると感じていたのだろう。

マンチェスター・ユナイテッドでの2008-09年シーズン、ロナウドは彼の言葉どおり、これまでと変わらない、チームへの貢献を続けていく。プレミアリーグ第13節、ストーク戦では通算100ゴール目、さらに101点目を記録する。さらに、2009年4月15日に行われたチャンピオンズリーグ準々決勝の対ポルト戦セカンドレグ、6分、アンデルソンから受け取ったパスを、40メートルほど離れたところからロングシュートし、スーパーゴールを決めた。それが決勝点となり準決勝進出を決めている。しかも、このゴールは2009年から始められた、最も美しいゴールに対して与えられる、第1回プスカシュ賞を受賞している。また、プレミアリーグ優勝、3連覇に貢献もしている。

私が2009年3月にマデイラ島を訪れ、マリア・ドローレスに話を聞いたとき、「息子はマドリードに行きたがっている」と話しているが、それはロナウドの気持ちだけでなく、彼女自身もマドリード行きを望んでいたようだった。

マデイラ島からの帰路、私はマンチェスターを訪れた。かつて、産業革命の中心的な役割を果たし、急成長したといわれる街は、中心を運河が流れ、古いレンガ造りの建物も残り、その当時の面影をとどめている。ロンドンよりはこぢんまりしており、リスボンでの生活に慣れた者であれば、それほど抵抗は感じないはずだ。しかし、マリア・ドローレスは数カ月間生活しただけで、マデイラ島に戻ってきている。やはり、マデイラ島の太陽を知っている者にとっては、重く覆われた灰色の空はどうしても受け入れがたいものがあるようだ。

ちょうどチャンピオンズリーグのインテル戦が行われる前日に、私はマンチェスターに着いた。チケットはすでに完売であることは知っていたので、私は市内のパブで試合を見た。しかし、そのパブも試合開始前に満員となり、入場を断るありさまだ。店の外からガラス越しに試合を見ている人もたくさんいた。翌日、オールド・トラッフォードに行き、「スタジアムツアー」に参加しようとすると、長い列が作られ、実に3時間待ちであった。

ロナウドが口癖のように「スタジアムの雰囲気は最高だ」と言うように、マンチェスターにはサッカーを愛する人々がたくさんいる。気候はよくないとはいえ、サッカーをする環境としては最高であり、マンチェスター・ユナイテッドのように世界中にファンを持つ名門クラブでプレーすることに大きな喜びを感じているはずだった。

しかし、ロナウドにはさらにワンステップ階段を上がりたいという欲求が芽生えてきた。ロナウドにとっては気候の善し悪しは関係ないことだ。モチベーションを持ち続け、最高のステージでサッカーをプレーすることが第一であっただろう。そんな彼の目の前に現れたのがライバルの存在だった。

初のバロンドール受賞

２００８年12月7日、ロナウドは初めてバロンドールを受賞している。２００７－08年シーズンの、まさに〝ロナウドの年〟と言われた大活躍が認められたからだ。

バロンドールは、フランスのサッカー誌「フランス・フットボール」が創設したヨーロッパ国籍の選手に送られる年間最優秀選手賞として始まったが、１９９５年からはＵＥＦＡに加盟するクラブチームの選手であれば国籍は問われなくなり、２００７年からは全世界の選手が対象となった。このバロンドールとは別にＦＩＦＡが選出する最優秀選手賞があるが、10年から16年までは統合され、ＦＩＦＡバロンドールとされた。しかし、17年からはまた、別々の賞となった。

ロナウドのバロンドール受賞は、ポルトガル人としては１９６５年のエウゼビオ、２０００年のフィーゴに続いて３人目だった。

スペインの新聞「エル・パイス」によると、この年の選考は大きく意見が分かれたという。ユーロ優勝がスペインであったため、スペイン代表のなかから選ばれるべきだという意見もあった。実際、選考対象の30人のなかにはスペイン代表の選手7人が含まれている。しかし、最終的にはロナウドが1位、メッシが2位、ユーロ決勝戦で決勝点を決めたフェルナンド・トーレスが3位、スペイン代表のゴールキーパー、イケル・カシージャスが4位となった。

ロナウドは「フランス・フットボール」のインタビューにおいて、次のように話している。

「僕はまだ23歳だし、とても信じられないような気持ちだ。だって僕がプロとしてのキャリアをスタートさせたのはほんの数年前のことだ。でも、今年はたくさんの偉大な選手の名前が競合していただけに、そのなかから選ばれたのはとてもファンタスティックだ。リオネル・メッシが次点で、フェルナンド・トーレスが3位、そして、シャビも……誰が獲ってもおかしくない優れた選手ばかりだ。でも、そのなかで僕が獲ることができたんだ」

ロナウドは446ポイント、メッシが281、フェルナンド・トーレスが179だった。さらにロナウドは強気のコメントも残している。

「賞が獲れるかどうか、僕はべつに恐れてなんかいなかった。なぜなら、僕が今季やったことに対して自信があったからだ」

先のバロンドール授賞式にはファーガソン監督も壇上に立ち、スピーチをしている

「クリスティアーノの受賞はふさわしいものだ。この新たな成功をクラブもとても喜んでいる。マンチェスター・ユナイテッドはこの瞬間を40年前から待ち望んでいた。ロナルドはとても優れた選手だ。あっという間に成熟したことは、5年前に我々のチームにやってきたときには、私自身も想像できないことだった。私が彼の最も気にいっている点は勇猛さと勇気だ。彼はフットボールにおいて勇気があるだけでなく、彼の人生においても勇敢である。それは彼の振る舞いが示している。相手がボールを奪いに来てもボールを奪われないようにする。そのことは彼の生まれつきの性格でもあるのだ。彼は恐れない。これほど勇敢な選手はほとんど存在しないだろう。相手からボールを奪うことが、フットボールにおいては勇敢なことだと信じる者がいるが、それは誤りである。勇気があるのは、ボールを持ち続けることだ。ボールを持ち、プレーし続けることなのだ。こういった勇敢さは偉大な選手の

みがもつものである。クリスティアーノ・ロナウドはその一人である。まだ、彼は23歳だが、キャリアにおいて最高のものにすでに到達しているのだ」

クリスティアーノ・ロナウドはさらにこのように発言した。

「僕は野心家だ。強い気持ちを持っている。それはこれからも続けていきたい。これまでの最高の選手たちのようにチームにおいても、個人としても、たくさんのトロフィーを獲得していきたい」

12月10日にはオールド・トラッフォードで、バロンドールのお披露目も行われた。日本で行われるFIFAクラブワールドカップへ旅立つ直前だ。マンチェスター・ユナイテッドのこれまでの受賞者であるデニス・ロー（1964年）、ボビー・チャールトン（66年）とともにピッチに立ち、ファンの祝福を受けている。マンチェスター・ユナイテッドの選手が受賞するのは、ファーガソン監督が授賞式のスピーチでも話したように40年前、68年のジョージ・ベスト以来のことだった。その後、ロナウドは2008年度FIFA最優秀選手賞も受賞。まさに、彼は世界の頂点に立ったのだった。

2007年のバロンドールはブラジル人のカカーが受賞しているが、2位がロナウド、3位がメッシだった。08年にロナウドが受賞したとき、次点はメッシだった。メッシはロナウドより2つ年下であり、13歳のときからバルセロナの下部組織で育ち、17歳でトップチームデビューを果たして以来、バルセロナの中心選手として、ロナウドとともに世界のサッカーシーンで頭角をめきめきと現してきていた。2008年もメッシが2位で終わったのは、バルセロナが無冠に終わったからだ。

ロナウドとメッシはこの年からバロンドールを競うようになる。バロンドールは彼ら二人に独占されていくが、世界最高の選手を争うことで、二人のライバル関係はさらに激しいものとなっていく。

はたしてロナウドは、いつからメッシに対してライバル意識を感じたのだろうか。ロナウドが初めて悔しい思いをさせられたのは、おそらく2009年5月27日、ローマのスタディオ・オリンピコで行われた2008-09年シーズンのチャンピオンズリーグ決勝戦ではなかっただろうか。

決勝戦を前にメディアは「ロナウド対メッシ」と煽り立てた。この試合でチャンピオンとなったほうが、2009年度のバロンドールも獲得することになるだろうとも書いた。決勝戦前日の記者会見では、ファーガソン監督に対して、「メッシとロナウドのどちらが優れているか」と質問した。ファーガソン監督は次のように答えている。

「メッシは偉大な選手であり、ファンタスティックだ。我々は彼らと二度戦っている。我々は十分に彼らの強さをわかっているのだ。二人ともディフェンダーを恐れずに攻撃する勇気をもっている。ディフェンダーがボールを奪おうとしてファウルを仕掛けてきても、二人とも問題にしない。私がサッカー選手に求めている勇気を彼らはともにもっている。だが資質の点において異なっている。フィジカル的にも異なっている。いずれにせよ、彼らを比較することはできないだろう」

ロナウドも記者会見に同席していたが、平然とした表情で終始話した。ロナウド自身もマスコミが書いたように、この戦いがバロンドールに大きく影響することを理解していた。

「この試合で勝ったほうがバロンドールを獲るうえで優勢となるだろう。でも、僕が唯一願っているのは、明日の試合でチャンピオンズリーグに優勝することだ」

また、バルセロナの選手のなかで最も警戒する選手は誰かと尋ねられると、「疑いもなくそれはメッシだ。アンリやエトーといったたくさんの優れた選手が揃っている。しかし、最も警戒しなければいけないのはメッシだろう」と答えた。

翌日、バルセロナはマンチェスター・ユナイテッドを2対0で破っている。1点目がサミュエル・エトーであり、2点目がメッシによるものだった。

その前年にも両チームは準決勝で対戦している。そのときはバルセロナのホームスタジアムであるカンプノウで引き分け、オールド・トラッフォードでマンチェスター・ユナイテッドが勝利し、決勝に進み、マンチェスター・ユナイテッドが優勝している。ロナウドはチャンピオンズリーグで得点王を獲り、その年のバロンドールを受賞するなど、最高の年となっただけに、この敗戦はロナウドにとってどんなに悔しいものであったか想像できる。しかも、このシーズン、メッシはチャンピオンズリーグにおいて9得点をマークし得点王ともなっている。さらに、リーガ・エスパニョーラにおけるバルセロナの優勝にも貢献していただけに、このチャンピオンズリーグ優勝はメッシのバロンドール獲得に向けて決定的なものとなったのだ。

２００９年6月11日、レアル・マドリードはロナウドのマンチェスター・ユナイテッドからの移籍を発表する。移籍金はなんと９４００万ユーロ（約１３０億円）。これまでの最高額が、01年にジダンに支払われた７５００万ユーロ（約80億円）であり、史上最高の移籍金を前に、ファーガソン監督としても引きとめることは不可能だった。

1年前からロナウド自身はレアル・マドリード行きを希望していたが、チャンピオンズリーグ決勝でメッシと対戦し敗れたことも、ロナウドのライバル心に火をつけたのは間違いないことだった。

舞台はリーガ・エスパニョーラに移り、永遠のライバルチーム同士であるレアル・マドリードとバルセロナに分かれて、メッシとの世界最高の選手をかけた争いがいよいよ始まることになる。

第5章　約束の地マドリード

Mutsu Kawamori

アラ・マドリード

イベリア半島のへそに位置するスペインの首都マドリード。この地に飛行機で降り立つと、まるで月のクレーターへ舞い降りたような錯覚に陥る。飛行機が高度を下げるにしたがって砂漠のような白い大地（メセタ）が目の前に広がってくる。

しかし、空港から市内へ入ると景色は一気に現実味を帯びてくる。古い歴史を感じさせる重厚な建物は、この首都が築かれてわずか450年あまりとはとても思えない。明るい雰囲気のバルセロナとは違い、スペインの政治経済の中心的役割を担ってきた責任の重さを街全体で表しているかのようだ。

2009年7月6日月曜日12時50分、クリスティアーノ・ロナウドは、マドリードのトレホン・デ・アルドス空軍基地に降り立った。3週間ほど家族とともにロサンゼルスでバカンスを過ごしたあと、リスボンからチャーター機でマドリードへやってきた。ジーンズに白いTシャツ姿で、赤いレザージャケットは暑さのために脱いで手に持っている。

最初にメディカルチェックを受けるために向かったのが、市の中心にあるカステジャーナ大通りに面したクアトロ・トーレス・ビジネス・エリアだった。ここはかつてレアル・マドリードの練習場があったところだが、市に売却され、敷地には4つの高層ビルが建っている。正式なメディカルチェックはすでにリスボンにおいてされていたので、ここでは2つの検査のみ行った。その後、カステジャーナ大通りをさらに市の中心に向かい、レアル・マドリードのホームスタジアムであるエスタディオ・サンティアゴ・ベルナベウに向かった。

映画「ロナウド」では、スタジアム周辺にたくさんの人が集まっているのを見たロナウドが「まるでこれから試合があるみたいだ」と言って驚くシーンがある。ロナウド自身も、これから始まる入団発表にこれほど多くの人が集まるとは思っていなかったのだろう。

ロナウドのその日のスケジュールはめまぐるしかった。スタジアム内のＶＩＰラウンジで昼食会、そして、入団の署名が行われた時刻は20時とはいえ、マドリードの夏は日が長い。ちょうど夕暮れが迫る頃だった。８万人あまりを収容するエスタディオ・サンティアゴ・ベルナベウのスタンドはほぼ満員だった。それにしても、一人の選手の入団会見にこれだけの人が集まったことは、かつてあっただろうか？　しかもシーズンオフであり、ロナウドが言ったように試合が行われるわけでもない。ロナウドのレアル・マドリード入団を待ち焦がれていたファンがいかに多かったかを物語っていた。

ロナウドが９番のユニフォームでピッチに現れると、スタンドからは大きな歓声が起こった。「そうだ、ついに、ロナウドはここにやってきたんだ」と合唱が起きる。ロナウドは観客に向かって両手を高く挙げて拍手で答えた。黄緑色のカーペットが敷かれた上を歩き、グラウンド中央に設置されたステージに向かった。そこにはフロレンティーノ・ペレス会長、ディ・ステファノ名誉会長、そして、ポルトガルサッカー界最高のレジェンドであるエウゼビオの姿があった。壇上でロナウドは一人ひとりと握手し、抱擁した。

フロレンティーノ・ペレス会長のスピーチが始まる。ロナウドはエウゼビオの横に立って聞いていたが、スピーチの合間にエウゼビオと何か言葉を交わし、笑っている。そして、スピーチが長く続くのを我慢できなくなったのか、ファンは「クリスティアーノ、クリスティアーノ」と連呼しだした。

ペレス会長はスピーチを止めて、ロナウドを呼び寄せ、観客の声援に応えるよう促した。ロナウドは観客席に向かい両手を挙げて拍手をした。いずれにしても、ペレス会長がスピーチを長く続けるのはもはや無理だった。

「クリスティアーノ・ロナウド、ようこそレアル・マドリードへ」

と言ってロナウドを紹介し、ロナウドに主役の座を譲った。ロナウドは前に進み、マイクを軽く叩いて、音を確かめた。しかし、感極まったのか、なかなか声をだせない。もっとも、大歓声が続くなか、あわてて話し出してもしようがなかっただろう。ロナウドの大物ぶりがこの間の取り方にも現れているようだった。十分すぎる間をとると、にこりと笑い、そして、マイクに顔を近づけた。

「ブエナス・ノーチェス」

ロナウドの第一声だけでまた、大歓声となった。

「ここに来られて本当に幸せです」

ロナウドは少しあらたまった口調で話した。観客席のなかにはポルトガルの国旗も見えた。

「子供のときからの夢が実現しました。マドリードでプレーしたいという夢でした」

ロナウドはまた、少し間をあけた。

「こんなにスタジアムが一杯になるなんて、思ってもいなかった。とても感動させられたよ。どうもありがとう。そして、僕から、みんなにお願いしたいことがある。3つ数えるから、そうしたらみんなで一緒に〝アラ・マドリード〟と叫んで欲しいんだ。じゃあ、行くよ。ウノ、ドス、トレース、アラ・マドリード！」

その瞬間、ロナウドは両手を大きく広げている。観客席からは大きな歓声と拍手が続くと、ロナウドは両手を高く上げて拍手で応えた。この模様はポルトガルにもライブで伝えられた。ポルトガルのテレビ局であるＲＴＰやＣＩＣ、ＳｐｏｒｔＴＶなど、すべてがこの模様を流したのだった。

ポルトガルの「レコルド」の記者やポルトガル代表のプレスオフィサーを務めたことのある、ジョゼ・カルロス・フレイタスにロナウド入団会見を見てどう感じたかと尋ねると、次のように答えた。

「あれほどたくさんの人がスタジアムにいるのが、まずとても大きな驚きだった。ポルトガルにとって、まさに偉大な一日だった」

また、エウゼビオが招かれたことに対しては、次ぎのように説明した。

「エウゼビオは現役時代、ベンフィカの選手としてチャンピオンズカップ決勝戦でレアル・マドリードと対戦した。エウゼビオはどうしてもディ・ステファノのユニフォームが欲しかったから、試合が終了すると互いに交換した。すると、すぐにたくさんの観客がピッチ上になだれこんできた。上半身裸のエウゼビオは、ディ・ステファノからもらったユニフォームをパンツの中に入れて隠したんだ。それ以来、二人はとても親しい。あのときに招かれたのも、そのような経緯があったからだろう」

ディ・ステファノもエウゼビオも、ともに２０１４年に亡くなっているが、レジェンドである二人が出席したことが、ロナウドの入団発表に花を添えたのは間違いないことだった。

入団発表後、記者会見が行われた。史上最高（当時）の移籍金１３０億円が支払われたことを、どう感じているかという質問がされた。少し挑発的な質問だが、ロナウドは落ち着いて答えている。

「クラブがいい選手を欲しいのなら、それに見合うだけの金額を払わなければダメだ。だから、マドリードは正しい判断をしたということだ」

レアルとバルサ

ジョゼ・カルロス・フレイタスに、一般的にポルトガル人にとって人気のあるのはレアル・マドリードかバルセロナかと尋ねたことがある。

「やはり、レアル・マドリードだろう。その伝統によるものも大きいし、また、ベンフィカと対戦したことで人々の記憶に強く残っているからだ。レアル・マドリードはチャンピオンズカップを1955年から5連覇していたが、1960-61年シーズンは、ベンフィカとバルセロナの間で決勝が行われ、ベンフィカが優勝している。その翌年、1961-62年シーズンの決勝戦はベンフィカとレアル・マドリードの対戦だった。エウゼビオがユニフォームを交換した試合だ。そして、ベンフィカが優勝した。バルサを破り優勝したことより、かつて5連覇したレアル・マドリードを破って優勝したことのほうが、インパクトも強かった。1961年当時のバルセロナの選手は誰がいたのか、ラディスラオ・クバラといった優れた選手がいたのだが、ポルトガルのほとんどの人が答えられないだろう。しかし、レアル・マドリードの、その決勝戦に出た選手の名前は全員言えるはずだ」

その日に行われた記者会見のなかで、ある記者が「子供のときからレアル・マドリードを選んでいたのはなぜでしょうか？　バルセロナでもよかったはずです」と尋ねた。

ロナウドは少しため息をもらしたあと、こう答えた。

「マドリードは特別なクラブなんだ。バルセロナも優れたクラブだけど、少なくとも僕にとってはマドリードのほうが特別なクラブなんだ。僕は夢を失わないでやってきた。ほかのものを真似ることなく、学び続けてきた。ずっと強い気持ちを持って夢を追いかけてきたといえるだろう」

フィル・ボール著の『バルサとレアル――スペイン・サッカー物語』（近藤隆文訳、日本放送出版協会）は、スペインサッカーを〝モルボ〟というキーワードで読み解こうとした面白い作品だ。モルボとは2チーム間の長年の戦いの歴史から生まれた〝わだかまり〟といったもので、もう少し強い意味にすると〝恨み〟ということになるだろうか。試合のなかで、たとえば、あるフォワードが本来ならシミュレーションをとられてもおかしくないような大げさな倒れ方をしてPKをとった場合、翌年にはその大げさな倒れ方をしたフォワードに対して猛烈なブーイングがされるといったものだ。

同書のなかにはバルセロナとレアル・マドリード間のモルボについて、こう記されている。

〈両チームの間にはモルボがはびこっていて、この現象を悪魔払いするには相当にタフな司祭を雇わなくてはならない。だが、モルボは退治される可能性もつねに想定している。部外者がショックを受けるほどの激しい敵意が両者の間にあるだけではない。対戦するたびに、そこには新たな成分がもたらされるのだ。これがモルボの真髄である。（中略）

スペインという国には執念深いところがある。作家のジャン・モリスが言ったようにみずから傷を追う術に余念がない国で、「同胞に対して残酷な行為をはたらく」ことが少なくない。内戦で戦った者も被害を受けた者も、フランコ政権をとことん憎んだ市民も愛した市民も依然として共存しているのだから、激辛スープのレシピは用意されたも同然だ。バルセロナとマドリードのあいだには、カタルーニャ側が頑なになるまえから犬と猫のような対立がたえず存在しており、それがモルボの根拠になっている。しかも、スペイン人は炎を煽りたてるのがすこぶるうまい〉

さらに、同書のなかでも語られているが、近年最大のモルボとなったのは、フィーゴのバルセロナからレアル・マドリードへの禁断の移籍により発生したモルボだろう。

２０００年7月24日、フィーゴは当時最高額の移籍金、１０２億７０００万ペセタ（約６１００万ユーロ）でバルセロナからレアル・マドリードへ移籍した。バルセロナファンはこの移籍を〝フィーゴの裏切り行為〟として絶対に許さなかった。フィーゴはバルセロナにおいてクライファート、リヴァウドとともに攻撃の要となり、１９９７－98年、１９９８－99年シーズンとリーガ２連覇に貢献。バルセロナのキャプテンとして愛されていただけに、フィーゴに対して大きな憎しみ〝モルボ〟が生まれたのだった。

移籍後最初のクラシコ（レアル・マドリードとバルセロナの対戦）が10月21日にバルセロナの本拠地であるカンプノウで行われたが、フィーゴに対するバルセロナファンは敵意丸出しだった。スタンドには〝フィーゴ、ペセテロ（金の亡者）〟という文字が５０００ペセタ札の拡大コピーの上に書かれた垂れ幕が掲げられ、フィーゴがボールを持つたびに、大きなブーイングが起こった。また、フィーゴがコーナーキックを蹴ろうとすると、なんと豚の頭までが放り込まれた。おそらくこれほどモルボが発揮された試合はなかっただろう。


レアル・マドリードとバルセロナのクラブのあり方が大きく分かれるのは、フランコ独裁政権の時代だ。スペインは１９３６年に勃発したスペイン内戦を経てフランコ独裁政権が誕生し、それはフランコが亡くなる75年まで続くことになる。

その間、レアル・マドリードは中央政府が支持する首都のクラブとなる一方、バルセロナは中央政府に反目するカタルーニャ州のクラブとして生きることになる。フランコはカタルーニャ語の使用を禁止したり文化面でも制限を与えたりした。そして今日に至るまで、クラブが政治色をもち続けたため、バルセロナは〝クラブ以上のクラブ（存在）〟と呼ばれることとなったのだ。さらに、同書ではこのような記述がされている。

〈両クラブ間の反目はスポーツの点からいって興味深いだけでなく、この国の社会学と政治学にまで深く迷い込む含みがある。１９０５年以降の両クラブの対立と争いは、20世紀のスペイン史を正確に映し出していると言っても過言ではない〉

マドリードという都市についての記述も、同書は見事に言い当てている。

〈マドリードはブルジョワで華やか、初めて訪れた者にはけっこう息苦しいたぐいの街だ。空港のラウンジから見えるのは不毛な褐色の岩肌と陰気な丘陵地帯。周囲の田園は荒涼とし、マドリードに向かう車中のあなたを興味もなさそうに見送るだろう。それは日よけの下で涼む人々や、黒ずんだ堂々たる建物の下を足早に歩く市民のとげとげしさを暗示するかのようだ。ここは部外者を歓迎してくれる街ではない。タクシーの運転手は無愛想で、ウェイターは有能なもののよそよそしく、店は自意識過剰なほど流行に敏感だ〉

一方、バルセロナについては次のような記述がある。

〈１９９２年のオリンピック以降、バルセロナの街は貪欲な１９９０年代の象徴、ファッション、独創性、明るい労働観で賑わう都になったようだ。あふれんばかりの自信とうぬぼれに満ちた都市と地域。ヨーロッパの若者たちが大挙して押し寄せる様子は、かつて時代の思潮を求めてパリに集まった人々を思わせる。ダリ、ガウディ、ミロ……みんなカタルーニャ人だった。ピカソはマラガの出身だが、ここでは誰もがバルセロナの出身だと考えている。イタリア生まれのクリストファー・コロンブスまで同郷だと主張する始末だ〉

私が初めてバルセロナを訪れたのは1980年代初めで、冬に訪れたこともあり、印象は暗い街だというものだった。地中海に面しているので明るい街を想像していたのだ。しかし、それがオリンピックを迎えて街は一新する。開放的でコスモポリタン、近代的な明るい街に生まれ変わった。

思えばサッカーもそうだ。先にポルトガルのジョゼ・カルロス・フレイタス記者のレアル・マドリードとバルセロナというチームについての印象を書いたが、バルサが大きく変わったのは、やはり1980年代終盤にヨハン・クライフが監督として就任してからだろう。たしかにそれ以前にも、マラドーナがプレーしたり、注目されたりしたことはあった。しかし、バルセロナが世界的な人気チームになったのは、いわゆる〝ドリームチーム〟以降であったのだ。92年にチャンピオンズカップに優勝し、バルセロナオリンピックのサッカーでスペインが優勝したこともあった。FCバルセロナが世界的なクラブへと大きく変わっていったのだ。

世界で最も愛され、憎まれる男

ロナウドがレアル・マドリードに入団した年に、マンチェスター・ユナイテッドともめたラモン・カルデロン会長に代わり、かつてベッカムやジダン、フィーゴといったスター選手を高額で集め、〝ガラクティコ（銀河系軍団）〟と呼ばれるチームを創り上げたフロレンティーノ・ペレス会長が復帰している。監督はマヌエル・ペジェグリーニで、ロナウドのほかにカカー、ベンゼマ、シャビ・アロンソなどが加わった年だ。

ロナウドのレアル・マドリード1年目に、前述のとおりWOWOWでドキュメンタリーを制作することになり、私はそのスタッフの一人として再び、マデイラ島やリスボンを訪れた。そのときのテーマが〝世界で最も愛され、最も憎まれるサッカー選手〟というものだった。130億円という史上最高の移籍金でレアル・マドリードに来たこと。また、ロナウドの言動もうぬぼれだと取られたり、反則をした選手に対する報復行為など、マンチェスター・ユナイテッドのファーガソン監督の下では起こらなかったようなダーティな部分が現れたりしてきたこともあった。スペインという国が、すでにモルボについて話したように、そういったものを煽り立てることがとてもうまいという背景もあった。

ロナウドが、世界一のプレーヤーになるという野望を持っていると口癖のように話したり、強気のコメントが多かったために、傲慢だとか生意気であるとか、なかには人間としても性格的にだめだとか、エゴイストだとか、イングランドではあまりされなかったような批判もされるようになった。

ロナウド本人は、史上最高額で移籍した重圧を、ものともしないコメントを開幕前に残している。

「間違いなく僕はここで成功するだろうし、レアル・マドリードに対してたくさんのタイトルをもたらすことになるだろう。僕を知らない人たちは、『トント（愚か者）』とか言うけれど、僕はそのようなことに慣れているんだ。僕がここで成功することを望まない人もいる。しかし、多くの人は僕を応援してくれる。責任はどんどんと増えていくけれど、それに対して僕は準備ができている。そして、そのようなことに対しても準備していくだろう」

２００９年8月29日、ロナウドにとって1年目となるリーガ・エスパニョーラが開幕した。開幕から激しい闘志を見せた。第1節デポルティーボ戦ではPKによる得点を決める。第2節エスパニョール戦では1ゴール、第3節ヘレス戦では2ゴール、さらに第4節ビジャレアル戦でも1ゴールと怒濤の快進撃を続けた。

チャンピオンズリーグにおいても、9月15日に行われたチューリッヒ戦でフリーキックで2ゴール、さらに、9月30日に行われたマルセイユ戦でも2得点と、とどまることを知らないかに見えた。

しかし、その試合で1得点目を決めた直後、エリア内でマルセイユのディフェンダー、スレイマン・ディアワラに倒され、その際に右足の足首を痛めた。PKを獲得したが、痛みのため、カカーにPKを蹴ってもらっている。その後、64分に2得点目を決めたが、66分にイグアインと交代した。ケガは捻挫であり全治3週間と診断された。

ロナウドはケガのため、10月4日に行われた第6節セビージャ戦を欠場。その試合をレアル・マドリードは1対2で敗戦してしまう。

その後の国際マッチデー期間、ロナウドは治療に専念せずにポルトガルに帰国し、10月10日に行われるワールドカップ予選の対ハンガリー戦の練習に参加した。2010年ワールドカップ予選の終盤であり、ポルトガルはハンガリー戦を含め残り2試合。グループ2位以内に入るためにはどうしてもハンガリーを破らなければならない重要な一戦だった。ポルトガルは3対0で勝利した。ロナウドは出場したが、27分に交代。ケガを悪化させてしまう。ロナウドはその後、マドリードに戻って検査を受けると足首靱帯の捻挫と診断され、6週間にわたり戦列を離れなければならなくなったのだ。

その後、ポルトガル代表はグループ2位となり、プレーオフをボスニアと戦うことになった。試合は11月14日、18日に行われる。ケイロス代表監督は何としてもロナウドの力が必要だとして彼を招集した。しかし、レアル・マドリードは出場したいと望むロナウドを説得し、治療に専念させた。幸い、ポルトガル代表はロナウドなしで戦い、ホームで１対０、アウェイで１対０といずれも僅差ながら２勝し、ワールドカップ出場を決めている。

ロナウドが復帰したのは、11月25日のチャンピオンズリーグ、対チューリッヒ戦だった。しかも70分からの途中出場だった。そして、わずかその４日後、ロナウドにとって初めてのクラシコを迎える。２カ月間試合から遠ざかり心配されたが、なんとか間に合った。この時点で、首位はレアル・マドリードで勝ち点28、バルセロナが２位で勝ち点27だった。

まさに、首位攻防の直接対決。しかし、試合前の話題はもっぱら、バルセロナのメッシ対レアル・マドリードのロナウドというものだった。とくにロナウドは、マンチェスター・ユナイテッド最後のシーズンにチャンピオンズリーグ決勝戦をバルセロナと戦い敗れている。

クラシコ前の記者会見に臨んだロナウドに、マンチェスター時代に負けたバルセロナに対するリベンジの気持ちはあるかという質問がされた。それに対してロナウドは落ち着いて答えた。

「あれからもうずいぶん時間が経過している。現在、そして、将来を考えるべきだろう。バルサは強いか？　そのとおりだ。難しい試合になるか？　そのとおりだ。サッカーとはそういうもの。人生と同じで困難に打ち勝たなければならないんだ」

さらに、バルセロナを相手に何ゴールを決めたいかという質問を受けると、こう答えた。

「何ゴールを決めたいかって？　10点あるいは20点。でもそれが可能かどうかはわからない。たくさん決めたいね」

試合前日、レアル・マドリードが宿泊するバルセロナのホテルには300人近くのファンが集まった。ロナウドは、シャビ・アロンソ、ペペ、マルセロ、アルベロア、カシージャスとともに、ファンのサインに応じた。また、ロナウドの代理人であるジョルジュ・メンデスもロナウドを訪ねている。さらに、フロレンティーノ・ペレス会長とスポーツディレクターのホルヘ・バルダーノもホテルに激励に訪れた。レアル・マドリードの会長が試合前に激励に現れるのは例のないことだった。この試合がいかに重要であるかを物語っていた。

11月29日、バルサの本拠地カンプノウ。首位攻防にふさわしい、均衡した緊張感のある素晴らしい試合が繰り広げられた。ロナウドとメッシ、二人とも体調は万全とはいえなかった。最初にチャンスが訪れたのはロナウドだった。20分、カカーが左サイドからゴール前に切れ込み、2人のディフェンダーを引きつけながら、右サイドから駆け上がってきたロナウドに対してパスを出した。ゴールキーパーのビクトル・バルデスと1対1の状況が生まれたが、ロナウドの放ったシュートはバルデスの右足に当たり、防がれてしまう。ロナウドがこのような局面で外すことはほとんどなかった。長期間の戦線離脱により、試合のリズムに今ひとつ乗り切れていないようだった。ロナウドは66分に途中交代している。結局、55分にイブラヒモヴィッチにより得点を決められて0対1でレアル・マドリードは敗れ、首位から陥落してしまう。

メディアはことごとく、ロナウドが決めていれば負けなかったと、厳しい批判をロナウドに向けた。ロナウドにとっても初めてのクラシコを敗戦したことで、イライラが募っていたのだろう。その翌週に行われたリーガ第13節アルメリア戦、ロナウドは試合開始から苛立っていた。味方の選手の動きに対して、文句を言ったり、自分自身に対しても怒りをぶつけたりすることが多かった。31分に先取点のアシストを決め、さらに、82分にはPKのチャンスをもらう。しかし、ロナウドのシュートはゴールキーパーのジエゴ・アウヴェスに弾かれてしまい、そのボールをなんとかベンゼマが押し込んだ。その2分後、ロナウドは屈辱を晴らすように得点を決めた。得点を決めるとシャツを脱ぎ、上半身裸で、観客席に向かって吠えた。明らかにこの試合のロナウドのテンションは異常だった。

試合終了間際の89分、ロナウドが普通ではなかったことを明らかにするような決定的な事件が起こった。アルメリアのミッドフィルダー、ファンマ・オルティスが後ろから、右腕で押すようにしてロナウドの首を殴った。するとロナウドはそれに対する怒りから、ファンマ・オルティスの右足ふくらはぎを左足で思いっきり蹴って報復した。この行為に対して、レフリーはロナウドにレッドカードを出した。ロナウドはリーガにおいて初めての退場処分を受けた。

試合後のミックスゾーンで、ロナウドはこのように釈明した。

「あのような行為はするべきではない。でも、僕も一人の人間なんだ」

記者が「PKの失敗だけであんなに怒っていたのですか」と質問すると、ロナウドは

「当然だよ。負けるのも、失敗するのも僕は大嫌いなんだ。僕はプロフェッショナルなんだから、大嫌いなんだ」

たしかにこのとき、ロナウドはPKの失敗を尋ねられているのに、試合に負けたことについてふれている。それは1週間前のクラシコ敗戦にほかならず、彼がその敗戦を引きずって、この試合に臨んだことは明らかだ。さらに、言い訳するかのように、言葉をつけ足した。

「PKを失敗することはよくあることだ。次のPKでは必ず成功させるよ」

そう言ってミックスゾーンから立ち去った。

ロナウドにとって初めてのクラシコ敗戦もたしかに影響を与えていたが、もう一つ、ロナウドにとって悔しい出来事がこの試合の前に起こっている。12月1日に2009年度のバロンドールが発表され、メッシの受賞が決まったのだ。メッシにとっては初めてのバロンドールだった。投票結果によると、ロナウドが2位、シャビが3位だった。やはり5月に行われたチャンピオンズリーグタイトルをバルセロナが獲ったことが大きかった。ロナウドは2年連続の受賞とならなかったのだ。世界最高の選手に上りつめてわずかに1年で、その座をライバルのメッシに奪われた。その悔しさもあったことは間違いないことだった。

2010年のスタートも、ロナウドにとってはイライラが募ることが続いた。リーガにおいては年明け後に行われたオサスナ戦、マジョルカ戦、ビルバオ戦と3試合得点がなかった。しかし、1月24日に行われた第19節マラガ戦では前半に2ゴール。再び、ロナウドは快進撃に向けて狼煙《のろし》を上げたかと思われたが、後半、デンマーク人のディフェンダー、パトリック・ムティィリガに後ろから押さえつけられると、ロナウドはそれを振り払うように右手を後ろに伸ばし、それがムティィリガの顔面に直撃。ロナウドはレッドカードを出されてしまう。これにより2試合の出場停止処分を受けた。

2月13日、ロナウドは第22節ヘレス戦に復帰すると、カカーからのアシストで2ゴールを決めた。しかし、その1週間後、ロナウドにとってショッキングな出来事が起こる。2月20日、マデイラ島が暴風雨に見舞われ、大洪水のために42人が亡くなる大惨事となったのだ。

その翌日にホームでビジャレアル戦が行われた。ロナウドは17分、フリーキックからスーパーゴールを決めると、観客席に向けてユニフォームをまくり、その下に着ていたアンダーシャツの文字を見せた。そこには〝マデイラ〟と書かれていた。試合後、ロナウドは次のように説明した。

「とてもショックを受けたんだ。テレビでその映像を見てとても悲しくなった。でも、試合にはとにかくチームのために貢献したいという気持ちで臨んだ。僕は自分の仕事とこういった問題を一緒にするのは嫌いだからね。頭の中をすっきりときれいな状態にしてピッチに立った。とにかくチームのためにがんばろうと。それでも時々あの映像が頭をよぎることがあった」

シャツをめくってマデイラの文字を見せたことについては、このように話している。

「僕の感情から生まれたごく自然なものだった。ゴールを捧げる行為はいいものだったと思う。なぜなら、僕はマデイラでサッカーを覚え、そして、幼少のときの友達もたくさんいる。だから僕にすればごく自然な行為だったんだ」


2010年3月13日にWOWOWの取材チームでマデイラ島を訪れている。大惨事から3週間ほど経っていたが、崩れた家屋や車が倒されたままになっているなど、島の至る所に大惨事の痕跡が強く残されていた。ロナウドの生家近くでカフェを経営する幼なじみネルソン氏に話を聞いた。

「彼のアンダーシャツに書かれたメッセージを見たときはうれしかったし、とても誇りに感じたね。彼はとても素晴らしい人間だ。彼に対して時々ひどいことが書かれているけれど、彼はとても素晴らしい人なんだ」

翌日、ネルソンが経営するカフェでロナウドの試合を見た。テレビも特別大型ではなく、どこの家にもあるような大きさだったが、やはり、みんなで楽しみたいと思ったのだろう、たくさんの人が観戦に訪れていた。テレビで流されていたのは第26節バジャドリード戦だった。27分にロナウドがフリーキックから得点を決めると、狭い室内には「ゴール！」と歓声が沸き起こり、高く両手を挙げた。店にいた人たちはみな、「彼のような選手がマデイラ島から生まれたことをとても誇りに感じている」と話した。マデイラ島に住む人々にとって、ロナウドの存在はやはり特別であり、彼が試合でマデイラ島に送ったメッセージを見て、大スターになっても島の存在を忘れないで活躍し続ける彼をとても誇りに感じただろうし、ロナウドのメッセージは島の人々に大きな力を与えたはずだった。

このとき、ロナウドの姉エルマにも二度目のインタビューをした。

——ロナウドは子供の頃はよく泣いていたが、最近はないのですか？

「そうね、最近は泣くところを見なくなったけれど、泣くことは彼にとって必要みたい」

彼女は少しほほえみながら、そう話した。

——今は試合に負けると一人になりたがるのですか？

そう言うと、エルマは少し顔をしかめた。おそらく負けたあとは、誰も声をかけられないくらい、ロナウドは怒りに満ちているのだろう。

「人前では泣かなくなったけど、きっと一人になって泣いているのよ」

と言って笑った。辛いときも一人で堪えているのよと、姉が弟を思いやる気持ちからそのように言ったにちがいなかった。

レアル・マドリードは11月のクラシコで負けて首位の座をバルサに明け渡し、勝ち点2の差で2位だった。第16節でバルサはビジャレアルと対戦し、1対1で引き分けて勝ち点2を取りこぼしている。

この節はレアル・マドリードはバルサが引き分けた翌日の試合であり、オサスナ戦で勝利すれば勝ち点のうえではバルサに並べるチャンスだった。しかし、レアル・マドリードもオサスナに0対0で引き分け、勝ち点の差は変わらなかった。さらに、レアル・マドリードは第18節にビルバオに敗れ、勝ち点の差は5に開いてしまう。

バルセロナは順調に勝ち星を重ねたが、第22節アトレティコ戦に1対2で敗れる。勝ち点の差は再び2に。そして、第25節でバルサはアルメリアと2対2で引き分けた。その結果を知ったうえで、2時間後にセビージャと戦ったレアル・マドリードは3対2で勝利し、勝ち点のうえで並んだ。

そのまま両チームとも勝利し続け、勝ち点77で並んだ状態で、ロナウドにとって二度目となるクラシコを迎えた。レアル・マドリードとしてはホームで戦うこともあり、勝利すれば優勝へ大きな一歩を踏み出すことになる。そして、前回のクラシコと大きく異なるのは、ロナウドが絶好調であるということだった。試合前日の記者会見にはロナウドが登場した。「どちらが今現在、世界最高の選手でしょうか」という質問に対して、

「より大きいのは僕のほうだ。少なくとも身長ではね。横幅もね」

とロナウドは答えをはぐらかした。続いて、「バルセロナとレアル・マドリード、それぞれの長所は何でしょうか」と女性記者が尋ねた。

「バルサは組織力だ」

そして、少し間をあけて、意味深な笑みを浮かべると、こう言い切った。

「レアル・マドリードは野望だ」

この答えから想像できるのは、〝野望（アンビシオン）〟こそ、ロナウドが選手生活を続けていくな

かで最も大切にしてきたものであるということだ。まるで、組織に対抗するのは彼の野望であると言わんばかりだ。メッシの存在を抜きにしてバルサをあえて〝組織力〟と答えたのも、意図的な感じがする。そして、入団当初からロナウドに対して繰り返される質問が、この場でもされた。

「史上最高額の選手として、世界中が注目するこの試合でどのようにその価値を証明しますか？」

ロナウドは真剣な表情で答えた。

「何もあらためて証明する必要なんてない。土曜日の試合でも、これまでやってきたほかの試合のようにベストを尽くすだけだ。そんなことを言って僕にプレッシャーを与えようとしても、無駄だ」

２０１０年4月10日、サンティアゴ・ベルナベウ。

ロナウドはこれまでにも増して闘志をむき出しにして戦った。しかし、先制点を決めたのはバルセロナだった。31分、メッシによる得点だった。ロナウドは両手を叩いて、なんてこったと悔しがる。その前を片手を挙げてベンチに向けてガッツポーズを見せるメッシが通り過ぎる。さらに、56分、ペドロが得点を決めて0対2となる。ロナウドは両手を腰に置き、呆然としている。それでも69分、カウンターから左サイドをロナウドは全速力で走った。ペナルティエリアに入ると左足でシュートを放つが、またしてもビクトル・バルデスに弾き返されてしまう。ロナウドは両手で頭を抱えた。そのまま0対2で試合終了。この結果、バルサが勝ち点3の差で首位。残り7試合で勝ち点3の差は、優勝争いにおいては決定的だった。試合内容もバルサの一方的ともいえる内容だった。レアル・マドリードの誰もがうなだれてピッチをあとにした。

しかし、ミックスゾーンに現れたロナウドは依然、強気だった。

「僕らはよかった。運悪く相手に先制点をとられてしまった。頭を上げて、今後も戦っていくんだ」

ある記者が「今シーズンは失敗に終わったということですか？」と尋ねると、

「なぜ？　なぜ失敗なんだ？　今日負けたからかい？」

ロナウドは唇を突き出して、少し驚いたといったような表情を見せた。

「問題ないね。まだ7試合残されているんだ。もし、僕らが優勝したら、失敗だと君は言えるのか？　そんなふうに考えるのはプロフェッショナルじゃない。決してあきらめたらいけない。僕自身、まだ優勝できると思っている。今日負けようが、これからも戦っていくんだ」

さらに、別の記者が意地悪な質問をぶつけた。

「メッシは世界最高だと思いますか？」

ロナウドは眉毛をつり上げて「さあね」という表情を見せた。

「それは最後にわかることだろう。今は二人ともいいんじゃないかな」

「バルサのほうが上ですか？」

「そんなふうには思わない」

と吐き捨てるように言って、ロナウドはミックスゾーンを去っていった。

ロナウドは、最後まで戦い続けるといった言葉どおり、あきらめなかった。クラシコの翌週、アルメリア戦で1ゴール、次の第33節ではバルサがエスパニョールと引き分けた。レアル・マドリードは、3位のバレンシアに勝利し、勝ち点の差は1点となった。この試合でもロナウドは1得点を決めている。勝ち点1の差で残り試合は5試合。「優勝は最後までわからない」と言ったロナウドの言葉が現実味を帯びてきた。

ここからはレアル・マドリードとバルセロナ、先に試合が行われるほうが、勝利すれば相手にプレッシャーをかけることができた。第34節はバルサが先に試合を行い、ヘレスに勝利。レアル・マドリードは2時間後にサラゴサと戦い、ロナウドはノーゴールだったが2アシストをしてチームの勝利に貢献した。第35節はバルセロナが土曜日に戦い、ビジャレアルに4対1で勝利。

レアル・マドリードは日曜日にオサスナと戦い、ロナウドは2ゴール。とくに2得点目は試合終了2分前の決勝ゴールであり、優勝へ望みをつなぐ重要な得点だった。翌日の新聞「マルカ」の表紙は「CR9（1年目の背番号は9だった）がいれば、我々は優勝できる」というタイトルだった。

ゴールを量産し続けるロナウドに対し、メッシも負けていなかった。第36節テネリフェ戦ではメッシが2ゴールして4対1で勝利。翌日、レアル・マドリードはマジョルカと戦い、ロナウドがレアル・マドリード移籍後初のハットトリックを記録して気を吐いた。

優勝争いは残り2試合。勝ち点の差はわずかに1。マドリードが2勝し、バルサが引き分け、あるいは負ければ、レアル・マドリードの逆転優勝となる状況だった。対戦相手はバルセロナはアウェイでセビージャと第37節を戦い、最終節はホームでバジャドリード戦。セビージャはマジョルカとチャンピオンズリーグ出場枠である4位以内を争っていたし、バジャドリードは降格争いをしていて、必死になって戦ってくるはずだった。

一方、レアル・マドリードはホームでビルバオと戦い、最終節はアウェイのマラガ戦だった。ビルバオはヨーロッパリーグ出場の可能性があり、マラガは降格争いをしていた。したがってバルセロナにしても、マドリードにしても、残された2試合の対戦相手は簡単な試合にはならないはずだった。

第37節と第38節は両チームいずれも同時刻キックオフだった。バルサセロナはセビージャに勝利し、レアル・マドリードはビルバオに5対1で勝利。ロナウドもＰＫにより1得点を決めている。最終節に望みをつないだ。

同時刻キックオフで行われた38節、バルセロナ対バジャドリードは前半の時点で2対0でバルサが勝っていた。一方、レアル・マドリードは前半0対1でマラガにリードされ、後半早々に1対1に追いつく。だが、引き分けではだめだった。バルサの試合結果を随時、レアル・マドリードの選手たちがわかっていたのかどうかは定かではないが、62分にメッシが得点して3対0となれば、もうバルセロナが引き分ける可能性もなくなった。最終的に76分に再びメッシが得点し4対0となり、カンプノウは優勝ムードで一杯になったのだ。レアル・マドリードと引き分けたマラガは残留を果たし、バルセロナに敗れたバジャドリードは降格している。

２００９－10年シーズンはバルセロナが31勝6分1敗で勝ち点99。レアル・マドリードが31勝3分4敗の勝ち点96で2位だった。

チャンピオンズリーグはラウンド16でリヨンに敗退。国王杯にロナウドは出場していないが、2部Ｂ（3部）のアルコルコンに敗れ早々に姿を消している。結局、ロナウドの1年目は一つもタイトルを獲れずに終わっている。ペレス会長は国王杯敗退、チャンピオンズリーグ敗退となった時点で、リーガ優勝を果たせなかったら解任するとペジェグリーニ監督に話していたという。ペジェグリーニ監督は3大会を戦うためにローテーションを重視した。そのため、ロナウドとも衝突した。２００９年9月26日に行われたテネリフェ戦では、79分に交代を命じられるとロナウドは怒り、監督と握手もせずに近くに転がっていたボールを強く蹴り飛ばした。直後にチャンピオンズリーグマルセイユ戦を控えていたためロナウドを温存したわけだが、皮肉にもその直後のチャンピオンズリーグマルセイユ戦でロナウドはケガをして長期離脱した。結局、ペジェグリーニ監督は1年間のみで解任されてしまう。

ロナウドはリーガには29試合出場し、得点は26ゴール。チャンピオンズリーグには6試合出場で7得点。つまり公式戦35試合出場、33ゴールだった。一方、メッシはリーガに35試合出場し、34得点。チャンピオンズリーグには11試合出場し8得点。さらに国王杯、スーペルコパデ・エスパーニャ（スペイン・スーパーカップ）、ヨーロッパ・スーパーカップ、さらにクラブワールドカップにも出場しているため、公式戦53試合出場で得点は47点だった。

リーガ・エスパニョーラという同じ土俵で戦うことになった二人の1年目の勝負は、リーガ優勝を果たし、また、クラシコでの働きという観点からもメッシに軍配が上がった。

モウリーニョの招聘

２０１０年5月31日、レアル・マドリード新監督に就任したジョゼ・モウリーニョの記者会見が行われた。記者会見の冒頭に、ジェネラル・マネージャーのホルヘ・バルダーノが挨拶した。

「新監督にホセ・モウリーニョを迎えました。契約は4年間となっています。世界で最も素晴らしい監督の一人である彼を迎えることができたのはとても光栄なことです。レアル・マドリードに彼が来たことにとても満足しています」

そして、その後、「ちょっと説明の時間を1分間ください」と言ってから、バルダーノ自身がそれまでいくつかモウリーニョを攻撃する記事を書いたこと。そして、それに対してモウリーニョも激しく反論してきたことを説明した。しかし、二人の関係に関してはすでに３年前に解決済みであり、いかなる問題もないと語った。「私の仕事はマドリードにとって最良の選択をすることです。ホセ・モウリーニョを招聘《しょうへい》することこそ、一番の選択であったのです。ようこそ、ホセ・モウリーニョ。あなたの幸運を祈っています」と最後に締めくくった。

それにしても、モウリーニョの名前がポルトガル語ではジョゼであることはわかっているはずだ。たしかに、ジョゼはスペイン語ではホセになる。しかし、本人に対してリスペクトをもっていたなら、あえてジョゼと呼ぶべきではなかっただろうか。この二人の間に火種があることをこのときから示していたのだった。

実際、シーズンが始まると二人の間には次々に衝突が起こってている。２０１０年９月にポルトガル代表はカルロス・ケイロスを解任したが、その直後、ポルトガルサッカー連盟のマダイル会長がマドリードを訪れ、モウリーニョに、マドリードの監督を続けながら、パートタイムで代表監督を兼任できないか打診している。モウリーニョ自身はその気になったが、それをバルダーノが阻止した。

また、２０１０年10月にはワールドカップ南アフリカ大会で優勝したスペイン代表メンバーに、「アストゥリアス皇太子賞」が授与されることになったが、モウリーニョ監督はレアル・マドリードの選手は出さないと発表した。しかし、バルダーノは「カシージャスが出席する」と声明を出した。

ディエゴ・トーレス著『モウリーニョVSレアル・マドリー「三年戦争」』（木村浩嗣訳、ソル・メディア）はモウリーニョが監督を務めた３年間、表には出てこなかった証言を集めた非常に貴重な資料ともいえる書籍だ。訳者の木村氏が説明するように、すべてが匿名による証言であり、また、作者が反モウリーニョ的な視点に立っていることから信憑性に欠ける点もある。しかし、スペインを代表する新聞エル・パイスのエース記者による著書であることからも、取材力はたしかなものであり、その洞察力の深さには感嘆させられる。そして、スペインにおけるモウリーニョに対する見方の一つであることは紛れもない事実であるのだ。

同書には、モウリーニョが就任する経緯について次のような説明がある。

〈権力の座に戻ったフロレンティーノは新監督を選ぶ必要があった。スポーツ部門GMのホルヘ・バルダーノのアドバイスを受け、人選に入った。（中略）選ばれたのはマヌエル・ペジェグリーニだった。チリ人監督がクラブにいたこの過渡期（1シーズン）は疑いと冷淡さに満ちていた。まだ就任して半シーズンも過ぎていないのに、サンチェス（統括部門GM）の頭の中はモウリーニョを新監督に迎えるという考えで一杯だった。長年の交渉は実りの時を迎え、フロレンティーノ会長を説得するのも間近だった。友人たちとの集まりで彼は、「モウリーニョは素晴らしい」とベタ褒めしていた。

バルダーノはペジェグリーニを守ろうとした。が、クラブ内部に焚きつけられた一部メディアは反ペジェグリーニキャンペーンを繰り広げた。（中略）

サンチェスがフロレンティーノ会長を説得するのに理想的な状況になろうとしていた。2010年3月のチャンピオンズリーグ、ラウンド16でリヨンに敗退したことは会長の穏健さを揺さぶった。バルセロナはベルナベウで開催される決勝戦に向けて順調に歩を進めていた。グアルディオラに率いられた宿敵が、自分たちのホームグランドで3度目のチャンピオンズリーグ王者に輝くなんてことになれば、それはマドリディスモにとっては一種の冒瀆《ぼうとく》であり、フロレンティーノにとっては耐えがたい屈辱だった〉

2009−10年シーズンのチャンピオンズリーグ決勝戦は、ベルナベウでの開催が決まっていた。

同書が指摘するように、レアル・マドリードはすでに敗退しており、準々決勝でバルヤロナがアーセナルを破り準決勝へ進出した段階で、バルセロナがベルナベウで優勝カップを捧げるのはクレー（バルサファン）にとって素晴らしいことであり、マドリディスタにとっては屈辱となるだろうとスペインの新聞各紙も書いていた。同書はさらに次のように書いている。

〈バルセロナの決勝進出を心配する会長にとって、インテルとバルセロナの対戦が決まった瞬間からモウリーニョは崇拝の対象となった〉

モウリーニョ率いるインテルは準決勝でバルセロナを破り、ベルナベウで行われた決勝戦でバイエルンを破ってチャンピオンズリーグ優勝を達成する。モウリーニョにとっては２００３－04年シーズンのポルトに次ぐ二度目の快挙となった。しかし、モウリーニョがバルサを破ったのも運が味方したと同書では書いている。

〈２０１０年3月20日、アイスランド南部でエイヤフィヤトラヨークトル火山が噴火したことが思わぬサポートになった。火山灰で欧州の空路が閉鎖され、バルセロナはミラノへバスで移動する羽目になったのだ。移動には24時間かかり、チームは試合前に2泊をホテルで過ごした。

ディテールが勝敗を分けるコンペティションでは重要なポイントだった。第1レグは3対1、第2レグは1対0でインテルが勝ち上がったが、バルセロナを支配することは１８０分間ほとんどなかった。第2レグに退場者が出て10人になったインテルは自陣に引き籠り、ボージャンのゴールが不当に取り消されたことにも救われた。運にも恵まれた勝ち抜けであったことは、フロレンティーノもサンチェスも気にしなかったようだ。バルセロナの敗退にすっかり安堵したフロレンティーノは直ちにモウリーニョと契約の約束をした。挫折という文字を知らない万能薬であり、グアルディオラのチーム

を破壊するノウハウの持ち主なのだから、一石二鳥だと信じたのだ〉

モウリーニョ入団会見後の記者会見に話を戻そう。バルダーノの挨拶後、記者による質問が始まった。最初の質問は女性記者によるものだった。

「選手たちのなかにはレアル・マドリードでプレーするために生まれてきたと話す者もいます。あなたはレアル・マドリードの監督になるために生まれてきたのでしょうか」

モウリーニョは、「最初にお断りしておくが、私はカステジャーノ（スペイン語）をうまく話せない。イタリア語を学ぶために、スペイン語を忘れてしまったのだ。しかし、1カ月後、あるいはプレシーズンが始まる頃にはもう少しまともにしゃべれるようになるだろう」と断ったうえで、多少、ポルトガル語が混ざったスペイン語で答え始めた。

「私はレアル・マドリードの監督になるために生まれてきたのではない。しかし、間違いなくサッカーの監督になるために生まれてきた。私はサッカー監督であり、大きな挑戦に挑むのが好きだ。私がレアル・マドリードに惹きつけられたのは、その歴史で、そしてまた、近年の低迷、勝利への期待からだ。それが私がレアル・マドリードに来た理由だ。唯一無二のクラブであり、重要な選手、重要な監督がいるクラブだ。私のキャリアのうえで、レアル・マドリードの監督を務めないことはキャリアに穴が空くことと同じだ。幸い、私のキャリアはとても素晴らしいものとなっている。私はレアル・マドリードの監督を務めたかったので光栄に感じている。しかし、私が考えていることは、そして、選手たちも同じことを考えていると思うが、レアル・マドリードを監督することがとても素晴らしいのではないということだ。素晴らしいのは勝利することなのだ。これが私のモチベーションだ」

質問をした女性記者にすれば、多くの入団した選手たちが言うように、「レアル・マドリードに来られて幸せだ。ここへ来るためにがんばってきた」といった答えを期待したのかもしれなかった。しかし、モウリーニョの言葉にはそのような浮かれた言葉はなかった。あくまでも地に足をしっかりとつけたコメントだったのだ。次の質問は挑発的だった。

「ペジェグリーニ監督はそれほど悪い成績を残したわけではなかったのに解任された。あなたも、タイトルを獲れなければ1年で解任されてもしようがないと思っているか？」というものだった。

モウリーニョは表情も変えずに淡々と答えた。

「解任を恐れていたらいい仕事もできない。私は自分の仕事に対して自信をもっているし、解任されるとは考えていない。それどころかまったく逆である。4年の契約の間に勝利し、アイデンティティをもったチームを作り上げられると思っている。ペジェグリーニ監督が解任されたことで、私は幸せに感じてはいない。でも、これがサッカー界である。私は大きな夢を持っているし、自信を持って仕事を続けるつもりだ」

アシスタントコーチにはビルバオとレアル・マドリードでプレーし、引退後の2008年からスペインU－16代表監督をしていたアイトール・カランカが起用された。そして、英語でクリスティアーノ・ロナウドのことについても尋ねられた。

「彼はレアル・マドリードに限らず、世界にとってとても重要なプレーヤーだ。しかし、大事なのは個人ではなくチームである。最も重要なのはクラブであり、プレーヤーでも監督でもない。クリスティアーノは勝つことが好きだ。彼が勝ちたいと思えば、彼もこのことを理解できるはずだ」

モウリーニョ監督新体制となり、レアル・マドリードの生え抜きであったラウール・ゴンサレスとグティが去ることになる。ラウールはシャルケ04へ、グティはベシクタシュへ移籍する。モウリーニョ監督は入団記者会見の席で、その日の朝、ラウールと話をしたことを明かした。ただ内容については、「監督と選手の間の会話についてはプレスに話せない」と説明したが、移籍を決定づける話がされたと考えるべきだろう。

ラウールはアトレティコ・マドリードの下部で育つが、ユースからレアル・マドリードに移り、1994年10月29日、ホルヘ・バルダーノ監督の下で17歳4カ月でリーガデビューを果たした。その後、チームの象徴的ストライカーであったエミリオ・ブトラゲーニョに代わり、2010年まで16年間にわたりレアル・マドリードでプレーし、数多くのチーム記録を更新した。2009年2月15日には公式戦通算得点を309として、それまで1位だったディ・ステファノを超えた。また、リーガ・エスパニョーラでも通算228得点を記録し、のちにロナウドやメッシに超されることになるが、ディ・ステファノを抜いてテルモ・サラ、ウーゴ・サンチェスに次ぐ3位となっている。

グティはレアル・マドリードのカンテラ（下部組織）で育ち、1995年にホルヘ・バルダーノ監督の下でトップチームデビューを果たしている。

長らくラウールがつけていた7番はロナウドに継承されることになった。このことは、チームがロナウドを中心に生まれ変わることを意味していた。

モウリーニョとロナウドの出会いについては、すでに本書でもふれているが、ロナウドがスポルティングの下部組織にいた頃、ウニアオン・レイリーアの監督をしていたモウリーニョがロナウドのプレーを見て、「ファン・バステンの息子がいるぞ」と言ったというエピソードが残されている。それ以降、二人とも成功の階段を上りつめ、そしてレアル・マドリードで一緒になった。

二人に共通する点がある。それは「世界一であり続ける」という野望を持っていることだ。ともにそれを公言し、ときには傲慢だととられる強烈なキャラクターの持ち主である。このような人物は世界中探してもそう見つかるものではない。しかし、このような二人がともにポルトガルから、同時代にサッカー界に現れたことは驚きとしか言いようがない。

父が語るジョセ

2010－11年シーズン、モウリーニョ体制の話を始める前に、モウリーニョのそれまでを振りたい。実はWOWOWがジョゼ・モウリーニョのドキュメンタリーを制作することになり、私はそのシーズンの終盤に、ポルトガルとスペインを取材した。

2011年2月、モウリーニョの原点を探るべく、彼が生まれたポルトガルのセトゥーバルも訪れた。セトゥーバルはリスボンを流れるテージョ川の対岸、リスボンから40キロメートルほど南にあるポルトガル第4の都市だ。モウリーニョが監督をするようになったのも、ビットリア・セトゥーバルでゴールキーパーを務め、のちに監督となった父親の影響が強かったといわれる。父フェリックスは毎朝、ビットリア・セトゥーバルの本拠地、エスタディオ・ボン・フィンにあるカフェに来ると聞き、そこを訪ねると幸運にも会うことができた。フェリックスは17年6月26日に79歳で亡くなる。したがって、その頃は70歳を超えたくらい。突然のインタビューにもかかわらず、嫌な顔もせずに話してくれた。ポルトガル人の多くが雄弁であるように、彼も息子のことをとてもうれしそうに語ってくれたのが印象的だった。

「子供の頃、いつも練習に来ていて、ゴール裏から私がディフェンダーへ出す指示を注意深く聞いていた。ジョゼの夢はサッカーだった。それを今も続けているのだ」

——彼の夢はサッカー選手になることだったのですか？

「すべての子供の夢はサッカー選手になることだ。しかし、プロ選手になるにはとても秀でていなければいけない。そうでなければほかのものを目指すことになる。彼は大学に行き学んだ。それは彼の人生のための準備でもあったのだ」

——あなたが監督になったとき、彼は手伝っていましたか？

「17歳か18歳の頃、対戦相手についてのレポートをつくらせた。まだ若かったが、とてもいいものをつくった。レイリーアの監督をしていたとき、彼のためにホテルをとったが、土曜日から選手たちと一緒にいたがって、一緒に寝ていた。試合中、時々ボールを拾うふりをして、選手に私の指示を伝えることもあった」

ジョゼ・モウリーニョが監督として成功するにあたって、大きな影響を与えたのはボビー・ロブソンとの出会いだった。その橋渡しをしたのが、マヌエル・フェルナンデスだった。フェリックスも彼から話を聞いたらいいと勧めてくれたので、会うことになった。

マヌエル・フェルナンデスはスポルティングCP、ビットリア・セトゥーバルなどでプレーし、ポルトガル1部リーグ19シーズン、ストライカーとして485試合に出場し、241得点を決めている。ポルトガル代表にも選ばれている。引退後、ポルトガルの多くのクラブで監督を務めている。1975年から87年までポルトガル代表にも選ばれている。ちょうど彼を家に訪ねたときは、三度目のビットリア・セトゥーバル監督をやっているときだった。彼も雄弁だった。

「ジョゼ・モウリーニョを知ったのは、私がビットリア・セトゥーバルの監督をやっていたときだった。彼は育成部門で働いていた。1990年、エストレラ・アマドーラの監督になったとき、彼をアシスタントコーチに招いた。そのとき、彼はこの近くの学校の体育教師を務めていた。教師をやめてサッカーのプロフェッショナルになるかと尋ねたら、即座に引き受けたのだ。彼はサッカーの分析にも長けていたし、説明するのも上手だった。彼と2年間一緒にやった。それから私はスポルティングに招かれた。ボビー・ロブソンが監督をするのでそのアシスタントコーチを務めるためだ。その際、スポルティングの会長ソウザ・シントラにジョゼのことを強く勧めた。会長は半信半疑だったが、結局は私の意向を受け入れて、彼もスタッフの一人となった。仕事を始めると、ボビー・ロブソンもモウリーニョのことをとても気にいった。ボビー・ロブソンはモウリーニョにはほかの人とは異なる何かを見いだした。だから、ボビー・ロブソンがポルトに行くとき、彼に一緒に行かないかと招いた。ジョゼは私にそのことを話した。私は彼に『とてもいい機会じゃないか。君が望むのなら問題ない』と話した。そして、彼はボビー・ロブソンのアシスタントとしてポルトに行き、さらに、バルセロナへ行った。その後はファン・ハールのアシスタントコーチとして7、8年やったことで彼は多くのことを学び、成熟し、監督になった。もし、私がスポルティングに彼を連れていかなければ、その後の成功を手にすることはできなかったかもしれない。そのことを彼もよくわかってくれている。私は彼の成功をとても歓んでいる」

モウリーニョ自身も、マヌエル・フェルナンデスに対して常に恩義を感じていたのだろう。今もコンタクトをとり続けているという。

「バルセロナに彼がいる頃、３週間、彼の招待で滞在したことがある。そして、チェルシーにも３週間、やはり、彼が招いてくれた。インテルがチャンピオンズリーグに出ていた頃、私と息子を試合に招待してくれたのだ」

ジョゼ・モウリーニョの母マリア・ジュリアが学校の教師を務めていたことも、彼に大きな影響を与えたようだ。モウリーニョはリスボン工科大学で学び、その後、スコットランドでＵＥＦＡプロ監督ライセンスコースを習得している。また、ポルト大学の教授であったヴィトル・フラーデが生み出した「ピリオダイゼーション理論」をいち早く練習に取り入れている。

フェリックスが話すように、ジョゼ・モウリーニョはしっかりとした理論と戦術のほかに、相手を分析する優れた力を若いときから身につけていた。ヌーノ・ルス、ルイス・ミゲル・ペレイラ共著の『Mourinho Los secretos de su éxito』という書には、なぜモウリーニョが成功したのか、多くの関係者の証言が集められている。元ポルトの選手だったコスティーニャは、選手たちは対戦相手のあらゆる情報をたたき込まれたことを話している。

「相手チームの弱点、コーナーキックやスローインなどのセットプレー時の注意点はもちろん、どの選手が自律心に欠けていて、どうすれば挑発できるかまで教えられる。あれは、衝撃だった」

モウリーニョは最初に監督を務めたベンフィカ、その後、ウニアオン・レイリーアを指揮するが、偵察部門に様々な人材を試して充実を図ったという。ジョゼ・モラインスを中心に数人によって対戦相手の情報を細部にわたって調べ上げ、それを映像化し、選手たちに情報を与える。モウリーニョの右腕とされるアシスタントコーチのルイ・ファリアもそのビデオについて、同書の中で説明している。

「選手に見せるビデオは、疲れを残さないために、10分以上になることはない。経験上、選手たちの集中力が続くのは、最長で10分までだ。選手たちのモチベーションを上げることを第一に考え、情報を精査するんだ」

ジョゼ・モウリーニョがレアル・マドリードの監督に就任するにあたって、その経歴は申し分なかった。ポルトにおいてスーペルリーガ2連覇に加え、2003年UEFAカップ優勝、04年チャンピオンズリーグ優勝。チェルシーにおいてはプレミアリーグ2連覇。インテルにおいてもセリエA2連覇。10年チャンピオンズリーグ優勝を果たしている。いずれも国内リーグの優勝とチャンピオンズリーグ優勝2回。この成績からも、世界最高の監督と彼が呼ばれるのは当然だろう。ペレス会長はそのモウリーニョの手腕にかけた。レアル・マドリードの国内リーグ優勝は2007－08年シーズン以来、2シーズン優勝はない。そして、なによりもチャンピオンズリーグの優勝は2001－02年シーズンを最後になかった。チャンピオンズカップの優勝回数は9回であり、なんとしても10回目の優勝を果たすことがモウリーニョに課されたものだった。

2010－11年シーズン、ロナウドはレアル・マドリードでの2年目をどのように迎えたのか。

忘れてはいけないこととして、ロナウドはシーズン前に、彼自身にとって二度目のワールドカップである南アフリカ大会に参加していることだ。彼にとってこの大会はどのようなものだったのだろうか。4年前のドイツ大会は彼がまだ21歳のときだった。大会の前年には父ディニスが亡くなっている。そして、本大会では準決勝まで進出し、4位となっているが、ルーニー事件も引き起こしている。あらゆる面で、若さが目立った大会だった。

だが、その若さをカバーしてくれる、父親的な存在もいた。一人はマンチェスター・ユナイテッドのファーガソンであり、もう一人はポルトガル代表のスコラーリであった。

しかし、2010年大会はロナウドは25歳であり、マンチェスター・ユナイテッドにおいては絶対的なレギュラーとなっていたし、バロンドール、FIFA最優秀選手賞を獲り、文字どおり世界ナンバーワンの選手となっていた。08年に行われたユーロはベスト8。監督はスコラーリからケイロスに代わり、ロナウドはキャプテンに任命された。キャプテンとして臨んだ10年大会は、06年ワールドカップ4位、08年ユーロ8位と好成績を続けてきたポルトガル代表だけに、ロナウド自身も大きな意欲を持って臨んだはずだった。

ポルトガルはブラジル、北朝鮮、コートジボワールと一緒の厳しい組だった。コートジボワール戦は0対0の引き分け。北朝鮮に7対0で勝ったが、ブラジルに0対0で引き分け、1勝2分の2位で決勝トーナメントへ進んだ。特筆すべきは失点0であったことだ。

しかし、ロナウドの前に大きく立ちはだかったのがスペインだった。決勝トーナメント・ラウンド16でスペインと対戦した。このスペイン代表はバルサを中心としたメンバーといっても過言ではなかった。カシージャス、セルヒオ・ラモス、アルベロアなど、レアル・マドリードの選手もいたが、プジョル、ピケ、ブスケツ、イニエスタ、シャビ、ペドロ、ビジャなど、中心はバルサの選手だった。

2010年6月29日、ケープタウンのグリーン・ポイント・スタジアムでスペイン対ポルトガル戦が行われた。結果は63分にビジャが得点し、1対0でスペインが勝利した。点差こそなかったが、内容的にはスペインが終始コントロールし、ポルトガルは何もすることができなかった。ロナウドは、この大会では、北朝鮮戦で1得点を決めただけでベスト16で去ることになった。

そして、試合後のミックスゾーンでの彼の態度が問題視されることになった。ある記者が、ポルトガルがこのように早く敗退した理由を尋ねると
「説明？　カルロス・ケイロスに聞けばいいだろ」

と答えたのだ。このロナウドのリアクションに対して、チームキャプテンとしてこのような対応はいかがなものか、ポルトガル全体が戸惑った。そのようななか、フィーゴもロナウドを批判した。

「成功しようが失敗しようが、キャプテンである以上、常にチームを守らなければいけない。チームが困難な状況下にあるときには、キャプテンこそが矢面に立たなければいけないだろう」

フィーゴのコメントだけに重かった。ポルトガルでも批判的な意見をする者が多かった。しかし、モウリーニョは批判にさらされているロナウドをかばう発言をした。

「私はレアル・マドリードの監督であり、クリスティアーノ・ロナウドは私のチームの選手である。ワールドカップが始まって以来、私はコメントを控えてきたが、彼に対してのコメントをする権利があるだろう。私のチームでは勝利したとき、全員が勝者となる。負けたときは、私だけが敗者だ。だからクリスティアーノは平穏でいて、そして、バケーションを楽しんで欲しい。なぜなら、次のシーズンにおいては、彼に責任をすべて負わせるようなことを私は決してさせないからだ」

ロナウドはポルトガルへ帰国するための空港で、スペインのスポーツ紙「アス」に載ったモウリーニョのコメントを知った。それに対してどう感じたかという記者の質問には答えなかった。しかし、その後、マネージメント会社「ジェスティフテ」のサイトでこうコメントした。

「僕は自分がキャプテンであることはわかっている。そして、自分の責任を果たすつもりだ。でも、今は気の利いた言葉もみつからない。僕は疲れ切ってしまい、挫折感と、想像できないくらい大きな

悲しみのなかにいる。僕も一人の人間だ。一人悲しみのなかにいることも許されるはずだ。あのように言ったのも、べつに悪気があったわけではない。これほど大きな騒ぎになるとは思わなかった」

ロナウドもモウリーニョも自分たちがポルトガル人である以前に、プロフェッショナルであることを感じているだろう。だから、レアル・マドリードにいれば、バルセロナ色が強いスペインに対してリベンジの気持ちを抱くようなこともないだろう。しかし、ワールドカップでスペインが優勝したことで、ますますバルセロナの株が上がったことも確かだった。

『モウリーニョVSレアル・マドリー「三年戦争」』には、〈バルセロナの発展は、スペインサッカーの中心が首都から離れつつあることを意味していた。この50年間で初めて、欧州大陸でもっとも多くのタイトルを獲得したRマドリーが、揺るぎのない中心の座を譲ったのだ。この覇権交代は、スペイン代表がすべてのカテゴリーで勝利した時期と重なり合った〉と書かれている。

愛息の誕生

もう一つ、ロナウドを取り巻く環境で大きく変わったことがある。それはロナウドに子供ができたことだった。子供が生まれたことを発表したのが2010年8月4日。しかし、実際に生まれたのは6月17日だった。しかも、その子供は代理母出産によって生まれたということがわかり、大きな話題となった。ポルトガルの新聞「ディアリオ・デ・ノテッシアス」によると、09年の夏、休暇で訪れていたサン・ディエゴで現地在住の女性と代理母契約を結んだのだという。

映画「ロナウド」では、ロナウドが6歳になったクリスティアーノ・ロナウド・ジュニアをしっかりと育てているさまが映されている。その後、ロナウドは2017年6月8日に双子のマテオとエヴァ、そして、11月12日に4番目の子供アラナの父親となっている。アラナは現在付き合っている女性との子供だが、それ以外の3人はいずれも代理母出産によるものだった。

なぜ、ロナウドはこのような形で父親になったのだろうか。

その理由はやはり、映画のなかで語られている。ロナウドの父ディニスはロナウドが20歳のとき、2005年9月に亡くなっている。ロナウドがFIFA最優秀選手賞とバロンドールを獲るのが08年のことであり、そのときディニスはすでに他界していた。ロナウドにしてみれば、父に自分が世界一のプレーヤーになったことを見てもらいたかった。ロナウドは映画のなかで次のように語っている。

「若い父親になることが夢だった。25歳で父親になることができた。自分が若ければ長い間、息子の成長を見ていられる」

どうやらロナウドは、25歳のときに父親になるため計画的に子供を持ったということなのだ。そして、子供を育てるのは親としての責任感を持ち、人間として成長するためでもあった。それではなぜ結婚しないのか。ロナウドはストイックなまでに練習に力を入れている。「独りが好きだ。なぜなら好きなときに練習し、好きなときに眠れるから」と言うように、彼が世界一のサッカー選手であり続けるためには、結婚という選択はなかったのだろう。

ロナウドの母マリア・ドローレスが母親代わりに子供を育てた。マリア・ドローレスはいつも孫に対して次のように説明し続けた。

「お母さんは旅行に出ている。でも、大切なことは、パパはとてもおまえのことを愛している。そして、おまえの面倒をしっかりと見ているのだよ」

しかし、母親がいないということを子供は理解できたのだろうか。ロナウドはこのように話す。

「世間には両親のいない子もいる。父親がいれば十分。息子が僕の決断を理解してくれると信じている。母親については、息子が大きくなったら本人だけに伝えるつもりだ」


このような状況のなか、モウリーニョにとっては1年目、ロナウドにとっては2年目のシーズンが始まる。2010年8月29日、レアル・マドリードは開幕戦をアウェイでマジョルカと戦い、スコアレスドロー（0対0）だった。しかし、その後は順調に勝利を重ね、ロナウドも第4節エスパニョール戦でPKによる初得点を決めた。そして、第6節デポルティーボ戦では2ゴールし、レアル・マドリードは6対1と大勝。第7節マラガ戦もロナウドが2得点し4対1で勝利した。

モウリーニョ監督の基本フォーメーションは4－2－3－1であり、ゴールキーパーがキャプテンのカシージャス。ディフェンスはセルヒオ・ラモス、ペペ、カルヴァーリョ、マルセロ。セルヒオ・ラモスはセンターバックを務めるときもあったが、基本的には右サイドバックだった。ピボーテにはシャビ・アロンソとラサナ・ディアラあるいはケディラ。エジルがトップ下で、ロナウドとディ・マリアがサイド。トップがイグアインかベンゼマだった。

レアル・マドリードは第4節に一度首位に立つが、第5節にレバンテに引き分けたことで順位を落とす。しかし、第7節に再び首位に立つと、そのまま首位、バルサが2位という状態が続き、そして、第13節のクラシコを迎えることになる。それまでレアル・マドリードが10勝2分の勝ち点32。バルセロナは10勝1分1敗の勝ち点31。わずかに1ポイント差だった。

試合を直前に控え、記者会見が行われた。ロナウドはクラシコについて次のように話した。

「重要な一戦であることは間違いないが、この試合で優勝が決まるわけではない。まだ、たくさん試合が残されているからだ。バルサはとても強いチームだし、とくにホームではとても強い。彼らは僕らと優勝争いを続けている。お互いにとてもいいレベルにあるからいい試合になるだろう」

両チームのプレースタイルについても話した。

「すべてがとても異なっており、そして、似てもいる。簡単に言えば、両チームともとても素晴らしく、リーガ優勝を僅差で争っている。しかし、サッカーはとても異なっている。バルサはよく言われるようにティキタカ（華麗なパスまわし）でプレーするし、僕らはより早く相手ゴールに迫れるようにする。僕らは独自のスタイルであり、僕らのスタイルでとてもいい結果を出してきている」

モウリーニョについても話している。

「僕はとても野心家であるし、ミスター・モウリーニョもそうだ。彼のような高いレベルの監督のもとでやれることはとても光栄なことだ。彼はここに来るまですべて勝利し続けてきた。ミスターの経験をマドリードに伝えてくれることを願っているし、彼とともにたくさんのタイトルを獲りたい」

このシーズン最初のクラシコが行われたのはバルサのホーム、カンプノウだった。しかも、月曜日の夜9時キックオフとなった。これは28日の日曜日にカタルーニャ議会の選挙があるためだった。

バルセロナは試合開始からレアル・マドリードを圧倒した。5分には、プジョルのパスを受け取ったメッシが放ったシュートがポストに当たった。そして、9分にシャビが先取点。その後、レアル・マドリードも反撃に出るが、17分にはペドロが追加点。前半終了間際に、シャビ・アロンソからのパスをロナウドがシュートするが、ビクトル・バルデスに止められてしまう。

後半に入ってもバルセロナは攻撃を緩めなかった。56分、59分と立て続けにビジャが得点。アディショナルタイムにはジェフレンが追加点を決め、0対5と、レアル・マドリードはまざまざと力の差を見せつけられた。終了間際にはメッシをファウルで止めたセルヒオ・ラモスにレッドカードが出されるなど、後味の悪さも残してしまった。

試合前、多くのマドリディスタはインテルでバルセロナを叩いたモウリーニョだけに、その再現を期待していた。おそらくフロレンティーノ会長もそう考えていたことだろう。しかし、そのような夢は微塵もなく消えたのだった。試合後の記者会見に臨んだモウリーニョに対して、容赦ない質問が飛んだ。

「この敗戦はあなたのキャリアのなかでも最も大きな屈辱でしょうか？」

「屈辱だって？」

モウリーニョは即座に聞き返した。記者が「そうです」と答えると、

「そんなことはまったくない！　私のキャリアにおいて、最大の得点差による敗戦だということは言えるだろう。実際、0対5というものはこれまでなかった。それは確かなことだ。しかし、この敗戦は簡単に消化できるものだ。なぜなら負けに値しない戦いをしたからとか、レフリーが試合結果に影響を及ぼしたとか、あるいはセットプレーから得点され、運がなかったとか、そういうものではないからだ。この試合について話すことは簡単である。一方のチームは力を最大限に発揮したのであり、もう一方はとても悪い戦いをした。勝利はふさわしいものであり、敗戦もそれに値するものであったのだ。だからこの敗戦を受け入れるのはとても簡単なことなのだ」

また、別の記者は、「今日の結果が現時点でのバルサとレアル・マドリードの差を現しているので

しょうか」と尋ねた。

「そうではない。常に私が話しているようにバルサは完成品で、長年の仕事によるものだ。レアル・マドリードはこれまでいい試合を続けてきているが、まだ完成品ではない。両チームの差は今日の結果ではない。彼らにとっては素晴らしい戦いをしたご褒美であり、我々にとっては悪い試合をした罰である。今日の試合は受け入れることが簡単である。これまでこのスタジアムをあとにする際、結果を受け入れるのが大変だったことがあった。チェルシーやインテルで戦ったとき、いろいろなことがあった。しかし、今日は異なるのだ。当然ながら悲しい。このような結果で終わることは望んでいなかったからだ。しかし、この試合をコメントすること、消化することはとても簡単なのだ」

　ある記者は選手への影響について尋ねた。

「選手たちはこのような大敗によって精神的に心配はないのでしょうか」

「そうでないことを願っている。この会見前に、選手たちと話をした。シーズンは今日で終わりではない。常々選手たちに言っていることだが、タイトルをとったり、重要な試合で勝利したりしたときは歓びで泣く理由がある。だが負けたとき、今日のように4点5点入れられたとき、泣くべきではない。次の試合を戦う意欲を持って、スタジアムをあとにすべきなのだ」

　このロッカールームでのモウリーニョの言葉はのちに、ロナウドによって説明されることになる。

『Mourinho Los secretos de su éxito』に紹介されている。

「あれは、間違いなく僕の選手生活のなかでも、最悪の負けの一つだった。だけど、試合後、監督は、それでも僕らへの信頼と、未来への希望を見せてくれた。僕らに言った。『負けたのはよくないことだが、これによっていい教訓を得ることができた』と。本当に、その言葉どおりだった。あの試合のあと、僕らは大きく成長できた。僕らにとってものすごく大きな意味のある瞬間だったのだ」

大敗を喫しながらも、その後リーガにおいてレアル・マドリードは勝利を重ねていった。第14節から第20節まで5勝1分。しかし、第21節ではオサスナに敗れ、連勝を続けるバルサとの差は7と開いてしまう。その後はバルサが8勝2分、レアル・マドリードが8勝1分1敗。第32節で二度目のクラシコを迎えた段階で、首位バルセロナと2位マドリードとの差は8ポイントだった。

4つのクラシコ

2011年4月16日、ベルナベウで行われるクラシコは、このシーズン終盤に行われる4つのクラシコの最初のものとなった。リーガ、国王杯決勝、チャンピオンズリーグ準決勝2試合が18日間に行われるという前代未聞なことが起こった。

リーガにおけるレアル・マドリード優勝の可能性はほとんどなかった。しかし、カンプノウで0対5と屈辱を味わっているだけに、なんとか意地を見せなければならなかった。モウリーニョは奇策に出た。センターバックのペペを中盤のアンカーに起用したのだ。

イレブンは次のとおりだった。ゴールキーパーはカシージャス。ディフェンスは右からセルヒオ・ラモス、アルビオル、リカルド・カルヴァーリョ、マルセロ。中盤がケディラ、ペペ、シャビ・アロンソ。前線はロナウド、ベンゼマ、ディ・マリアだった。

さらに、モウリーニョの指示で芝生は長く乾いていた。バルセロナの早いパス回しを防ぐ狙いだった。レアル・マドリードは後ろに引いて守り、カウンターを狙うものだった。

53分、アルビオルはビジャを倒し、レッドカードが出される。そのPKをメッシが決めて先制する。一方、マドリードは一人少ない状態で戦ったが、71分にマルセロがダニエウ・アウヴェスに倒されてPKを得る。それをクリスティアーノ・ロナウドが決めて1対1の同点となった。結局、そのまま終了し、引き分けで終わった。

その4日後の4月20日、国王杯決勝がバレンシアの本拠地であるメスタージャで行われた。『モウリーニョVSレアル・マドリー「三年戦争」』によると、モウリーニョ監督は決勝前夜のミーティングにおいて、選手たちにバルセロナに対する敵対心を煽るような話をしたという。

〈政治、ナショナリズム、カスティージャ人とカタルーニャ人の過酷な分裂、両者の希望と共通点について話をした。彼は選手に共通点は何もないと言った。彼は長くバルセロナのあるカタルーニャに住み、そこの子供たちがどんな教育を受けているかを知っている、と。プジョル、ブスケツ、シャビ、ピケのような人間は、子供のときからカシージャス、セルヒオ・ラモス、アルベロアのようなスペイン人を拒絶するよう育てられていると説明した。そして、もしスペイン代表で友情を築いていると感じているとしたら、それは誤りであり彼らは友人ではないと言った。なぜならバルセロナの選手はその友情を利用して彼らを裏切り、メディアを操作してRマドリーからプレステージを奪おうとしているのだ、と。メディアのプロパガンダはバルセロナを持ち上げてRマドリーを貶めるものであり、Rマドリーの選手はこれに参加すべきではない、そして、選手たちは呪われた存在であることを認め、彼らと戦うべきなのだと主張した。さらに、もし儀礼であってもバルセロナの選手と握手するところ

とみなされることになるかもしれないと警告した〉

はたしてモウリーニョは、本当にこのようなことを話したのだろうか。ちょっとにわかには信じられないことだ。たしかに、モウリーニョはバルセロナで生活をした経験があるから、カタルーニャ人の考えていることを知っているかもしれない。

しかし、外国人であるポルトガル人がスペインの抱える政治問題やナショナリズムといった点に言及するのは、少し危険な気がする。イレブンのうち外国人が大半を占めるとはいえ、カシージャス、セルヒオ・ラモス、アルベロア、シャビ・アロンソといったスペイン人選手はこれを聞いてどのように感じたであろうか。もともとはカタルーニャ人がマドリードに対する敵対心を強くもっている。それをマドリードの選手たちにも持てというのだ。

モウリーニョはさらに主審を務めるウンディアーノ・マジェンコへの対策についても話したという。〈常に強くぶつかり、心配せずに相手を叩けと言った。スペイン人審判たちはRマドリーのことを恐れているから制裁の心配はなく、ウンディアーノも例外ではないと付け加えた。反則の笛が吹かれたら近くにいる選手、特にシャビ・アロンソは審判に文句を言ってプレッシャーをかけるべし、と指示した〉

また、試合前には、ブトラゲーニョ組織統括ディレクターはモウリーニョに依頼され、スペインサッカー連盟の知り合いにあたって芝生に水を撒《ま》かないように頼んだが、それは無理だったという。

『モウリーニョVSレアル・マドリー「三年戦争」』はアンチ・モウリーニョとして書かれているので、

どうしてもネガティブな面が強調されすぎている。このようなアンチ・フットボールともいえる策略をモウリーニョが駆使していることが事実であったとしても、それ以上に監督としての資質の高さは誰もが認めるものであり、評価されるべきであろう。

WOWOWのドキュメンタリー「王者の資質」には、モウリーニョの父フェリックスの興味深いコメントが収録されている。フェリックス自身、リオ・アヴェ、オス・ベレーネンゼス、ヴィットリア・セトゥーバルの監督を務めたが、大きな成功を収めることはできなかった。フェリックスは、「テレビで見せる息子の顔は、メディア向けにつくられた顔であり、本当の彼の顔ではない。私自身が監督で成功できなかったことから彼は学んでいたのだ」

と語る。モウリーニョはつまり「監督」としての振る舞いを自らつくり上げていった。自らの発言も、どのような効果を現すか、すべて計算されたものである。バルサを破るために何が必要かを考え、そのためには徹底的にやる。そのなかにはネガティブなものも含まれていたということなのだろう。

モウリーニョは1年目のプレシーズンにおいての練習についてもふれていた。

「モウリーニョはバルセロナを『作用』と捉え、自らのチーム作りを『反作用』のほうへ導いた。もしバルセロナがボールをすべての中心とするならば、Rマドリーはボールを奪うことに専念し、ポゼッションをあらためて数少ない攻撃機会を待った。こうした傾向に選手たちはロサンゼルスでのプレシーズン中に気がついていた」

多くの練習でされたのは、次のようなものであったという。

「モウリーニョはチームをグラウンドの後ろに集めた。選手たちはその状態を『箱詰め』と呼んだ。

その状態から寄せて、カウンターに出る。自動化された攻撃のパターンは2つあった。一つは、中盤で2回触り、サイドに展開し、センタリングしてシュート。もう一つは、ロングボールをFWに入れ、ボランチがボールを拾いサイドへ展開、センタリングしてシュート。中盤ではほとんどボールを触らず、すぐにサイドや前線を使うのが特徴だった。（中略）練習はまるでバルセロナだけを倒すために用意されているように見えた」

そして、国王杯決勝戦はまさにこのような練習が功を奏したのだった。フォーメーションは、4日前のリーガのときと比べて、いくつかの変更点があった。ロナウドとディ・マリアのツートップ。エジルをトップ下に置いた。中盤は再びペペを起用。そして、ディフェンスラインではこれまで右サイドバックであったセルヒオ・ラモスをセンターバックとして起用した。今日ではセルヒオ・ラモスはすっかりセンターバックとして認知されているが、このときはこの起用がサプライズの一つだった。

0対0のまま延長戦になったが、延長13分。中盤でボールを持ったマルセロは、一度は前線に上がろうとするが、左サイドにいるディ・マリアに渡すと、一度下がった。ディ・マリアはマルセロとワンツーで上がりダニエウ・アウヴェスを抜き去りセンタリング。ロナウドが頭で決めた。それが決勝点となったのだ。

それからすぐに、今度はチャンピオンズリーグ準決勝で両チームは対戦した。最初はベルナベウだった。布陣の国王杯との違いは、リカルド・カルヴァーリョに代わりアルビオル、ケディラではなくディアラが入ったことだ。モウリーニョにとってゲームプランが狂ったのは61分、ダニエウ・アウヴェスに対するファウルによりペペが一発退場させられたことだ。この判定に怒ったモウリーニョは猛抗議したが、彼も退場させられてしまう。その後、メッシが2得点を決め、0対2でバルサが勝利した。この結果により、レアル・マドリードの決勝進出はほぼ無理となった。

5月3日、カンプノウで行われたセカンドレグ、退場処分を受けていたモウリーニョはホテルに残り、アシスタントコーチのカランカが指揮をとった。布陣は4－2－3－1で、中盤にはディアラとシャビ・アロンソ。左にクリスティアーノ・ロナウド、真ん中にカカー、右サイドがディ・マリア。ワントップはイグアインだった。試合は後半に動いた。バルサは54分にイニエスタのスルーパスにペドロが飛び出し、得点を決めた。しかし、レアル・マドリードもその10分後、ディ・マリアのアシストからマルセロが決めて同点。そのまま終了し、バルセロナの決勝進出が決まった。

バルセロナは決勝でマンチェスター・ユナイテッドを破り優勝。このシーズンはリーガとチャンピオンズリーグをバルサが獲り、レアル・マドリードは国王杯を獲っただけに終わった。

2010－11年シーズンはロナウドの得点数が飛躍的に増えた1年だった。リーガにおいて、メッシの31得点を超え、40得点をあげピッチッチ（リーガ得点王）となっている。これまでウーゴ・サンチェスとテルモ・サラがもっていたリーガ記録38得点を超えるものであり、リーガ最多得点記録となった。そして、なによりもロナウドにとってうれしかったのは、レアル・マドリードでの初タイトル、国王杯優勝であったろう。しかも、バルサを相手に自らのヘッドで決めた勝利。ロナウドにとって格別のものであったにちがいない。しかし、2011年度のバロンドールは、やはり、チャンピオンズリーグとリーガの2冠に貢献したということでメッシが受賞している。

モウリーニョVSグアルディオラ

リーガ・エスパニョーラは地域的な文化や特性を反映したサッカーが展開される。それは世界中探しても、ほかにはないだろう。

バスクの古豪アスレティック・ビルバオはバスク人純血主義を貫き、一度も1部リーグから落ちたことがない。ガリシア地方にはデポルティーボとセルタ、これらはヨーロッパリーグやチャンピオンズリーグにも出場し、いい成績を残している。アンダルシアにはセビージャとベティス。バレンシア、アトレティコ・デ・マドリードは常に上位に名を連ねるクラブだ。しかし、それ以外にも、レアル・マドリードとバルセロナの10分の1にも満たない予算のクラブでも、地元の熱心な応援を味方につけ、ジャイアントキリング（番狂わせ）をすることがある。２０１０－11年シーズンではレアル・マドリードはレバンテやアルメリアを相手に引き分けているし、オサスナ、サラゴサ、スポルティング・ヒホンに敗れている。また、バルサもアトレティコやソシエダにアウェイで敗れたのはともかく、ホームでエルクレスに敗れたり、スポルティング、セビージャ、レバンテにアウェイで引き分けている。

しかし、２０１１－12年シーズンはなによりも、レアル・マドリードとバルセロナの2強が際立ったシーズンだった。そして、その2強の争いは、ロナウド対メッシというものに加え、モウリーニョ対グアルディオラという構図が生まれたことで、両チームの対戦はさらに面白いものとなった。

バルセロナのカンテラ出身でバルセロニスモを体現するグアルディオラと、マドリディスモを理解しているのかわからないような〝よそ者〟であるモウリーニョ。この二人について、『モウリーニョVSグアルディオラ』（ファン・カルロス・クベイロ著）のなかにはいくつかのコメントが紹介されている。度々、モウリーニョには批判的なコメントをしてきたヨハン・クライフは、こう述べている。

「モウリーニョがバルサの監督にならなくてほっとしている。なぜなら、サッカーは単に勝つことだけを考えるスポーツではないからだ。勝つことと同じくらい、よいサッカーをすることが重要だ。彼は偉大な監督ではあるが、悪い例でもある」

バルセロナのセンターバック、ジェラール・ピケは次のように話す。

「グアルディオラ監督はとてもはっきりとした考えをもっていて、それを選手たちにうまく伝える術を知っている。また、バルサの選手として活躍した過去を持っており、それによってクラブの歴史や哲学を誰よりも知り尽くしている」

一方、元ビルバオの選手でエスパニョールやセビージャ、また、横浜マリノスの監督も務めたことのあるハビエル・アスカルゴルタは、二人について次のように話している。

「モウリーニョは選手としての実績がないにもかかわらず、スカウト、通訳、コーチとしてステップアップしながらここまで到達した。そのために多大な努力と犠牲を払ってきたはずだ。いってみれば彼は長距離ランナーのようなもの。対するグアルディオラは短距離ランナーだ。短期間で多くのタイトル、名声を獲得した。彼らに共通するのは監督としての堂々とした立ち振る舞い。落ち着きを失うことなく言葉を選んで話ができる。カリスマ性、野心家、勝者のメンタリティをもつ点は似ている」

２０１１‐12年シーズンは開幕前からクラシコが行われた。スペイン・スーペルコパで両チームの対戦が行われたのだ。これはリーガ優勝チームと国王杯優勝チームが戦うもので、ホームアンドアウェイによって行われる。

２０１１年8月14日、サンティアゴ・ベルナベウでファーストレグが行われた。レアル・マドリードは13分、ベンゼマからのパスをエジルが決めて先制点を奪ったが、35分ビジャ、45分メッシと続けてゴールを決め逆転されてしまう。しかし、53分にシャビ・アロンソが得点して同点で試合を終えた。セカンドレグはその3日後の8月17日、カンプノウで行われたが、荒れた試合になった。15分にイニエスタが得点するが、20分にロナウドが得点し同点。44分にメッシが得点し、1対2で前半を終える。81分にベンゼマが得点し同点に追いつくが、88分にメッシが追加点を決めて2対3となる。この直後にマルセロがセスク・ファブレガスに対して蟹挟《かにばさ》みのようなファウルをしたため、怒ったバルセロナの選手とレアル・マドリードの選手が乱闘となる。あとで映像によって明らかにされるのだが、モウリーニョはバルセロナのアシスタントコーチ、ティト・ビラノバの目を人差し指で突いた。

この騒ぎによりマルセロとエジル、そして、ビジャにレッドカードが出される。イエローカードの数は両チーム合わせて8枚。また、モウリーニョに対しては2試合、ビラノバに対しては1試合のベンチ入り禁止処分が下された。

今、振り返ってもこの頃のクラシコは荒れていたと思う。メッシやロナウドを止めるために反則まがいのファウルがされることが多かった。『モウリーニョVSレアル・マドリー「三年戦争」』によれば、この原因を創っていたのがモウリーニョとなるのだが、両チームの乱闘が繰り返されることにより、「スペイン代表の団結力は失われようとしていた」と書いている。たしかに、２０１０年ワールドカップで優勝したスペインは、これまで代表よりもクラブチームのほうが大切であった文化を変える出来事となった。そして、２０１２年にはユーロも開催されるのであり、このような事態は代表選手にとって望ましいことではなかった。

　そこで動いたのがカシージャスだった。カシージャスはシャビとプジョルに電話をかけて謝罪した。しかも、それを公にした。スペインの国民の大部分はカシージャスの行動を勇気ある素晴らしいものだととったが、『モウリーニョVSレアル・マドリー「三年戦争」』によれば、モウリーニョ監督はチームに対する裏切り行為だととった。


　２０１１－12年シーズンは当初、８月20日に開幕される予定だった。しかし、スペインサッカー選手協会がストライキを行ったため、第１節として予定されていたカードは２０１２年１月22日に延期された。したがって、第２節が開幕戦となった。

　２０１１年８月28日、第２節サラゴサ対レアル・マドリード戦が行われ、レアル・マドリードは６対０で大勝した。ロナウドはハットトリックを記録している。しかし、メッシも負けていなかった。バルセロナはビジャレアルと戦い、やはり、５対０と大勝。メッシは２得点を決めている。このシーズンはまさに二人による得点の取り合いだった。

　レアル・マドリードはこのシーズンの多くの試合を４－２－３－１で戦い、左にロナウド、真ん中にエジル、右にディ・マリア、トップにはベンゼマかイグアインが入った。また、試合状況によって、３ボランチにして４－３－２－１の形をとることもあった。

　続く第３節ヘタフェ戦でも１ゴールを決めるが、第４節はアウェイでレバンテに０対１で敗れてしまう。第５節もラシンに０対０で引き分けと無得点の試合が続くが、次の第６節ラージョ戦では、ロナウドはハットトリックを決めて6対2と大勝する。

そして、レアル・マドリードは第10節に首位に立つと、そのまま一度も首位の座を譲ることなく、優勝を決める。32勝4分2敗、勝ち点100というリーガ記録を樹立した。さらに、得点数も121得点でリーガ記録だった。失点も32点と素晴らしいものだった。

クラシコにおいてもホームで1対3と敗れるが、後半戦のカンプノウでは2対1と勝利し、優勝に花を添えている。

ロナウドにとって悔しかったのは、チャンピオンズリーグ準決勝で敗退したことだろう。バイエルン戦はファーストレグをミュンヘンで戦い1対2で敗れたが、セカンドレグはベルナベウで2対1と勝利。しかも、この2得点はロナウドによるものだった。延長まで戦って引き分けであったためPK戦となり、ロナウドはその最初のキッカーとして外してしまい、結局PK戦1対3で敗れ、決勝へ進むことができなかった。バルセロナも準決勝でチェルシーに敗れている。

ロナウドはリーガ全試合38試合に出場し、46得点をマーク。ほかの公式戦を合わせると55試合に出場し60得点と素晴らしい活躍を見せた。第30節のレアル・ソシエダ戦では2ゴールを決めて、リーガ史上最速となる92試合目で100得点を達成している。

一方、メッシはリーガにおいては37試合に出場し、50得点を決めて得点王。さらに、そのほかの公式戦を含めると60試合に出場して73得点と、ロナウドの数字を上まわった。

第6章 好敵手との戦い

Mutsu Kawamori

ロナウドの悲しみ

２０１２年のバロンドールもやはりメッシだった。４年連続の受賞であり、ロナウドは2年連続2位で涙をのんだことになる。映画「ロナウド」の冒頭部分には、ロナウドの言葉が流れる。それは彼が目指すサッカー選手とはどのようなものかを語っている。

「僕のことをよく言う人もいれば、悪く言う人もいる。でも、それは成功の証であり、一流になった証でもある」

さらにバロンドールについて話す。

「バロンドールは個人に対して与えられる最高の賞だ。世界一の選手の証である。僕はバロンドールが欲しい」

そして、映像はメッシが4年連続受賞するシーンが流れる。そして、ロナウドの声。

「メッシが3年連続で受賞したときに思った。このままじゃだめだとね」

そもそもマンチェスター・ユナイテッド最後の年にチャンピオンズリーグ決勝戦をメッシのいるバルサと戦って敗れ、レアル・マドリードへ移ってきたロナウドにとっての挑戦は、２００８年に一度獲ったバロンドールを再び手にすることであったはずだ。それがその後4年間、メッシにその座を奪われ、ことごとく後塵《こうじん》を拝《はい》してきた。09年と11年のメッシの受賞は、いずれもチャンピオンズリーグ優勝が評価されている。

２０１２年はロナウドにもチャンスがあった。レアル・マドリードはリーガ優勝を果たしている。

バルセロナは国王杯優勝だけだ。もしも、ユーロ2012年大会でポルトガルが優勝を果たしていたら、ロナウドが受賞することになっただろう。だが、ポルトガルは準決勝でスペインにPK戦の末敗れている。結局、バロンドールはメッシの得点数が評価されたのだった。

それだけに、2012-13年シーズンにかけるロナウドの気持ちには並々ならぬものがあったはずだ。レアル・マドリードに入り、1年目はタイトルなし。2年目に国王杯、3年目にリーガ優勝。やはり、ロナウドにとって足りないのは、チャンピオンズリーグ優勝だった。もともとロナウドがレアル・マドリードに加わったときから、期待されたのは、2001-02年シーズン以来タイトルから遠ざかっているチャンピオンズリーグにおいて、10回目（ラ・デッシマ）を達成することだった。

このようなモチベーションを吹きかけたのは、『モウリーニョVSレアル・マドリー「三年戦争」』によると、代理人のジョルジュ・メンデスであったという。

〈代理人のメンデスは彼と会食するたびにバロンドールのことを話題にしていた。幼くして亡くした父（著者注：ディニスが亡くなったのはロナウドが20歳のときである）の代わりの保護者だったメンデスが、ロナウドを暗示にかけていたのだ。ロナウドは、2009年からメッシに奪われているタイトルを奪回する唯一のチャンスはEUROで優勝することだと考えていた。同大会で敗れたことで個人として認められる夢にも暗い影が差し、挫折感を抱えていた。克服する必要があったが、変化に乏しい彼の周辺は助けてくれなかった。粘り強い男であるメンデスは彼のエネルギーのほとんどを「世界一」という称号を喧伝することに捧げていた。彼は世界一たちを代理する世界一の代理人になりたかった。モウリーニョを世界で最も成功した監督という伝説で飾った彼は、ロナウドを地上にかつて

ないナンバー1選手にするという野望を抱いていた〉

挫折感を味わって夏を過ごしたロナウドにとって、さらに悲しみに追い打ちをかけるようなことが起こった。それは8月30日にモンテカルロで行われた2011－12年シーズンUEFA欧州最優秀選手賞授賞式だった。ロナウドはイニエスタ、メッシとともにノミネートされていた。そして、選ばれたのはユーロ優勝を果たしたイニエスタだった。ロナウドとメッシはともに2位だった。イニエスタが19票、ロナウドとメッシが17票ずつという僅差によるものだった。

しかし、ロナウドが落胆したのは、落選したことだけではなかったと、『モウリーニョVSレアル・マドリー「三年戦争」』には書かれている。

〈ロナウドが本当に落胆したのは、イニエスタとメッシがバルセロナのサンドロ・ロセイ会長に同伴されていたのに対し、Rマドリーの同行者は統括部門ディレクターのエミリオ・ブトラゲーニョだったことだ。人物の問題ではなく、肩書、エチケット、儀礼の問題だった。ロナウドはもっと認められて然るべしと考えた。困難な状況にいるときに、誰にも守ってもらえていないように感じた〉

2011－12年シーズンのスタートは前年同様、スーペルコパだった。しかし、立場は逆になっていた。レアル・マドリードがリーガ優勝による出場であり、バルセロナが国王杯優勝によるものだった。そして、また、大きな違いは、グアルディオラがバルセロナをやめてバイエルンへ行き、後任にはアシスタントコーチを務めていたティト・ビラノバがついていたことだった。

8月23日に行われたカンプノウでの試合はロナウドが先制点を決めているが、その後逆転され2対3でバルセロナが勝利した。8月29日に行われたセカンドレグは反対にレアル・マドリードが2対1

で勝利し、アウェイゴールの差で辛くもレアル・マドリードがタイトルを奪取した。

２０１２－13年シーズン、開幕からレアル・マドリードは躓いた。開幕戦でバレンシアに引き分けたあと、第2節でヘタフェに1対2で敗れる。ロナウドの悲しみ騒動が起こるのは、9月2日に行われた第3節グラナダ戦だった。この日2得点を決めながら、ロナウドは喜ぼうとしなかった。そして、63分に太ももを痛めて交代した。試合後のミックスゾーンで、ある記者が、「なぜゴールを祝わなかったのか？」と尋ねると、ロナウドは、こう答えた。

「僕はちょっと悲しいのかもしれない。それが理由だ。個人的な理由ではない。もっとプロフェッショナルなことだ。クラブにいる人間はすでにわかっている」

それからスペインのメディアは大騒ぎとなった。テレビやラジオのなかにはロナウドが退団を望んでいると報じたものもあった。しかし、その後、ロナウドが試合前日の9月1日土曜日にフロレンティーノ・ペレス会長と話し合いの席をもったことがわかり、そのときに話された内容がロナウドの悲しさの原因なのではないかといわれるようになった。

『モウリーニョVSレアル・マドリー「三年戦争」』には次のような説明がある。

〈ロナウドが友人に語ったことによると、モンテカルロから戻った後、２００９年からの会長の冷たい態度に不満を言うため、面会を求めたという。会合は短かった。ロナウドがもし求められていないのなら他のオファーを聞くとほのめかすと、会長は出て行ってもいいと返答した。メッシを買えるだけの違約金をもたらしてくれるのなら、と〉

はたして会長はそのようなことを淡々と話したのだろうか。サッカーサイト「ゴール・ドット・コ

ム」の記者、ベン・ヘイワードはコラムのなかで、

〈モウリーニョ監督も数カ月前、クラブから強いサポートを得ることを目的として、メディアに退団を示唆する様子をみせていた。不幸な感情を公の話題にすることは、通常であればこのような話は舞台裏で処理されてしまうものだ〉

と書いている。『モウリーニョVSレアル・マドリー「三年戦争」』はさらにこのように書いている。

〈ロナウドを他の選手と違う存在にしているものはすべて自尊心からきている。見栄が、粘り強さや克己心、激しい競争心を育み、外部と戦う鎧を用意するかのような肉体への綿密なエクササイズの源となった。彼のストロングポイントは無邪気さだった。自分を伝説化するほど愛し、サッカーが好きだったのは自己実現のためだった。グラウンドでは世界にこう訴えていた。「私がロナウドだ」。フロレンティーノ会長の言葉がどうだったにせよ、それはロナウドの鎧にヒビを入れた〉

しかし、ロナウドにとって救いであったのは、このグラナダ戦直後にスペインを離れ、ポルトガル代表の合宿に合流できたことだ。2014年ワールドカップ欧州予選の初戦を、9月7日にルクセンブルクとアウェイで戦っている。ルクセンブルクに先制されるが、28分にロナウドが同点ゴールを決め、その後、ポスティガが得点し、2対1で勝利している。その4日後、ポルトガルのブラガでアゼルバイジャンと戦い、ロナウドは得点を決めていないが3対0で勝利している。

インターナショナル・マッチデーのため、約2週間空けて第4節セビージャ戦が行われたが、レアル・マドリードは試合開始早々のコーナーキックから失点し、敗れてしまう。今季早くも2敗目となった。第7節にクラシコを迎えるが、レアル・マドリードが3勝1分2敗。一方、バルセロナは開幕

6連勝と首位を突っ走っていた。勝ち点の差は8ポイントであり、レアル・マドリードとしてはなんとか勝利して差を縮めたいところだった。

22分、ロナウドの決めたゴールは素晴らしかった。中央にいたベンゼマから、ペナルティエリア内の左でパスを受けたロナウドはそのまま左足を振り抜いた。ボールは地を這うようにゴール左隅に収まった。

ゴールを決めたロナウドは右手で自分の胸を指さし、「俺はロナウドだ」というようなジェスチャーをした。そして、平手を下に動かして、「落ち着け、落ち着け」というジェスチャーをしながら、「カルマ（落ち着け）」と叫んだ。

ロナウドはベンゼマにクサビのパスが入った瞬間、相手のディフェンスラインよりも前のオフサイドの位置にいたため、ラインの後ろに下がっている。そして、ディフェンスの裏に走り込み落ち着いて左足で決めている。

その直後にはポストに当たるベンゼマの惜しいシュートもあった。明らかにレアル・マドリードの時間帯がきたかのように思われたが、31分、ペドロからのクロスボールをレアル・マドリードのディフェンダーがクリアミスしたところを、後ろから走り込んできたメッシが決めて同点となった。さらに、61分、メッシがフリーキックを決めて1対2と逆転されてしまう。ディフェンスの壁の上を越えたあと、ボールはカーブを描きながら落下しゴール右下に吸い込まれた。

しかし、ロナウドも負けていなかった。それからわずか5分後、シャビ・アロンソが出したスルーパスにロナウドが飛び出し、ビクトル・バルデスと1対1となり、落ち着いて右足でゴール右隅に決めた。結局試合は2対2で引き分けに終わったが、このクラシコは勝敗よりも、ロナウドとメッシのゴラッソ（スーパーゴール）の競演が見られた、素晴らしい試合だった。

このシーズン、レアル・マドリードは最後まで不安定な戦いを続けた。後半戦サンティアゴ・ベルナベウで行われたクラシコには2対1で勝利するが、結局26勝7分5敗で2位。バルセロナは第1節から首位に立ち、最後まで首位を貫いた。しかも、前年レアル・マドリードが記録をつくった勝ち点100をバルセロナはとった。勝敗もそっくり同じで32勝4分2敗だった。得点数ではレアル・マドリードがつくったリーガ記録の121点には及ばず115点だった。

また、国王杯は、決勝がベルナベウで行われながらも、アトレティコ・デ・マドリードに延長の末1対2で敗れ、モウリーニョ監督は3年目を無冠で終わった。

チャンピオンズリーグでは両クラブとも準決勝まで進出したが、ともにドイツ勢に破られた。バルセロナはバイエルンに2敗。レアル・マドリードはドルトムントと戦い、ファーストレグは1対4で敗れた。セカンドレグは2対0まで追い上げ、あと1点が決まればアウェイゴールによって勝ち進むことができるところだったが、そのままタイムアップ。敗退が決まってしまった。

2012－13年シーズンはロナウドにとって、ユーロ敗退後の失意のなかでスタートしたシーズンだったが、チャンピオンズリーグでは12点を挙げて得点王。リーガにおいては34試合に出場し34得点。トータルで55得点を記録している。しかし、メッシは32試合に出場し46得点でリーガ得点王となっており、トータルで60得点だった。バロンドールにノミネートされたのはロナウド、メッシ、そして、バイエルンのチャンピオンズリーグ優勝に貢献したリベリーだった。

2014年1月13日、13年度のバロンドール授賞式がチューリッヒで行われた。今回、クラブのタイトルとしてはバルセロナがリーガ優勝している。しかも、メッシはピッチッチにもなっている。またしてもメッシが獲る可能性は高かった。しかし、読み上げられた名前はロナウドだった。ロナウドは感激のあまり壇上で涙している。ロナウドにとっては08年以来の二度目の受賞だった。

ロナウドが選ばれた要因としては、2013年11月15日、19日に行われた14年ワールドカップ欧州予選のプレーオフ、対スウェーデン戦での活躍が大きかった。ズラタン・イブラヒモヴィッチを擁する強豪スウェーデンを相手に、ポルトガルはホームで1対0、アウェイで3対2と2勝した。ロナウドはその全得点である4ゴールを決め、ワールドカップブラジル大会への出場に大きく貢献したのだった。

ラ・デッシマを目指して

ロナウドのレアル・マドリード入団5年目となるシーズン。ロナウドにはどうしてもやり遂げなければいけない仕事が残されていた。なぜ、レアル・マドリードがロナウドに130億円もの大金を支払って獲得したのか。なぜ、ロナウドの入団会見に9万人ものファンがサンティアゴ・ベルナベウに集まったのか。ロナウド自身、入団の意味をわかりすぎるほど強く感じていた。それは自分に対するプレッシャーでもあったのだが、その約束を果たせないまま4シーズンが過ぎていた。

ラ・デッシマ、10回目を意味するスペイン語だ。レアル・マドリードは2001－02年シーズンに9回目となるチャンピオンズリーグ（チャンピオンズカップも含める）タイトルを獲って以来、優勝から遠ざかっていた。人々は10回目はいつ来るのかと期待していた。そんななか、救世主のように現れたのがクリスティアーノ・ロナウドだった。彼がマドリードに来たなら、必ずラ・デッシマを達成してくれるはずだ。人々はそう思った。その責任をロナウドはいよいよ果たさなければならなかった。

２０１３−14年シーズン、レアル・マドリードはモウリーニョ監督に代わり、カルロ・アンチェロッティが就任した。夏の移籍市場では、ガレス・ベイルを獲得。さらに、イスコ、カルバハル、イジャラメンディを獲得した。一方、バルセロナはネイマールを獲得した。

開幕戦ゲームはホームにベティスを迎えた。アンチェロッティ監督がこのゲームで採用したフォーメーションは４−３−３だった。開幕当初、ベイルはまだベンチに入っていない。

ゴールキーパーはリーガではディエゴ・ロペスがレギュラーとなり、カシージャスは国王杯とチャンピオンズリーグに出場した。ディフェンスは右からカルバハル、ペペ、セルヒオ・ラモス、マルセロ。中盤はケディラがアンカーで右にモドリッチ、左にイスコ。前線はエジル、ベンゼマ、クリスティアーノ・ロナウドだった。

試合はホルへ・モリーナに先制されるが、ベンゼマが同点ゴール。そして、試合終了間際の87分にイスコが得点し、かろうじて初戦を飾った。２戦目はアウェイのグラナダ戦だったが、ベンゼマが得点し、この試合も辛くも1対０で勝利した。

ロナウドのシーズン初ゴールは第３節ビルバオ戦だった。そして、第４節ビジャレアル戦でベイルがデビュー。カニに先制されるが、ベイルが同点ゴールを決めた。ロナウドが得点しリードするが、ジオバンニに同点ゴールをされ引き分けに終わった。

このシーズンの首位争いは序盤からアトレティコ・デ・マドリード、バルセロナ、レアル・マドリードによる三つ巴《どもえ》となった。アトレティコは固い守備と、ジエゴ・コスタとビジャのツートップで得点を量産した。そして、終盤戦は第29節で首位に躍り出たアトレティコを2位のバルセロナが追う展開になり優勝は最終節の直接対決まで持ち越された。勝ち点の差は3ポイント。前半戦の直接対決では0対0で引き分けているため、バルセロナが勝利すれば勝ち点では同点に並ぶが、直接対決の成績からバルセロナの優勝となる。アトレティコは引き分け以上で優勝だった。カンプノウでの対戦であったため、バルセロナが有利とされた。先制したのもバルセロナだった。しかし、後半早々にゴディンが同点ゴール。そして、アトレティコは最後まで守り切って引き分け、10回目の優勝を果たした。

国王杯はレアル・マドリードとバルセロナの決勝となった。先制点を決めたのはディ・マリアだった。ところが、68分にマルク・バルトラが同点ゴール。1対1となった。そして、90分、コエントランからパスを受け取ったベイルはサイドをものすごいスピードで一気に駆け上がり、追いすがるマルク・バルトラを振り切り、ピントの股を抜くシュートを決めた。結局、この得点が決勝点となり、レアル・マドリードの国王杯優勝が決まった。

チャンピオンズリーグは準々決勝でバルセロナとアトレティコがぶつかった。カンプノウで1対1、アトレティコの本拠地ビセンテ・カルデロンではアトレティコが1対0でバルセロナを破り、準決勝へ進出した。そして、準決勝ではチェルシーを破り決勝へ。レアル・マドリードもバイエルンを破り決勝へ進出し、スペイン勢同士の決勝戦となった。

２０１４年5月24日、リスボンにあるベンフィカの本拠地エスタディオ・ダ・ルスで決勝戦は行われた。アトレティコにとっては１９７４年以来の決勝進出で、初のチャンピオンズリーグ優勝を狙う大きなチャンスであり、また、レアル・マドリードにとってはラ・デッシマがかかった重要な一戦だった。アトレティコにとって痛かったのは、決勝までの牽引力となっていたジエゴ・コスタが9分にケガのため交代しなければならなかったことだ。

しかし、先制点を決めたのはアトレティコだった。コーナーキックから一度はクリアされたボールが、再び戻され、それをゴディンがヘディング。カシージャスは前に出ていたため、その山なりのボールを防ぐことができずに、そのままゴール。アトレティコにとっては貴重な得点となった。

後半になってもアトレティコはプレスを強くかけ続けた。そのなかでレアル・マドリードは何度もチャンスをつくるが決まらない。59分にはコエントランとケディラに代わり、マルセロとイスコを投入。猛攻撃をしかける。しかし、アトレティコの守備は固く、なかなか崩すことができない。

映画「ロナウド」の中では、このときのロナウドの気持ちが語られている。

「87分、ディ・マリアはもうあきらめ顔だった。もうダメだってね。でも、僕はラ・デッシマを達成できると信じていた。だから言った。『まだいける。絶対に得点できる！』と」

90分間が過ぎ、アディショナルタイムは5分。アトレティコがこのまま逃げ切るかと思われた。残り2分となったとき、レアル・マドリードはコーナーキックを得た。それをセルヒオ・ラモスが頭で決めた。起死回生の一発だった。

「生き返った気分だった。まさに奇跡の復活だ。神様がチャンスを与えてくれた。追いついた瞬間、絶対に勝てると思った」

アトレティコは延長前半はなんとか耐えた。アトレティコとしては、しっかり守り切って、カウンターのチャンスがあれば狙うだろうが、もはや、延長をそのまま乗り切ってPK戦を待つしかない。

そのような戦い方だった。

しかし、延長50分、ベイルが決めた。そして、その8分後、マルセロが得点。さらに終了間際にはロナウドがPKを決めた。4対1で試合終了。ついにレアル・マドリードがラ・デッシマを達成した瞬間だった。そして、この大会17得点を決めたロナウドが大会得点王に輝いた。それにしても17得点というのは、2位のイブラヒモヴィッチの10点、3位のメッシとジエゴ・コスタの8点に大きく差をつけた、驚異的な数字だといえるだろう。

短かすぎたブラジルワールドカップ

2014年5月25日、ポルトガル代表はリスボンから100キロメートルほど離れた、プライア・デル・レイという場所で5日間、ワールドカップに向けて最後の国内合宿をスタートさせた。チャンピオンズリーグ決勝を戦ったロナウド、ペペ、コエントランといった選手は29日から加わった。

私はワールドカップ直前のポルトガルがどのような状態であるのかを知るために、合宿地を訪ねた。リスボンに代表のための近代的な合宿施設がまだできていない頃で、リスボンから高速道路で北に向かい、その後はユーカリの林の中を走ると、1時間ほどで着いた。代表が合宿するホテルのテラスからは、大西洋の大海原を目にすることができる。数日後にはこの海を越えてブラジルへ乗り込む。まさに、大航海時代にタイムスリップしたような感覚に陥る。

ロナウドがチャンピオンズリーグ優勝を達成し、最高の1年間を過ごしているだけに、自ずとロナウドへの人々の期待は高まっていた。しかも、ワールドカップ予選プレーオフでスウェーデンを圧倒的な強さで破り出場を決めたこと。さらに、開催国ブラジルは、ポルトガルに対してシンパシーを感じてくれるだろうし、ポルトガルが好成績を出す条件が揃っているようにポルトガル中が感じても無理はないだろう。

5月29日、ロナウドは合宿に合流したが、ホテルに入ったままで、練習は別メニュー。グラウンドには一度も顔を出さなかった。ロナウドがかなり重傷の膝蓋《しつがい》腱炎であることがわかるのは、実は相当あとのことだった。チャンピオンズリーグ決勝には出場したものの、ロナウドは決して本来の調子ではなかった。しかし、人々にはそれ以上に優勝カップを頭上に掲げるロナウドの勇姿が目に焼きついていたし、せいぜい疲労のため、コンディションを整えているのだろうくらいにしか考えなかった。

結局、ロナウドは国内の合宿においては一度もグラウンドに姿を現すことはなかった。

ポルトガルでの合宿最終日、パウロ・ベント監督は記者会見の冒頭で次のように話した。

「我々には世界最高の選手がいるが、だからといって優勝しなければいけないという話にはならない。実際、かつて我々には世界最高選手であったエウゼビオもフィーゴもいたが、ワールドカップで優勝したことはないのだ」

ケガが心配されるロナウドをかばう言葉のようにもとれた。ロナウドが昨年度のバロンドールを決定的なものにしたのは、プレーオフでのスウェーデン戦において、4得点を決め、ポルトガルのワールドカップ出場に大きな貢献をしたことだった。そして、これによりさらに一層、ポルトガルの人々が「我々にはロナウドがいる」と強く感じるようになった。

2年前からポルトガルサッカー連盟ディレクターを務めるジョアン・ピントは、フィーゴ、ルイ・

コスタとともに黄金世代の選手である。合宿中、常にピッチに現れ、熱心に練習を見ている。練習後に話を聞いた。

「現代表は個々の資質も高いが、組織としてよくまとまっている。FIFAランキングで4位となっているのも、ポルトガルサッカーの力が認められているからだろう」

また、連盟副会長で、かつて、ポルトガル代表監督を務めたことのあるウンベルト・コエーリョにも話を聞いた。

「世界最高のクラブでプレーしている世界最高の選手たちが集まるいい代表だ。最近の大会では常に決勝トーナメントに進出してきているだけに、期待されるのも当然だろう。国民に喜びを与えてくれることを願っている」

二人とも、パウロ・ベント監督のコメントとは相反するような楽観的なコメントをした。しかし、そのような楽観的な雰囲気を戒めるように、現実的な見方をしていたのはフィーゴだった。

「ポルトガルが優勝を争うのはとても難しいことだ。我々の人口は1100万人しかいない。ロナウド自身は再びバロンドールを獲るためにがんばるだろうが、チームはロナウドに大きく依存しすぎている」

「レコルド」の記者である、ジョゼ・カルロス・フレイタスも合宿地に来ていたので、話を聞いた。

「現代表にはたくさんのスター選手がいるわけではない。しかし、チームとしてとてもコンパクトによく機能している。ロナウドが得点を決めているが、それは、アルメイダや、ジョアン・モンティーニョの決定的なパスがあってこそだ。ほかの選手もとても高いレベルにある。しかし問題はフィーゴが言うように、選手層が厚くないことだろう」

ジョゼによると、ポルトガルサッカー連盟に登録しているのは10万人であり、ドイツは480万人。ポルトガルの人口の半分に匹敵しているという。したがって、ドイツとは選手層の厚さでかなわないという。先発の11人は優れた選手が揃ったとしても、ベンチに座る選手は並の選手だというのだ。ロナウド依存症になるのはポルトガルに限らず、レアル・マドリードでさえもそうであり、必然的なことであるように思うのだが、どうだろうか。

パウロ・ベント監督が会見で、「ロナウドなしの場合も想定して準備を進める」と話したことから、ロナウドはワールドカップに間に合わないのではないかと、日本を含めた世界中で報じられた。ポルトガルで報じられているものとは少し温度差があるように感じた。そこで実際、ロナウドが出られないとポルトガルメディアは考えているのか、ジョゼに尋ねてみると、「ロナウドの状態には心配いらないだろう」とあっさりと否定して見せた。

「ロナウドは自分自身の状態についてよくわかっているはずだ。シーズン中の疲れをとり、いい状態になってドイツ戦までに準備をしてくるはずだ。彼は自らを犠牲にしなければいけないときは、そうしてくる。スウェーデン戦のときだってケガをしていたのに、試合に出て得点を決めたのだ。リーダーとしての役割をしっかりと果たすはずだ」

ロナウドがスポルティングの下部組織にいた頃から、実践してきたことはサクリフィシオ（献身的に努力すること）とアンビサオン（野望を持ち続けること）だった。そういうロナウドであるからこそ、ワールドカップのような機会を棒には振らないだろう。

ロナウドはとくに近年、リーダーシップを発揮するようになっている。ロナウドを最初にキャプテンに任命したのは、スコラーリ監督だった。しかし、それはワールドカップ予選中にロナウドが父を亡くしたため励ます意味であった。あとは、ロンドンで行われた親善試合のときにキャプテンを務めている。正式にキャプテンに任命されたのは、２００８年から監督に就任したケイロス監督のときからだった。ジョゼは説明してくれた。

「当時はまだリーダーとして成熟していなかった。しかし、現在、彼は29歳であり、リーダーとしての役割をよくわかっている。今ではチームメイト全員の信頼を受けているのだ」

ロナウドがリーダーシップを発揮し、キャプテンとしての地位を築く決定的な出来事が2年前にあった。現在のパウロ・ベント監督となってからだが、ユーロのポーランド・ウクライナ大会に向けてプライア・デル・レイで合宿をしていたときに、1日休みが出された。そのとき、ロナウドは選手全員を夕食に招待した。通常なら家族の元に戻り休暇を過ごすのだが、ロナウドは「みんなで一緒に楽しく夕食をとろうじゃないか」と声をかけた。そして、全員一緒に夕食へ行ったのだという。

5月29日付の「ア・ボーラ」には、ギリシャとの親善試合を前に、ちょっと皮肉的なコラムが掲載されていた。

〈人々はあのスウェーデン戦以来、ポルトガルはロナウドがいればワールドカップで優勝できるみたいに考えている。しかし、ロナウド抜きで、手強いギリシャと戦い、結果を出せなければ、現実をよく知ることになるだろう〉

5月31日にリスボンの国立競技場で行われたギリシャ戦で、パウロ・ベント監督はロナウド抜きのフォーメーションを試した。従来の4－3－3ではなく、ポスティガとエデルのツートップからなる4－4－2でスタートさせた。中盤とディフェンスの4人がコンパクトに、きれいに2列になり守る。ときに右ミッドフィルダーのナニが中に切り込んで、その空いたサイドスペースにジョアン・ペレイラが駆け上がり、何度もチャンスメイクした。途中からポスティガに替えてウーゴ・アウメイダ。さらに後半からはエデルを下げて、ウーゴ・アウメイダのワントップによる従来の4－3－3にもどした。結果は0対0であったが、様々なロナウド抜きのフォーメーションを試したことは大きな成果であり、試合後、パウロ・ベント監督は満足気だった。

6月2日、ポルトガル代表は次の合宿地であるタンパに向けて出発した。その様子を見ようとリスボン空港に行ったのだが、驚いたのは見送りに来ていたファンが30人にも満たなかったことだ。月曜日の昼間ということもあるだろうが、日本代表の出発には成田空港に約700人のファンが集まっているだけに、この少なさは驚きだった。そのことをジョゼに尋ねると、

「過度な期待がされていないぶん、いい兆候だ。ポルトガルの今大会の目標はまずはグループリーグ突破だ。そう話すととても謙虚に聞こえるかもしれないが、かなり困難なグループに入っていることは事実だ。もちろん、ポルトガルが通常の力を発揮できればベスト8はいけるだろう」

ジョゼのようなベテラン記者がそう話すのだから、ポルトガルの大方のメディアは楽観的に考えているのだろう。

2014年3月に、ポルトガルサッカー界最大のレジェンドであったエウゼビオが亡くなったが、すでにロナウドはエウゼビオの後継者といえるのだろうか。ジョゼは首を振った。

「フィーゴが言ったことに私は同感だ。ポルトガルサッカー界でエウゼビオに匹敵する選手はまだ現れていない。クリスティアーノは世界一の選手になったし、代表でのゴール数も上まわったかもしれないが、エウゼビオが成し遂げたことのほうが、はるかに難しいことだった。1966年、エウゼビオは9ゴールを決めてワールドカップ得点王になり、ポルトガルを3位に導いている。2006年大会で、ポルトガルは4位に入り、ロナウドもそのなかにいたが、そのときのリーダーはフィーゴだった。フィーゴはポルトガルを4位に導いた。だが、クリスティアーノはまだ何も成し遂げていないのだ。エウゼビオを超えるためには、世界チャンピオンにならなければいけないだろう」

ロナウドはアメリカでの合宿から、ボールを使った練習を開始。調整は順調に進んでいることが報じられた。しかし、アメリカで行われたメキシコ戦とアイルランド戦には出ていない。

大会前、ポルトガル全体が比較的楽観的と、その雰囲気を現地で感じたので、私は次のような原稿をスポーツ雑誌に寄稿した。

〈ロナウドは今回のワールドカップが、自らが世界一のプレーヤーであることをあらためて証明するいい機会だと捉えているはずだ。スペインのデル・ボスケ監督をはじめ、ポルトガルが優勝しても不思議でないという考えをもった人も少なくない。しかし、それはいずれも世界ナンバーワンのロナウドがいるからという前提に立っている。左SBのコエントランをボランチにコンバートしたり、ロナウドに頼らなくても勝てるチームづくりを試すベント監督。自らがチームを引っ張りたいとするロナウド。両者の融合こそが、ポルトガルが大きな結果を残す鍵となる〉

しかし、それからわずか数日後、ポルトガルサッカー連盟はロナウドの状態について、「左足太ももの筋肉損傷および左足膝蓋腱の腱炎」と発表した。５月29日には筋肉痛と発表していたのに、これはどういうことだろうか。なぜ、ポルトガルサッカー連盟はケガをひた隠しにしてきたのだろうか。

チャンピオンズリーグ優勝から、ワールドカップブラジル大会へどのような気持ちでロナウドが臨むのか、映画「ロナウド」のなかに彼の気持ちがとてもよく表されている。ケガはチャンピオンズリーグ前に負ったものであり、ロナウドは、

「疲労のせいだろう。毎年60試合以上に出ている。このケガを治すには、長期間休むか、痛くても戦えるように精神を鍛えるしかない。痛みが人間を強くするのだ」

かなりついつめられた精神状態であったことが見てとれる。さらにロナウドは「痛みに耐えてきたからこそ、今の僕がある」とまで言っている。膝のケガを理由にワールドカップを欠場することはもはや不可能だと、ロナウド自身も悟っていた。

「膝を完治させるには20日間休むことが必要だ。でも、そうはいかない。チームに僕が２人か３人いればいい。でも、僕は一人だけだ」

結局、ケガで十分ではない状態で、初戦のドイツ戦を迎えることになる。

２０１４年6月16日、サルヴァドールのアレーナ・フォンチ・ノヴァ。試合開始早々はまだ良かった。ポルトガルは二度の決定的なチャンスをつくった。しかし、12分、ジョアン・ペレイラがマリオ・ゲッツェを倒してＰＫを取られてしまう。トーマス・ミュラーが先制点を決める。さらに、32分にはマッツ・フンメルスが追加点を決める。最悪だったのはペペの腕が顔に当たったとして倒れたトーマス・ミュラーに対し、ペペが頭突きをして、レッドカードを出されたことだ。ドイツを相手に一人少なくなる意味を、ペペは冷静さを欠いていてわかっていなかった。そして、前半終了間際にトー

マス・ミュラーが3点目を決めて、もはや試合は決まった。78分にもルイ・パトリシオがこぼしたボールをトーマス・ミュラーが押し込んで、ポルトガルは0対4と大敗した。

ロナウドの状態がケガで十分ではなかったとはいえ、ポルトガル代表全体が浮き足立っていた。つまらないミスが多すぎたし、暑さのせいか集中力も欠いていた。映画「ロナウド」のなかで、ドイツ戦をテレビで見ながら代理人のジョルジュ・メンデスはこのように話している。

「ほかの者なら出場しなかっただろう。クリスティアーノ・ロナウドはプレーできる状態ではなかった。私は彼をプレーさせるべきではないとみんなに話してきた。選手生命に関わるからだ」

第2戦は6月22日、マナウスのアレーナ・アマゾニアでアメリカ合衆国との対戦となった。アメリカは初戦のガーナ戦に勝利していた。ポルトガルは、初戦でミスが多かったゴールキーパーのルイ・パトリシオをベトに代えた。5分、ナニが先取点を取り、さい先のよいスタートを切った。しかし、後半になると64分にジョーンズにゴラッソを決められる。さらに、81分にデンプシーに追加点を許し、ポルトガルは絶体絶命となった。この試合を落とした段階で敗退が決定してしまうからだ。しかし、アディショナルタイム5分にシルヴェストレ・ヴァレーラが起死回生の得点を決めて、なんとか首の皮一枚でつながった。

ロナウドの試合後のコメントを「マルカ」が伝えている。

「ケガの問題を言い訳にしたくない。僕は責任感を持ってここにいる。腱炎のことは毎日のように記事に書かれているけど、僕がそれについて話をしても意味がない。僕の体と気持ちは試合だけに集中しているのであり、ケガは言い訳にはしたくない」

2試合が終わった時点で、ドイツとアメリカが1勝1分で勝ち点4。ポルトガルとガーナが1分1敗で勝ち点1となっていた。ポルトガルとガーナのどちらが勝っても勝ち点4にしかならず、ドイツとアメリカが引き分けに終われば、ドイツとアメリカが勝ち進むことになる。ドイツかアメリカのどちらかが勝利すれば、負けたチームと勝ち点で並ぶことになる。

そして、第3戦、ドイツはアメリカに勝利し、1位通過。アメリカは勝ち点4だった。ポルトガルはガーナに勝利し勝ち点4となり、アメリカと並んだが、得失点の差で3位が決まってしまった。やはり初戦の4失点が重くのしかかっていたのだ。

2014年ワールドカップは、開催国のブラジルが準決勝でドイツに1対7で敗れるという大波乱もあった。決勝はドイツとアルゼンチンで行われ、1対0でドイツが勝利し優勝を決めた。

ロナウドはどのように感じただろうか。大会MVPは優勝したドイツのノイアーではなくメッシが選ばれた。普通であれば優勝チームから選ばれるはずだし、また、得点数でもメッシは4得点を決めているが、得点王は6得点を決めたコロンビアのハメス・ロドリゲスだ。納得いかない決定だと言わざるを得ない。ロナウドにとって気がかりとなったのは、2014年のバロンドール争いにおいて、このMVPがどのように働くかということだった。

BBC対MSN

ワールドカップが行われた夏には大きな移籍がされるものだが、レアル・マドリードやバルセロナも2014年夏の移籍市場ではいくつかのビッグニュースが流れた。まず、レアル・マドリードは大会得点王となったコロンビア代表10番のハメス・ロドリゲスをモナコから獲得した。彼に与えられたユニフォームが10番であり、そのことからも彼には大きな期待をしていることがわかる。さらにトニ・クロース、ケイラー・ナバスが加わった。

一方、バルセロナはルイス・エンリケが監督となり、リバプールからルイス・スアレスを獲得した。さらにテア・シュテーゲン、マテュー、ラキティッチを獲得した。

2014年ワールドカップを失意のまま終えたロナウドだったが、しっかりと気持ちを切り替えて新シーズンに向けて準備を進めてきた。2014－2015年シーズンのスタートは例年以上に早かった。それは、チャンピオンズリーグで優勝したレアル・マドリードは、ヨーロッパリーグで優勝したウナイ・エメリ監督率いるセビージャとヨーロッパ・スーパーカップを戦わなければならなかったからだ。

2014年8月12日、ウェールズのカーディフスタジアムで行われた。ゴールキーパーはカシージャス、ディフェンスはカルバハル、ペペ、セルヒオ・ラモス、コエントラン、中盤はトニ・クロース、モドリッチ、ハメス・ロドリゲス、前線はいわゆる〝BBC〟（ベイル、ベンゼマ、クリスティアーノ・ロナウド）だった。

28分、右サイドでボールを受けたロナウドはいったんボールを中盤に戻すと、全速力で右サイドを駆け上がる、そこへ左サイドのベイルから長いクロスが送られ、ファーポストに走り込んだロナウドがスライディングをしながら右足をボールに合わせて得点を決めた。さらに、48分、クロースからベンゼマにパスが出されると、ベンゼマは左サイドのロナウドへ。それをロナウドは右足でトラップし、左に流れたボールを思いっきり左足で振り抜いた。

ロナウドはすっかりワールドカップから気持ちを切り替えていたのだ。

翌週、今度はスーペルコパが行われた。リーガチャンピオンのアトレティコ・デ・マドリードと国王杯優勝のレアル・マドリードがホームアンドアウェイで戦った。ファーストレグは8月19日、ベルナベウで行われ、ハメス・ロドリゲスが先制点を決めるが、終了間際にラウール・ガルシアに得点され1対1で引き分けた。8月22日にカルデロンで行われたセカンドレグはマンジュキッチが得点し、レアル・マドリードは無得点に終わり、アトレティコの勝利となった。


休む間もなく、8月25日にはリーガ第1節コルドバ戦を戦うが、〝BBC〟は絶好調だった。この日もロナウドとベンゼマが1点ずつ決めて勝利。リーガにおいても優勝に向けて好調なスタートを切れたかに思えた。ところが、アウェイで行われた第2節ソシエダ戦で思わぬ躓きをしてしまう。

この試合でロナウドは招集外となっている。ロナウドの代わりにハメス・ロドリゲスを左サイドに起用し、中盤にはイスコ、クロース、モドリッチを並べた。試合開始早々にセルヒオ・ラモス、そして、11分にはベイルが2点目を決め、楽勝かと思われた。しかし、気の緩みからか、その後、35分、41分とソシエダが得点し、同点にされてしまう。ソシエダは後半さらに2点を決め、終わってみれば2対4の逆転負けを喫したのだ。

ロナウドがピッチに立っていたならば、2点をリードしても気を抜くことなくさらに得点を狙い続け、このようなことにはならなかったのではないか。いずれにせよ、ヨーロッパ・スーパーカップ、スーペルコパと好調を続けてきたレアル・マドリードだけに、単なる躓きであると誰もが考えた。

しかし、次の第3節、今季三度目のマドリードダービーとなった対アトレティコ戦でも不覚を取る。この試合はロナウドも出場している。レアル・マドリードはモドリッチとクロースのドブレピボーテ。左サイドにベイル、右にロナウド、トップ下にハメス、トップにベンゼマとベストな布陣で臨んだが、またしても先制したのはアトレティコだった。コケが蹴ったコーナーキックをティアゴが頭で決めた。セットプレーによるアトレティコお得意の得点だった。

だが、それからはレアル・マドリードの猛反撃が始まった。ロナウド、ハメスと決定的なチャンスを迎えるが決まらない。そんななか、25分にロナウドに対するファウルでPKを得る。キッカーはロナウドだ。これを確実に決めて1対1の同点となった。激しい戦いが続いたが、77分、アルダが得点し、アトレティコが2対1で勝利。レアル・マドリードは開幕早々2連敗を喫してしまう。

試合後、アンチェロッティ監督は2連敗を喫したことに対しては、次のように話した。

「昨シーズンもそうだったが、悪かったのは開幕当初だけだった。私は全員が力を合わせれば、改善できると信じている。落ち着いて反省することが大切だろう」


その反動か、次のデポルティーボ戦は歴史的な大勝を収めることになる。この試合はフォーメーションを4－3－3にして臨んだ。中盤をクロースをアンカーにして左ハメス、右にモドリッチ。前線は〝BBC〟だった。

先取点はロナウドだった。29分に右サイドバックのアルベロアがあげたクロスを、ちょうどペナルティマークあたりからヘディング。ゴール左隅にアーチを描いて飛び込んだ。まさにゴラッソだった。

36分にはハメス、そして、41分には、マルセロからの前線へのパスをゴールキーパーのヘルマン・ルクスがペナルティエリアよりもはるか前まで出てきて、ベンゼマを足で倒した。ボールが横に転がると、それをロナウドが無人のゴールに向かって蹴り込んだ。

前半3対0とリードしたレアル・マドリードは、この日は後半もペースを落とさなかった。66分、74分にベイルが得点、78分にロナウドがこの日3点目、78分、84分に途中から出場したハビエル・エルナンデスが得点を決めた。最終的には8対2の大勝だった。

この試合以降、レアル・マドリードは負けなかった。しかし、バルサも第5節に引き分けた以降は無敗を続けた。そして、第9節にベルナベウでのクラシコを迎えた。この段階でバルサが勝ち点22、レアル・マドリードが勝ち点18と4ポイント差だった。

レアル・マドリードにとってなによりも心強いのは、ロナウドが絶好調であることだった。リーガにおいて、開幕以来、欠場した第2節以外、すべての試合で得点を決めていた。しかも、第5節エルチェ戦ではポーカー（4得点）、第4節デポル戦と第7節ビルバオ戦でハットトリック、第8節レバンテ戦でもドブレッテ（2得点）を決めていた。リーガ7試合に出場し合計15点という驚異的なハイペースだった。

実際、第8節で15得点はリーガ新記録となった。1943－44年シーズンにレアル・オビエドのエチェバリーアが第8節までに14得点を決めていたが、その71年後にロナウドが新記録を樹立したことになる。

さらに、エルチェ戦の4得点を決めた時点で、ロナウドはリーガ187得点となり、レアル・マドリード歴代3位となった。それまでサンティリャーナが186点で3位だったのを抜いたのだ。サンティリャーナは186点を461試合で決めているが、ロナウドはわずかに169試合で187得点を決めている。レアル・マドリードの歴代リーガ得点の1位はラウールの228点、2位がディ・ステファノの216点であり、ロナウドが歴代トップに立つのも時間の問題とされていた。

バルサは相変わらずメッシが得点を決めていたが、メッシに加えて今季から加わったネイマールが大きな得点源となっていた。メッシは8試合で7得点。ネイマールは8試合で8得点と、二人合わせればロナウドと同じになった。しかも、このときのクラシコの大きな話題となったのが、ワールドカップ以来、出場停止のため出られなかったルイス・スアレスが、いよいよこのクラシコでバルサデビューを果たすことだった。

2014年10月25日、第9節。ベイルはケガのため出られなかったが、ワールドカップを賑わしたスターたちが一堂に会する豪華なクラシコとなった。しかも、アンチェロッティとルイス・エンリケの初対決。話題は豊富だった。

レアル・マドリードは4－4－2。ゴールキーパーがカシージャス、ディフェンスはカルバハル、ペペ、セルヒオ・ラモス、マルセロ。アンカーにモドリッチとクロース。左サイドにハメス、右にイスコ。ツートップにベンゼマとロナウドだった。

一方、バルセロナは4－3－3。ゴールキーパーがクラウディオ・ブラボ。ディフェンスがマテュー、マスチェラーノ、ピケ、ダニエウ・アウヴェス。中盤がイニエスタ、ブスケツ、シャビ。前線がメッシ、ルイス・スアレス、ネイマール。いわゆるこのときからバルサの前線の3人は、レアル・マドリードの〝ＢＢＣ〟に対抗して、〝ＭＳＮ〟と呼ばれるようになった。

試合開始早々、バルサが先制する。左サイドでボールを受け取ったネイマールがスピードあるドリブルで中央に進み、カルバハルとペペを置き去りにしてシュート。ゴール右隅に決まる。4分、あまりに早い先制点だっただけに、レアル・マドリードの選手たちは大きなショックを受けたようだった。35分、マルセロがタッチライン深く切り込み、クロスしたボールをピケがハンド。ＰＫとなる。これをロナウドが決めて1対1の同点となった。ＰＫストッパーとして名高いクラウディオ・ブラボだけにＰＫは見応えがあった。しかし、ロナウドは落ち着いてブラボがセービングする逆側に蹴り込んだ。51分、コーナーキックからペペがヘディングを決めて、レアル・マドリードがリードした。さらに、61分、イスコ、ロナウド、ハメスとボールが渡り、それをベンゼマが決めて3対1、レアル・マドリードの勝利だった。

このクラシコ敗戦のショックがあったのか、バルサは第10節、カンプノウでセルタと戦い、0対1で敗れている。この段階で首位のバルサは2位となり、レアル・マドリードが首位に立った。

それからのレアル・マドリードは強かった。第16節セビージャ戦はクラブワールドカップ出場のため延期されたが、第17節でバレンシアに負けるまで第4節から12連勝を続けたのだ。バルサは第15節でヘタフェと引き分け、第17節ではレアル・マドリードが敗れたため差を詰めるチャンスだったが、バルサも敗れてしまい、それはならなかった。結局、前半戦第19節終了時点で、レアル・マドリードは15勝3敗の勝ち点45で1試合少ないものの首位。バルサが14勝2分3敗の勝ち点44で2位で折り返した。

また、12月10日から20日にかけてモロッコでクラブワールドカップが開催され、ヨーロッパチャンピオンのレアル・マドリードは準決勝でメキシコのクルス・アスル、決勝でアルゼンチンのサン・ロレンソを破り、優勝している。ロナウド自身にとっては２００８年のマンチェスター・ユナイテッド以来の二度目の優勝となった。

リーガ前半戦で特筆すべきは、ロナウドの驚異的な得点力だった。18試合で無得点に終わったのが（第2節は欠場しているが）第13節マラガ戦、第18節エスパニョール戦の2試合だけだった。17試合に出場し28得点ととどまるところを知らなかった。バルサはメッシが19得点、ネイマールが12得点、そして、スアレスは第16節コルドバ戦でリーガ初得点を記録し、第18節アトレティコ戦では、メッシ、スアレス、ネイマールがそれぞれ得点。〝MSN〟初の揃い踏みを演じたのだった。

後半戦は波乱の幕開けとなった。1月24日に行われた第20節コルドバ戦の83分、フリーキックからゴール前に上がったボールを追いかけるロナウドを押さえつけようとしたコルドバのエジマールを、ロナウドはボールがないのに蹴った。エジマールはすぐに倒れた。それを見たコルドバのクレスポは猛烈に怒り、ロナウドに向かっていった。このフリーキックがされたとき、最初にロナウドを押さえつけようとしたのがクレスポだった。それをロナウドは振り払った。そのときもロナウドの手はクレスポの顔に当たっていた。ロナウドはクレスポを振り払い、ボールを追いかけた。それを待ち受けたのがエジマールだったのだ。怒ってロナウドに迫るクレスポに対しても、再び顔面に手が当たっているようにも見えた。レフリーはロナウドに対しレッドカードを出し、退場させた。

87分、レアル・マドリードはペナルティを得て、それをベイルが決めて2対1で勝利した。ロナウドの退場はマンチェスター時代に4回あったが、リーガ・エスパニョーラでは5回目。5回のうちイエロー2枚によるものが1回、それ以外の4回はレッドカードの一発退場だった。ロナウドはエジマールへの行為と、さらに、ピッチを去る際にクラブ世界一を表すエンブレムをコルドバサポーターに見せつけた行為が相手を侮辱するものだということで、2試合の出場停止処分を受けた。ロナウドは試合後、自らのツイッターで詫びた。

「みんなに対してお詫びしたい。とくにエジマールに対しては僕が軽率な行為を取ってしまったことをお詫びしたい」（2015年1月25日午前2時47分）

ロナウドが欠場したレアル・ソシエダ戦は、ベンゼマが2得点を決めて4対1の勝利。「アス」は「ベンゼマがロナウドの役割を果たした」と見出しに書いた。

ロナウド欠場の2試合目は、レアル・マドリードがクラブワールドカップに出場するために延期されていた第16節セビージャ戦だった。週中の2月4日に行われ、苦しみながらも2対1で勝利した。この段階でレアル・マドリードは18勝3敗で勝ち点54。バルサは16勝2分3敗で勝ち点50。勝ち点の差は4ポイントとなった。

第22節はアトレティコとのマドリード・ダービーであり、2月7日、ビセンテ・カルデロンにて行われ、ロナウドも出場停止明けで復帰している。週中に1試合消化しているためか、レアル・マドリードの選手の動きはよくなかった。結局0対4と大敗を喫してしまう。

試合後、アンチェロッティ監督は「私がマドリードに就任して以来最悪の試合だった」と話した。

「この試合を振り返るのは簡単だ。相手のほうが、戦う気持ち、試合の資質、オーガニゼイション、セカンドボールでの争い、すべての点で優っていた。我々はすべてにミスをしていた。空中戦もすべて負けていた。我々のチームにはいい試合をした選手は一人もいなかった」

さらに〝BBC〟について尋ねられると、監督はこう答えた。

「彼ら3人によって、我々はクラブワールドカップとチャンピオンズリーグのタイトルを獲っているのだ。今さら彼らのことを言うまでもないだろう。彼らは良かったし、常にピッチに立つのだ」

クリスティアーノ・ロナウドもメディアを前に話をした。

「今日の失策から、将来のために学ばなければいけないだろう。でも、僕らはまだ首位にいるのだし、最後まで戦っていかなければいけない。僕らは敗れ、みんな怒りを感じている。でも、ポジティブに考えなければだめだ。3ポイントを失ったけれど、まだ首位にいるのだから」

また、ロナウドは、アンチェロッティ監督の言葉に重なるようなことも話している。

「レアル・マドリードは世界中のどこのチームに対しても0対4で負けるようなことはない。今日、僕らはすべての点でミスをしてしまった。意欲、戦う姿勢、フィジカル面でのコンディションもよくなかったし、メンタル面でもよくなかった。でも、言い訳をしたくない。顔を上げることだ。まだリーガにはたくさん試合が残されている。首位を続けていくのだ」


レアル・マドリードにとって、バルサの存在は不気味だった。後半戦になり、メッシ、スアレス、ネイマールの得点が目立ってきた。レアル・マドリードがアトレティコに敗れた翌日、バルセロナはビルバオとアウェイで戦いながら、メッシ、スアレス、ネイマール、それぞれが得点を決め、5対2と大勝している。しかも、翌23節でもメッシがハットトリック、スアレス、ネイマールも1点ずつ決めた。このあたりから、〝BBC対MSN〟という表現が新聞でも多く使われるようになる。

第24節エルチェ戦ではロナウドが1点、ベンゼマが1点で2対0で勝利。ところが、バルセロナはホームでマラガに敗れる。これで勝ち点の差は再び4に開いた。しかし、レアル・マドリードも第25節、ホームでビジャレアルと戦い、ロナウドが先取点を取りながら、同点に追いつかれ引き分けてしまう。バルセロナはメッシとスアレスが得点。3対1でグラナダに勝利。勝ち点の差は2と縮まる。そして、第26節、レアル・マドリードはアウェイでビルバオと戦い0対1で敗れてしまう。レアル・マドリードの敗戦を知ったバルセロナは翌日、ラージョとホームで戦い6対1と大勝する。しかも、メッシが3点、スアレスが2点。バルサの攻撃は、スアレスが得点を決めだしたことで得点力が大きく増した。バルセロナが勝ち点1の差で首位に立った。

第27節はレアル・マドリードがレバンテに、バルセロナがエイバルにそれぞれ勝利し、勝ち点1の差のまま、第28節クラシコを迎えた。ただ、ロナウドは後半戦になってから、24節と25節に1点ずつ入れただけで、前半戦のような爆発的な得点力を維持していなかった。一方、メッシは8試合で15得点と、ロナウドの前半戦のようなハイペースでの得点を決めていた。

2015年3月22日、カンプノウでバルセロナ対レアル・マドリードの試合が行われた。先制点はセットプレーによるものだった。20分、メッシがペナルティエリアの外から蹴ったフリーキックにマテューが飛び込みへディング。1対0とした。しかし、32分、モドリッチが前線にいるベンゼマへパス。ベンゼマはマークするピケをそのまま引き連れて、後ろ向きのまま、かかとでそのボールをセンタリング。そこへ走り込んだロナウドが決めた。まさに、ゴラッソと呼べる素晴らしい得点だった。

56分、右サイドからダニエウ・アウヴェスが前方にいるスアレスへクロスを送る。スアレスはぺぺとセルヒオ・ラモスのマークを外しシュート。2対1とした。結局、試合はそのまま終了し、バルサはレアル・マドリードとの勝ち点の差を4と広げた。

アンチェロッティ監督は試合後の記者会見で、ロナウドに対してふれた。

「クリスティアーノ・ロナウドは完璧だった。よく働いたし、常に前線でチャンスを創った。シュートで相手ゴールを脅かした。いつものように素晴らしいクリスティアーノだった」

次のグラナダ戦はレアル・マドリードの得点力が爆発する。ロナウドが5点、ベンゼマが2点、ベイルが1点、9対1の大勝だった。ロナウドは30分、36分、38分とわずか8分間でハットトリックを達成。さらに、後半に2得点を決めて5得点となった。ロナウドにとって1試合で5得点は初めてのことだった。そして、また、この日の5得点により、ロナウドはレアル・マドリードにおける通算公式戦300得点を記録した。わずかに287試合での達成だった。これでレアル・マドリードの歴代3位となった。1位がラウールの323点、2位がディ・ステファノの308点。しかし、ラウールは741試合での記録であり、ディ・ステファノも396試合での記録だった。

ロナウドの300ゴールの内訳はリーガで214点、チャンピオンズリーグで60点、国王杯21点、スーペルコパで3点、ヨーロッパ・スーパーカップで2点となっている。

ロナウドは第32節マラガ戦で得点を決めた時点で、3シーズン連続の公式戦50得点超えを決めた。また、第35節セビージャ戦で公式戦通算29回目のハットトリックを決め、それまでレアル・マドリードのクラブ記録であった28回を超えた。内訳はリーガで25回、チャンピオンズリーグ2回、国王杯2回となっている。

クラシコ以降、レアル・マドリードは第36節にバレンシアと引き分けた以外は全勝している。しかし、バルサも第31節にセビージャと引き分けただけで全勝。そして、第37節アトレティコとのアウェイ戦で勝利し、勝ち点で4の差があったので、1試合を残してバルサは２０１４－15年シーズンの優勝を決めた。

ロナウドは結局48得点でリーガ得点王、2位はメッシの43得点だった。3位には22得点を挙げたネイマールとグリーズマンが入っている。

２０１４－15年シーズンは、公式戦トータルで54試合で61得点を記録している。ロナウドは入団した1年目の２００９－10年シーズンは33得点（35試合出場）だったが、2シーズン目が54得点（54試合）、２０１１－12年シーズンが60得点（55試合）、２０１２－13年シーズンが51得点（47試合）だった。チャンピオンズリーグでは準決勝でユベントスに敗れ、バルサは決勝でユベントスに勝利し優勝している。この年のチャンピオンズリーグはネイマール、メッシ、ロナウドがともに10得点で3人が得点王となっている。国王杯はラウンド16でアトレティコに敗れ敗退。一方、バルセロナは準々決勝でアトレティコを破り、決勝でビルバオに勝利して国王杯優勝を達成している。

２０１４－15年シーズンはバルサがリーガ、国王杯、チャンピオンズリーグ優勝の3冠を達成。レアル・マドリードは無冠に終わったため、アンチェロッティ監督はシーズン終了後に解任され、ラファ・ベニーテスが新監督に就任した。

短期政権となったベニーテス

前年度、レアル・マドリードは無冠で終わったため、ヨーロッパ・スーパーカップもスーペルコパもなく、開幕はリーガ第1節となった。初戦の相手は2部から昇格したばかりのスポルティング・ヒホンだったが、0対0の引き分けと不覚を取ってしまう。

フォーメーションは4−2−3−1。ゴールキーパーがケイラー・ナバス。ディフェンスが右からダニーロ、ヴァラン、セルヒオ・ラモス、マルセロ。モドリッチとクロースのドブレピボーテ。前線は右にイスコ、真ん中がベイル。左にクリスティアーノ・ロナウド。そして、ワントップがハメス・ロドリゲスだった。しかし、第2節ベティス戦は5対0と大勝。ロナウドは2試合続けて無得点だったが、第3節に彼自身二度目となる1試合5得点を記録する。そして、この5得点により、ロナウドの通算リーガ得点数が231となり、それまでトップだったラウールの228得点を超えた。ラウールが550試合で記録を作ったのに比べ、ロナウドはわずかに203試合でこの数字を達成したのだった。

一方、バルセロナは開幕から第1節、第2節、そして、第3節アトレティコ戦にも勝利、第4節も勝利し、4連勝。ところが、第5節セルタ戦を1対4で落とす。9月26日に行われた第6節のラス・パルマス戦は勝利するものの、試合開始早々にメッシが膝をケガして交代。メッシが欠場した第7節ではセビージャに1対2で敗れてしまう。その後は第11節までメッシは不在だったが、ネイマールとスアレスの活躍により、すべて勝利していた。

レアル・マドリードは第10節までは無敗で7勝3分だった。ところが、第11節のラモス・サンチェス・ピスファアンでのセビージャ戦に2対3で敗れてしまう。そして、その翌週の11月22日、ベルナベウでクラシコが行われた。バルセロナは9勝2敗の27ポイント。レアル・マドリードが7勝3分1敗の24ポイントだった。クラシコに向けて調整を続けてきたメッシが招集され、ベンチスタートすることになった。ほぼ回復はしているものの、無理はさせず、どうしても不可欠となったときに途中出場させるというのがルイス・エンリケ監督の考えだった。

それより2カ月ほど前、まだメッシがケガをする前の9月12日にカルデロンで行われたアトレティコ戦をメッシはベンチスタートしている。そのときは、その前の1週間、二人目の子供が生まれるため、クラブの特別な許可をもらいアルゼンチンに帰国しており、チームの練習を休んでいたからというのが理由だった。そのとき、メッシが控えになったのは251日ぶりであった。アトレティコ戦は50分にフェルナンド・トーレスが先制。しかし、バルサもその4分後にネイマールの得点で同点に追いつく。この流れをチャンスと見たルイス・エンリケ監督は59分にメッシを投入し、一気に勝負に出た。メッシはその期待に応え、66分に逆転ゴール。バルサが勝利した。それと同じ起用法をルイス・エンリケ監督は考えていた。

バルサの先発はゴールキーパーにクラウディオ・ブラボ。ディフェンスがダニエウ・アウヴェス、ピケ、マスチェラーノ、ジョルディ・アルバ。中盤がブスケツ、ラキティッチ、イニエスタ。前線がセルジ・ロベルト、ルイス・スアレス、ネイマール。一方、レアル・マドリードはゴールキーパーがケイラー・ナバス。ディフェンスがダニーロ、ヴァラン、セルヒオ・ラモス、マルセロ。中盤がモドリッチ、クロース。右にハメス、真ん中がベイル、左がロナウド、そして、ベンゼマのワントップだった。

しかし、バルサはメッシの力も必要とせず、10分にルイス・スアレスが先制。さらに38分にネイマールが追加点。後半になってもバルサの優勢は続き、52分にイニエスタ。メッシが56分に入り、73分にスアレスが追加点を入れ、4対0でバルサが圧勝した。

レアル・マドリードはその後、エイバル、ヘタフェに勝利するが、第15節ビジャレアル戦を0対1で落とす。第16節はラージョ・バジェカーノに10対2で大勝。第17節ソシエダ戦も勝利し、2015年度の戦いを終え、クリスマス休暇に入った。

年が明け、2016年最初の試合をベルナベウでバレンシアと戦うが2対2の引き分け。その2日後の1月4日にレアル・マドリードは役員会を開き、ラファ・ベニーテス監督の解任、そして、ジネディーヌ・ジダンを新監督に迎えることを発表した。

1月5日付の「エル・パイス」によると、フロレンティーノ・ペレス会長は2015年10月4日に行われた第7節アトレティコ戦を1対1で引き分けた段階で、すでにベニーテス監督への信頼が揺らいでいたという。そして、バルセロナ戦、セルタ戦、セビージャ戦、ビジャレアル戦の結果から、ベニーテス監督はチームを成功に導けないだろうと判断したという。

たしかに、クラシコではベルナベウでバルサに0対4で敗れたことは、マドリディスモにとって大きな屈辱であっただろう。しかし、もちろんそれだけで解任されたわけではないだろう。

解任された時点での成績を振り返ると、まず、リーガはバレンシアと引き分けた第18節を終了した時点で、レアル・マドリードは11勝4分3敗で勝ち点37の3位。バルサはクラブワールドカップへ出場したため1試合少なくて12勝3分2敗で勝ち点39。首位のアトレティコは13勝2分3敗で勝ち点は41。首位のアトレティコとは勝ち点4の差であり、バルサが1試合分の勝ち点3を確保したとしても勝ち点5の差となり、残り試合を考えると十分追いつくことは可能な数字だ。

また、国王杯は、前年度レンタルで所属していたチェリシェフをビジャレアルにおいて出場停止処分であったのを知らず、起用したため、レアル・マドリードは失格となっている。だが、この責任を監督だけに求めるのは厳しすぎるだろう。チャンピオンズリーグにおいてはグループリーグ1位となり、決勝トーナメント進出を決めている。

しかし、ラファ・ベニーテス監督は就任当初から選手たちと問題を抱えていた。そもそも前任のアンチェロッティ監督が問題視されたのは、その温和な性格から、選手との間に規律がないことをフロレンティーノ・ペレス会長がよく思わなかったからだ。ペレス会長はベニーテス監督によって規律が高められることを期待していた。ベニーテス監督は選手たちが監督に忠実に従うことを求め、派手なプレーを望まず、個々の功績を認めず結果を重視したため、選手のなかから反発も起こっていた。

開幕前のプレシーズンのときから、彼の選手たちに対する姿勢が現れていた。レアル・マドリードはオーストラリアで行われた、ローマとマンチェスター・シティが参加するインターナショナル・チャンピオンズカップに出場していたが、そこでベニーテス監督の初めての記者会見が行われた。2015年7月17日付の「マルカ」がその記者会見について伝えている。

まずはオーストラリア人記者が、オーストラリアで最も話題性のあるクリスティアーノ・ロナウドとベイルについて尋ねた。

「ロナウドはチーム最大の中心選手ですが、ベイルにも今シーズンさらに前進してもらいたいと思いますか」

ベニーテス監督の答えは次のようなものだった。

「それは私の娘が父親と母親のどちらかを選ぶようなものだ。答えるのは難しい。ロナウド、ベイル、イスコ、ハメス、ベンゼマと、みなレベルの高い選手ばかりだ。そのなかから私は起用する選手を選ばなければいけないという問題を抱えるわけだが、それは私にとってうれしいことだ」

次に、メルボルンの「ヘラルド・サン」の記者が、ベニーテスがリバプールの監督をやっていた時代にロナウドと対戦しているが、マンチェスター・ユナイテッド時代と比べてどのような点が変わったと思うかという質問がされた。

「彼がスポルティングでやっていたとき、私が監督を務めていたバレンシアは彼を獲得しようとした。しかし、ユナイテッドの出したオファーと争うことは無理だった。イングランドでは彼は決定的な仕事をする選手であり、リバプールの監督として苦しめられた。現在はそのときよりもさらに成熟し、経験も積んで完璧となっている。彼は世界のなかでも最高の選手の一人だろう」

ベニーテスがそう答えたので、記者は「最高の一人ですか？」と聞き返した。それに対しベニーテス監督は、こう答えている。

「世界最高の選手の一人という表現で十分だろう」

ベニーテス監督にとっては、ロナウドも特別視しないという意識が現れた言葉でもあった。また、そのオーストラリアで行われた最後の練習で衝突が起こったことを、7月22日付の新聞「ムンド・デポルティーボ」が伝えている。その記事によると、ミニゲームをした際、ロナウドのゴールを、ベニーテス監督が笛を吹いて取り消すと、ロナウドは「ポルトガル人だけを攻撃している」と怒ったという。ベニーテス監督はそれを見て、ただ笑っているだけだった。

また、練習の最後に、ゴールポストにボールを当てたら、シャワーに行ってよいと命じたという。それに対してロナウドは「ボールはゴールネットに収めるべきものだ」と怒って、そのゲームには参加しなかったという。

新聞「スポルト」（10月9日付）には「クリスティアーノ・ロナウドとラファ・ベニーテスは話さない」という見出しの記事が掲載されている。

記事によると、その原因は最初に行われた記者会見でベニーテス監督が「クリスティアーノが世界最高の選手？　世界最高の選手の一人という表現で十分だろう」と話したことに対して、ロナウドが嫌悪感を表しているというものだ。

そして、ベニーテスはそのことについて何度かコメントして、補足しようとしているが、さらに火に油を注ぐ結果となった。９月21日、バルデベバスの練習場で公式記念写真撮影の際に、彼はこう話している。

「クリスティアーノは素晴らしい選手だ。私が監督を務めてきたなかでも最高の部類に入る選手の一人だ。しかし、最高とは言えない。なぜなら、私はたくさんの優れた選手たちの監督を務めてきたからだ」

たしかにベニーテス監督の言うことはわかる。しかし、常に世界一であることを誇りに感じてきたロナウドに対して、もう少しデリカシーのある言葉を選ぶことはできなかったのだろうか。

2016年1月4日付の「ムンド・デポルティーボ」には「ラファ・ベニーテス監督が解任された6つの理由」というタイトルの記事が載った。その理由のなかに、「選手たちは最初から子供扱いされたことに耐えられなかった」というものもある。ロナウドだけでなく、ハメス・ロドリゲス、イスコ、ヘセ、セルヒオ・ラモス、ぺぺなどと対立を生んでいた。その反対に最初からベイルを可愛がったとされる。

2015－16年シーズンが終わったときに、あるテレビ番組にロナウドが出演した。プレゼンターが「ベニーテス監督があなたにフリーキックを教えようとしたというのは本当ですか？」と尋ねた。ロナウドはちょっと皮肉を含んだ笑いをしてこう答えた。

「常に監督からは学ぶことがあるものだ。しかし、監督が教えるべきではないこともあるんだ。ベニーテスは僕にどうやってボールを蹴るかを説明したんだ」

監督となったカリスマ

ジダンは2013－14年シーズン、カルロ・アンチェロッティ監督のアシスタントコーチを務めたあと、2014年からはレアル・マドリードのBチームであるレアル・マドリード・カスティージャの監督（ライセンスがなかったので肩書きはアシスタントコーチ）を務めた。

ラファ・ベニーテス監督が解任されたことでそれに代わったが、ジダンがレアル・マドリードトップチームの監督になることは既定路線だったといわれている。ジダンがどのような監督になるか、1

月4日付「スポルト」〈ジダンはレアル・マドリード監督として、どのような監督になるか〉という記事のなかに、次のようなジダン本人のコメントが載せられている。

「選手時代の自分はプレーするのが好きだった。監督としては、自分のチームがボールを持って欲しい。それは後ろからしっかりとパスをつないでいくものだ。ゴールキーパーから短い足下へのパス。ポゼッションして、パススピードは速く、ツータッチかスリータッチ。相手ゴールにできるだけ早く迫り、効率的に得点を決める」


ジダン監督の初采配となったのは、2016年1月9日に行われた第19節デポルティーボ戦だった。先発メンバーはゴールキーパーがケイラー・ナバス。ディフェンスはカルバハル、ぺぺ、セルヒオ・ラモス、マルセロ。中盤にクロースとモドリッチ。右にベイル、真ん中にイスコ、左にロナウド。ワントップはベンゼマ。4－2－3－1の布陣だった。〝BBC〟が機能しベンゼマが2得点、ベイルが3得点。5対0と大勝し、初陣を飾った。試合後の記者会見でジダンは次のように語った。

「勝利したときは監督はとにかく満足する。私が采配した最初の試合であり、練習は3、4日間しかなかった。私が最も気にいったのは選手たちの強い気持ちだった」

さらに続けた。

「デポルティーボに5対0で勝利するのは簡単なことではない。試合に出た選手も試合に出なかった選手も、ともに強い気持ちをもって戦ったことが印象に残った。選手たちと同様、私も勝利を考えた。そして、よい結果が出た。とてもポジティブな結果が出せた。最も重要なのは、ここ数日練習に打ち込んだことだ。そして、選手たちに強い気持ちを見て、勝利をしたことで酬われた。選手たちがやり遂げたことを私は喜びとともに味わいたい」

しかし、次のスポルティング・ヒホン戦では〝BBC〟が得点を決めたものの、ベイルとベンゼマがケガを負ってしまう。ベンゼマは足首の打撲で軽傷だったが、ベイルは右足太もものケガで全治2、3週間と診断された。

ヒホン戦のあと、ロナウドがジダン監督になって変わったことを話した。

「ジダン監督はこれまでと異なった励ましを与えてくれる。でも、だからといってベニーテスがいい仕事をしていなかったと言いたいわけじゃない。いい結果が出なかったわけだけど、サッカーとはそういうものだろう。でも、正直言って、ジダン監督が来てからチームはより明るくなったし、いい方向に向かっていると思う」

また、ロナウドはアンチェロッティ監督のときの雰囲気が戻ってきたことを話した。

「ジズー（ジダンの愛称）は穏やかだし、仕事は真剣だけど、それ以外ではとても陽気で楽しい。選手たちの立場に立ってくれる。僕はとてもうれしいし、大きな希望をもっている。僕らはとてもいい状態にあるし、一生懸命練習に打ち込んでいる。この状態を続けていきたいし、リーガもチャンピオンズもまだ試合はたくさん残されている」

第21節ではベティスと引き分けるが、ジダンは選手たちを責めなかった。

「試合の入りがよくなかった。序盤は難しいものとなってしまった。もっと我々はやれたはずだった。チャンスはしっかり決めなければいけないだろう。サッカーはこのようなものだ。得点を決めないでいるとこのようになる。しかし、ポジティブな点もあった。選手たちを責めることはできない。私は今晩戦った選手たちをとても誇りに思う。勝ち点3を取れなかっただけだ」

しかし、次のエスパニョール戦ではロナウドがハットトリック。ベンゼマ、ハメスが得点し、相手のオウンゴールもあり6対0で大勝した。

ロナウドは試合後、コメントした。

「僕らはとてもいい仕事をした。この3週間、ジダン監督はとても素晴らしい仕事をしている。選手たちもいい気持ちでやれているし、より好調である。だから、ピッチ上でしっかりと結果を出せるようになった。勝利、しかも、大差で、僕らはとてもいい試合をした」

レアル・マドリードはその後も勝利を続けた。しかし、第26節でアトレティコに0対1で敗れてしまう。ジダン監督となり、初めての敗戦だった。

第28節セルタ戦でロナウドは4得点。そして、レアル・マドリードでの通算得点記録を353点まで伸ばした。また、リーガ得点においても、253点となり、歴代リーガ得点第2位となった。

レアル・マドリードは好調を続けるが、しかし、バルサもアトレティコも負けなかった。バルセロナは第22節でアトレティコに勝利し首位に立った。そして、第26節にレアル・マドリードがアトレティコに敗れると、バルセロナが勝ち点66、アトレティコが58、レアル・マドリードが54となり、首位のバルセロナとの勝ち点が12ポイントと開いてしまう。2016年4月3日、第31節バルセロナ対レアル・マドリードのクラシコを迎える。第30節を終了した時点で、バルサが勝ち点76、アトレティコが67、レアル・マドリードが66だった。勝ち点の差を縮めるためにも、また、前半戦ベルナベウで0対4と屈辱を与えられたこともあり、何としても勝利したかった。

バルセロナの先発はゴールキーパーにクラウディオ・ブラボ。ディフェンスがダニエウ・アウヴェス、ピケ、マスチェラーノ、ジョルディ・アルバ。中盤にラキティッチ、ブスケツ、イニエスタ。前線はメッシ、スアレス、ネイマール。レアル・マドリードはゴールキーパーにケイラー・ナバス。ディフェンスがカルバハル、ペペ、セルヒオ・ラモス、マルセロ。中盤がモドリッチ、カゼミーロ、クロース。前線がベイル、ベンゼマ、クリスティアーノ・ロナウドだった。いわゆる〝MSN対BBC〟の対決となった。

最初に得点したのはバルサだった。55分、コーナーキックをピケが決めた。しかし、レアル・マドリードも61分、マルセロが左サイドのクロースにパス。それをセンタリングしたものを、ベンゼマがオーバーヘッドキックで決めた。そして、85分、ベイルが上げたクロスをロナウドが胸でトラップ、右足で蹴り込んだ。

レアル・マドリードが2対1で勝利。これで首位バルサとの勝ち点の差は7となり、逆転優勝の可能性を残した。しかも、翌第32節でバルサがレアル・ソシエダに敗れたことで、バルサとアトレティコの差が3、レアル・マドリードとの差が4まで縮まった。さらに、第33節もバルサがバレンシアに敗れたため、アトレティコが76でバルサと勝ち点では並ぶ。レアル・マドリードが75で1ポイント差となった。アトレティコは第37節でレバンテに敗れ3位に落ちるが、バルセロナもレアル・マドリードも最後まで勝ち続け、結局バルサが91、レアル・マドリードが90とわずか1ポイント差でバルセロナの優勝が決まった。第33節以降は3チームが勝ち点1の差で争うというまれにみる激しい優勝争いだった。

第38節デポルティーボ戦を勝利で戦い終えたジダン監督は、とても満足げだった。

「決して最後まであきらめずに戦った。私はここまで戦ってきた、そして、現在も戦い続ける選手たちをとても誇りに感じている」

リーガ優勝は逃したものの、レアル・マドリードには2週間後にチャンピオンズリーグの決勝が残されていた。

「我々は幸運にもチャンピオンズリーグ決勝戦を戦うことができる。今はとにかくゆっくり休まなければいけないが、その後は決勝に向けてしっかりと準備したい。これまで続けてきた努力からも、リーガ優勝できなかったことで失望しているが、しかし、やらなければいけないことを我々はしてきたのだ。そして、これからは我々に残された最後の試合のことだけを考えていきたい」


チャンピオンズリーグ２０１５－16年シーズン、アトレティコは準々決勝でバルセロナを2試合合計2対3で破り、準決勝はバイエルンとあたり、ファーストレグはアトレティコが1対０で勝利。セカンドレグはバイエルンが2対1で勝利し、２試合合計2対2となったが、アトレティコがアウェイで1得点しているため、決勝へ進出となった。

レアル・マドリードはラウンド16でローマを破り、準々決勝では、ヴォルフスブルクにファーストレグで0対2で敗れるが、セカンドレグでは3対０で勝利し勝ち進んだ。準決勝はマンチェスター・シティと戦い、アウェイで0対0と引き分け、ホームで1対０で勝利し決勝に進んだ。

２０１6年5月28日、イタリア、ミラノのサン・シーロスタジアムで、チャンピオンズリーグ決勝戦が行われた。アトレティコを相手に行われる。２０１４年の決勝戦と同じカードとなった。

先制点はレアル・マドリード。15分、クロースが蹴ったフリーキックをベイルが頭で流し、ゴール前に詰めたセルヒオ・ラモスが押し込んだ。アトレティコは後半早々の2分にPKを得て、グリーズマンが蹴るがバーに当ててしまう。しかし、80分、アトレティコはガビとのワンツーで右サイドに抜け出したファンフランが右からクロスを上げると、それをカラスコが決めて同点に追いつく。

結局、延長でも勝負がつかず、PK戦になった。レアル・マドリードの先行で始まった。レアル・マドリードはルーカス・バスケス、マルセロ、ベイル、セルヒオ・ラモスと失敗せず5人目まで進む。アトレティコはグリーズマン、ガビ、サウールと決めるが、4人目のファンフランはポストに当ててしまう。レアル・マドリード5人目のキッカーであるロナウドが決めれば、優勝が決まる。ロナウドは落ち着いてゴール右隅に決めると、ユニフォームを脱いで観客席へ向かった。レアル・マドリードは11回目のチャンピオンズリーグ優勝となり、アトレティコはまたしても僅差でレアル・マドリードの前に涙をのんだ。

ロナウドにとって、チャンピオンズリーグ優勝はレアル・マドリードに来てからは2回目、マンチェスター・ユナイテッド時代の1回を合わせるとキャリア3回目の優勝となった。

ロナウドが5人目のキッカーを務めたのは、自らジダン監督に志願してのことだった。

「僕の頭の中に、あるビジョンが浮かんだ。僕が勝利のペナルティキックを決めるシーンを見たんだ。だから、僕はジダンに5番目にして欲しいとお願いしたんだ」

ロナウドはペナルティキックを決めた瞬間について振り返った。

「僕自身にとって3回目の優勝ができてとても幸せだ。決めた瞬間は特別だった。ファンが僕らと一緒に戦ってくれた。まさに、魔法の瞬間だったね」

第7章　最後のピースを求めて

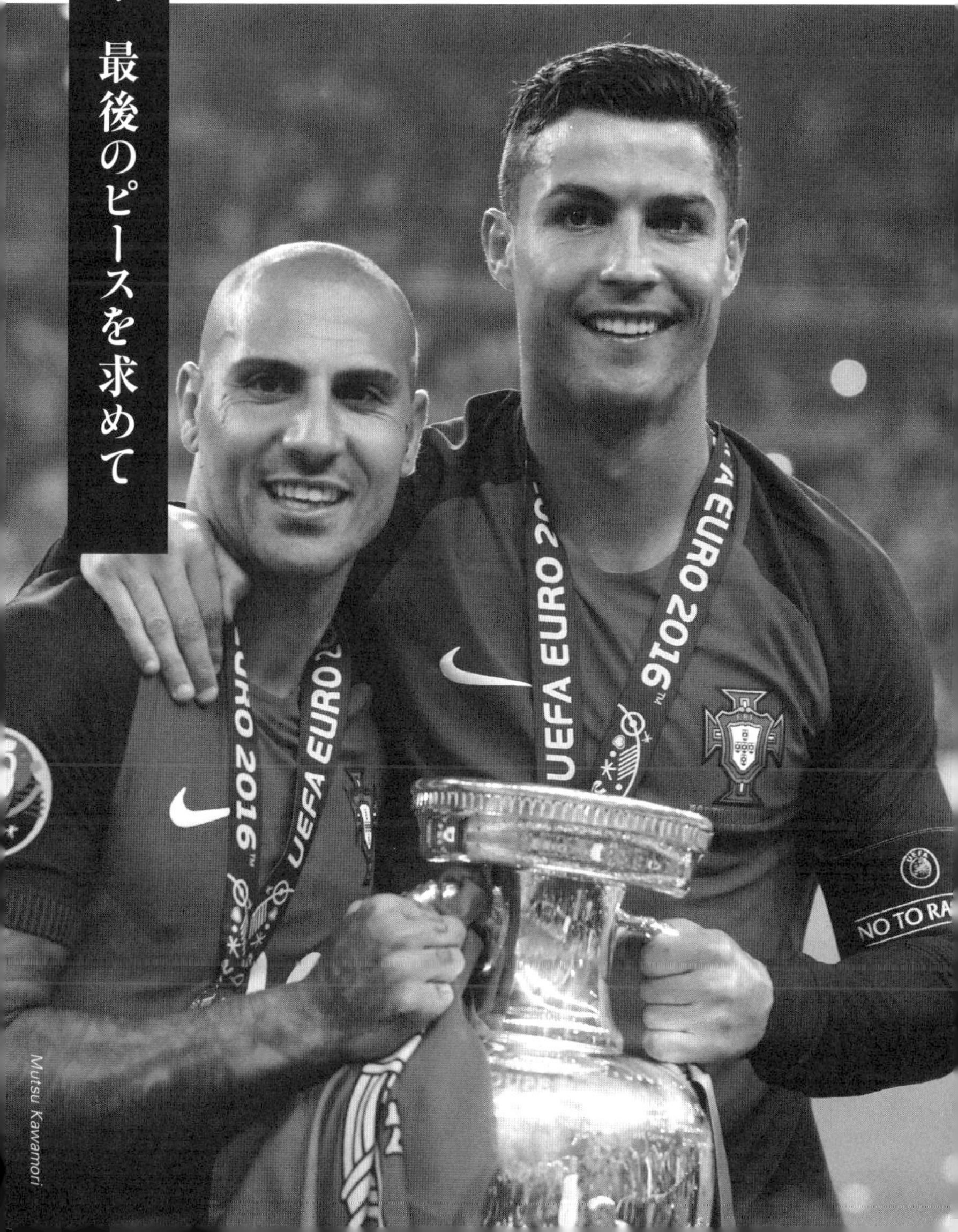

Mutsu Kawamori

優勝の前兆

2016年5月17日、ポルトガル代表のフェルナンド・サントス監督は、3月に落成したばかりのポルトガルサッカー連盟のトレーニングセンター「シダーデ・ド・フテボール」にて、ユーロに臨む代表メンバー23人を発表し、その後、記者からの質問に答えた。

選考の理由や大会までの準備、ロナウドについてなど、ひととおりの質問が出尽くした頃、ある記者が、選手たちには最初に何を話すのかと尋ねると、フェルナンド・サントス監督は、引き締まった表情で次のように話した。

「私は就任後、初めて選手たちと話し会ったときのことを思い出した。今回、選手たちが全員揃ったら私はこのように話すだろう。『決勝戦まで到達して、そして、優勝できると私は信じている。そして、みんなで信じようじゃないか』。それは信仰といったたぐいのものではない。信じられるかどうかが問題なのだ。ポルトガルは優勝候補ではないし、うぬぼれてもいない。しかし、我々はどこが相手であろうとしっかり立ち向かえる能力をもっているのだ」

2014年ワールドカップ直後の9月、ユーロ予選初戦はホームにアルバニアを迎え、0対1で敗れている。この敗戦によって解任されたパウロ・ベント監督の後を継いで就任したのが、ギリシャ代表をワールドカップベスト16まで導いたフェルナンド・サントス監督だった。

就任時、ポルトガルはどん底に沈んでいた。ワールドカップブラジル大会では、ロナウドの不調もあったが、グループリーグ敗退という予想もしなかった結果で終わり、さらに、ユーロ予選が始まったと思ったら、ホームでFIFAランキング57位のチームに敗れるという醜態をさらす。選手も国民もみな自信を失っていた。フェルナンド・サントス監督が最初に選手たちを前に話したのが、「フランスに必ず行けると私は信じている。予選を1位で通過できるとみんなが信じるべきだ」というものだった。そして、ポルトガルはその後7戦全勝し、本大会出場を決めたのだった。

今回の招集メンバーの特徴は、ユーロ本大会を経験していない、若い選手が10人もいることだ。2015年U－21欧州選手権準優勝メンバーのベルナルド・シルヴァがケガのため外れたのは残念だったが、ウィリアム・カルヴァーリョ、ラファエル・ゲレイロが含まれた。さらに、ベンフィカから来季バイエルンに移籍が決まっている、18歳と10カ月のレナト・サンシェスは、クリスティアーノ・ロナウドがユーロ2004大会に出たとき19歳であったので、それよりも若くして出場する可能性がある。クラブで活躍著しい若手とこれまで数々の大きな大会を経験してきたベテランとのミックスになっている。フォーメーションについては、フェルナンド・サントス監督はメンバー発表のときに次のように話している。

「我々にはプランA、あるいはプランBといったようなものは存在しない。我々の守り方、そして、攻撃の仕方があるだけだ。基本的に固定したフォワードはおかず、前線でより動く選手を起用する。あとは試合によって変わってくるが、試合開始時のフォーメーションは4－4－2に近いものとなるだろう。このフォーメーションによって、さらに、良くなる部分があるはずだ」

監督が従来の4－3－3ではなく、4－4－2を採用するのは、3月のブルガリア戦とベルギー戦で試し、その結果を監督自身が評価しているからにほかならない。そのときはナニとロナウドがツートップだった。

6月8日にリスボンで行われた壮行試合、7対0と大勝したエストニア戦でもフォーメーションは変わらなかった。スタメンは、クリスティアーノ・ロナウドとリカルド・クアレスマのツートップ、中盤は、右インテリオールにジョアン・マリオ、左にアンドレ・ゴメス、ボランチにジョアン・モウティーニョとダニーロ・ペレイラ。ただし、基本的にアンカーはダニーロであり、攻撃時はジョアン・モウティーニョがトップ下のポジションをとり、ダイヤモンド型の中盤となる。フォーバックは左からラファエル・ゲレイロ、ジョゼ・フォンテ、ペペ、セドリック、ゴールキーパーはルイ・パトリシオだった。

後半には6人メンバーを入れ替えているが、いずれも同ポジションの選手による交代だった。右サイドバックのセドリックに代わりヴィエイリーニャが、センターバックのペペに代わりリカルド・カルヴァーリョが入った。ジョアン・モウティーニョに代わりレナト・サンシェス、ジョアン・マリオに代わりエデル、ボランチのダニーロ・ペレイラに代わりウィリアム・カルヴァーリョ、そして、クリスティアーノ・ロナウドに代わりナニが入った。この試合に出場しなかったエリゼウは左サイドバック、ラファ・シルヴァとアドリアン・シルヴァはミッドフィルダーの選手だ。また、両サイドバックのラファエル・ゲレイロとヴィエイリーニャはその前の攻撃的なポジションもやることができる。

ポルトガルにとって、ユーロで大きな成功を収めるかどうかは、ロナウドの状態にかかっているといっても過言ではない。フェルナンド・サントス監督は「マルカ」のインタビューにおいて、ロナウドについて、こう話している。

「レアルでとても重要な存在であるのなら、ポルトガル代表においてもどのようなものであるか想像してみて欲しい。間違いなく同等か、あるいはそれ以上の存在である。各シーズン、50～60得点を決めるような選手は常に重要、不可欠である。いかに重要であるかは計り知れず、言い表せるものではない。だが、クリスティアーノは一人では勝てない。それは誰でも同じだ。チームメイトの助けが必要なのだ。彼はレアル以上に代表では重要な存在であることは間違いない」

ロナウドが不調であれば、ポルトガル代表に大きな影響が出ることは2年前のワールドカップが証明している。そして、今回のユーロも、そのときと同じように、チャンピオンズリーグ決勝をアトレティコと戦い、タイトルを獲った。2年前はその決勝戦でケガを悪化させ、ロナウドは十分なコンディションで大会に臨めなかった。今回ははたして大丈夫なのか。チャンピオンズリーグ決勝時も、決して状態はよさそうではなかった。

しかし、ロナウドはその後1週間休暇をとり、6月6日に代表に合流し、2日後に行われたエストニア戦では前半のみの出場だったが、2得点と本来の決定力の高さを示した。試合後のミックスゾーンでは、「僕はまだ最高の状態ではない。だが、開幕まで1週間あり、コンディションはさらによくなるだろう。今日の試合もできればもっとプレーしたかった。でも、配分を決めてほかの選手たちにも機会を与えたほうがよかったのだ。ユーロには僕自身いいスタートを切れると確信している」と力強い言葉を残している。

ポルトガルはまだワールドカップにも、ユーロにも優勝したことがない。優勝に最も近づいたのが、ロナウドが19歳で臨んだユーロ２００４だった。地元開催のなか決勝まで進出しながらもギリシャに敗れた。試合後、大泣きしたロナウド。そのときの悔しさを晴らすのは、31歳になるロナウドにとって、これが最後のチャンスである。それだけに今大会へかける意気込みは並々ならぬものがあるようだ。フェルナンド・サントス監督はエストニア戦の大勝にもかかわらず、「まだまだやらなければいけないことはたくさんある」と、気を引き締める。

「選手たちは自信をもちながらも、それでいてしっかりと両足を地に着けている。誰もうぬぼれていない。それこそが、我々がユーロにおいて偉大なことを成し遂げるための扉を開く鍵となっている」

自信と謙虚さ。その2つのものをもち続ければ、ポルトガルはアウトサイダーでありながらも優勝戦線に浮上できることを、監督も、そして選手たちも信じていた。

兄ウーゴが語るロナウド

2016年5月18日、クリスティアーノ・ロナウドの兄ウーゴに会うために、マデイラ島フンシャルにある「ロナウド博物館」を訪ねた。当初、インタビューは嫌だと言っていたウーゴだが、直接会ってお願いすると「少しだけなら」と受けてくれた。

ウーゴと会うのは初めてだった。長い間、ウーゴの存在は公にされていなかったからだ。映画「ロナウド」では、アルコール依存症から立ち直ったウーゴが紹介されている。そして、なによりも印象的だったのは、ロナウドがラ・デッシマを達成したとき、スタンドに駆け寄り、最前列に座っていたウーゴを呼び寄せ、二人で抱き合うシーンだ。それ以来、ウーゴの存在はテレビやメディアなどでよく紹介されるようになった。

角刈りに近い短めの髪、日本でいえば〝大将〟といった感じだ。首の太さがロナウドにとてもよく似ている。博物館の近くにあるカフェで話を聞くことになった。ウーゴは席に着くと、私とは目を合わさず、両腕を組み、さあ何を聞くんだと、少し構えた。私はひるむ気持ちを堪え、そして、目の前に座ってくれただけでも感謝しなければいけないと、できるかぎり笑顔で質問しようと思った。

——ロナウド博物館は２０１３年12月にできたそうですが、博物館をオープンさせようと思った経緯はどのようなものだったのですか？

「博物館はオレのアイデアから生まれたんだ。3年半くらい前、ロナウドの家の中はトロフィーだらけになってきたから、『ロナウド、マデイラに博物館を造って、そこにトロフィーを飾ったらどうだろうか』と言ったんだ。そのときは彼も笑っていただけだったが、それから1年くらいして、トロフィーはさらに増え続けていたから、『やはり、造ったほうがいいみたいだ』と彼も同意した。しかし、今ではここも一杯になってきたので、現在建設中だが、港の近くに来月、移ることになっている。この倍くらいの広さなんだ」

——博物館に展示されているもののなかで、ロナウドにとって一番大切なものは何でしょうか？

「一番はバロンドールだ。その次がゴールデンシュー、そしてヨーロッパ最優秀選手賞のトロフィーということになるだろう」

——たくさんの観光客が訪れているようですが、1日にだいたい何人くらいが訪れますか？

「1日に何人かはわからない。オープンから2年半になるが、これまでに15万人くらいが訪れている。すごい数字だ」

——兄であるあなたから見て、小さい頃のロナウドはどうでしたか？

「いつも一人で練習していた。毎日4時間くらい、左右どちらの足でも蹴れるようにと、壁に向かってボールを蹴っていたね」

――お父さんはどのような人でしたか？　いつもロナウドの試合を観にいっていたのですか？

「ロナウドがアンドリーニャでやっていた6歳から8歳の頃は、試合があれば父はいつも観にいっていた。オレは働いていたから行かなかった。父はいつもみんなから離れたところで一人で見ていた」

――試合後はロナウドにアドバイスしたりしたのでしょうか？

「励ましたり、ときにはアドバイスもしたりしていた。でも、決してロナウドの気分を害するような言い方はしなかった。パスを出すべきだったとか、そういったことをよく言っていたね。父はもともとおとなしい人だったんだ」

――あなたは16歳のとき、家族を助けるためにアルミニウム工場で働き始めたのですよね。

「学校をやめて働きに出た。オレが16歳のときで、そのときロナウドは6歳だった」

――あなたもサッカーをやっていたのですか？

「オレもアンドリーニャでやっていた。17歳のときまでね。でも、働くようになってからは、やらなくなった。オレが仕事から帰ってくると、ロナウドが『兄貴一緒にやろう』と、よく言ってきた。ナシオナルへ移った9歳の頃から、おそらくロナウドの頭の中には何としても選手にならなければいけないっていう考えがあったのだろうね。そして、そのとおりになった。だから良かったんだ」

――ロナウドは、現在でも、いつも練習を続けていますね？

「ああ、いつも練習している。午前中クラブで練習し、帰宅してからも練習している。彼にはほかに選択肢はないんだ。さらに、息子を相手に庭で2時間くらいボールに触っている。パシエンシア（忍耐力）があるんだろう。本当にサッカーが好きなんだ」

——彼がルタドール（闘う人）なのは、家族の影響でしょうか？

「当然だ。誰もが簡単な人生を歩めるわけじゃない。そうでない場合は戦わなければいけないのだ。弟は今でもその精神を持ち合わせている。年齢的にはベテランの域に達しているが、それでもさらによくなろうとしている」

——レアル・マドリードでのロナウドについてどう思いますか？

「レアル・マドリードは彼が好きなクラブだ。戦術も彼に合っているのだろう。毎年50得点以上決めているのだから、彼にとって最高のクラブだというべきだろう」

——しかし、もしベンゼマやベイルがもう少し協力的なら、ロナウドはもっと得点できているのではないですか？

「それは何ともいえないし、実際わからないことだ。彼にパスをもう少し多く出したからといって、得点を決められるかはわからないのだ。スアレスとネイマールと一緒にやったらどうなるかもわからない。でも、満足できる結果を出していることは確かだ。ただ、リーガ優勝できなかったのは残念だった。あと１つか２つ勝っていれば、できただけに残念だ。なんとしても来季は優勝して欲しいね」

——時々、テレビを見ていて、貴賓席にあなたの姿を見ることがあります。ロナウドの試合はよく観にいくのでしょうか？

「とくにチャンピオンズリーグの決勝トーナメントになってからは、準々決勝、準決勝と観にいった。重要な試合にはオレの応援が必要だからね」

——それでは決勝も当然行くのですね？

「ああ、オレが行かなきゃだめだろう。当然行くよ（笑）。行かなきゃいけないんだ。これまでの決勝戦はすべて観てきた、彼にとって今回が四度目のチャンピオンズリーグ決勝戦だ」

――ロナウドのキャリアで、あなたにとって一番うれしかった瞬間はいつですか？

「初めてバロンドールを獲ったときだね。あのときは誰も予期していなかったし、まさに夢が叶った瞬間だった。初めて世界最優秀選手賞をもらったんだもの。二度目、三度目のときは、ある程度予想もついていたけれど、最初のときは違った。ここに住んでいる人間で、このような賞をもらおうなんて夢を見るやつは誰もいなかった。でも、弟は信じ続けて、そして、がんばったからこそ実現できたんだ。マデイラ島のような小さな島から世界最優秀選手賞をもらえる人間が現れるなんて、これから先５００年あるいは１０００年経ってもないだろうね。しかも、バロンドールを三度も獲った。二度とないだろう」

――今回のユーロはどうなると思いますか？

「優勝するよ」

――えっ、優勝できますか？

「願わくばね。彼にとっては最後のチャンスだ。４年後もまだやれるかもしれない。でも、そのときは35歳だ。今じゃなきゃいけないんだ。チャンスがあるとしたら今なんだ。２００４年ユーロの決勝でギリシャに負けた。あのときは最高のチャンスだったのに逃してしまった。それだけに今回は絶対に優勝しなければいけないのだ」

――２００４年大会で何か思い出しますか？

「思い出すよ。リスボンに30日間もいたんだ。最初から最後の試合まで、すべて観たし、とてもよく覚えているんだ。初戦でギリシャに敗れ、決勝でまた、ギリシャに負けた。決して忘れないね。オレの記憶にしっかりと刻まれているし、あの悔しさは決して忘れることはできない。自国開催だったし、優勝できるチャンスだったのに。パシエンシア（がまんするしかしようがない）だ」

――ロナウドは試合後、ずっと泣いていましたね。

「ああ、やつは若かったから」

――あなたも泣きましたか？

「泣くわけないだろ。ちょっと涙ぐんだだけだ。彼は19歳だったが、オレは30歳近かったから、耐えなきゃいけなかったんだ」

――ロナウドが初めて観たユーロとはどの大会ですか？

「さあ、わからないな。弟はテレビよりもサッカーをすることのほうが好きなんだ。まだ子供だったし、その後、スポルティングに入ったから、それからは知らない。でも、スポルティングの寮でも、あまり見なかったんじゃないかな」

――ロナウドはフィーゴやルイ・コスタのようになりたいとか、あこがれていたのか？

「さあ、知らない。彼に直接、聞けよ」

――2014年ワールドカップですが、直前のチャンピオンズリーグ優勝は果たしましたが、ケガをしてしまい、ワールドカップではいいプレーができませんでしたね。

「ワールドカップで活躍するのを夢見ていたけれど、できなかった。チャンピオンズリーグ決勝に出て、ケガをさらに悪化させてしまったんだ。そして、代表に行った。休まなければいけなかったんだ。今回はリーガを2試合休んだ。それはチャンピオンズリーグ決勝とユーロを考えてのうえだった。現在は31歳で、19歳のときとは異なるんだ。昨日も弟と話をしたけれど、とても意欲的になっていた」

――ケガは大丈夫でしょうか？

「もう大丈夫だ。ロナウドは100％だ。ポルトガルはいいチームだし、ユーロ優勝を目指す。今回が弟にとって最後のチャンスだから」

――あなたにとって、弟であるロナウドはどのような存在なのでしょうか？

「オレが学校をやめて、家族のために働いた頃、彼はまだ小さくて、いつもボールで遊んでいた。しかし、今は逆だ。彼が家族全員のために働いている。実質上、彼は我々の父親なのだ。オレは彼に感謝しているし、そのことは彼もわかっている。そのような弟をもってオレは幸せだと思っている」

歓喜のユーロ2016

2016年6月10日、フランス対ルーマニアの一戦で、ユーロ2016フランス大会は開幕した。ポルトガルはグループFでハンガリー、アイスランド、オーストリアと一緒だった。6グループに分かれ、各組の1位と2位。それと3位が4チーム、決勝トーナメントに進めることになっていた。

ポルトガルの初戦はアイスランドと6月14日、サン＝テティエンヌで行われた。アイスランドは今大会のダークホース的な存在だった。人口わずか33万人の、サッカー的にはこれまで目立った成績も出していなかったアイスランドは、本大会に出場したこと自体、大きなサプライズだった。ポルトガルからすれば、比較的簡単な相手となるはずだった。

先取点はポルトガルだった。31分、左サイドのアンドレ・ゴメスから出されたセンタリングをニアポストにいたナニが右足で蹴り込んだ。しかし、アイスランドは50分、ヨハン・グズムンドソンのクロスにビルキル・ビャルナソンが飛び込み、右足のボレーを決めて同点。ビルキル・ビャルナソンはまったくフリーの状態であり、ポルトガル守備陣の乱れから生まれた失点でもあった。

ポルトガルは71分にレナト・サンシェス、76分にクアレスマ、84分にエデルを投入するが追加点を取れずに試合終了。ポルトガルとしては初戦だけに絶対に取りたかった勝ち点3を取りこぼしたことになる。ロナウドもユーロ初戦で輝かしい活躍を見せることはできなかった。

試合終了後、ロナウドはアイスランドが同点に追いついたときに見せた態度を批判した。

「彼らはまるでユーロ優勝をしたかのように祝っていた。ちっぽけなメンタリティだね。あんなんじゃ、何も成し遂げることはできないだろう」

試合全体についても振り返った。

「大変な試合になることはわかっていた。初戦だし、当然だろう。だから、あらためて警報を発する必要もないだろう。僕らは勝ち点1を取った。もちろん、3を取りたかったけど。アイスランドは僕らのゴールに二度迫っただけだったけど、僕らはたくさんのチャンスを創った。彼らは1点を決めて同点に追いつくと、後ろに下がって守った。そうなると試合は難しくなってしまうのだ」

第2戦は6月18日、パリで、オーストリア戦だった。オーストリアは初戦ハンガリーに0対2で敗れている。両チームともどうしても勝ち点が必要だった。ポルトガルは29分にナニがヘディングシュートを放つがポストに当てる。また、79分にポルトガルはPKを得て、それをロナウドが蹴るが、それもポストに当ててしまう。結局、両チームとも無得点、0対0で引き分けに終わった。

ロナウドはこの試合でA代表出場128試合となり、それまでのフィーゴの記録を超えた。試合後のインタビューで次のように話している。

「レジェンドであるフィーゴの記録を破り、128試合に出場できたことをとても誇りに感じているし、さらに、代表でプレーを続けていきたい。でも、このような形で記録を更新したくなかったので、少し悲しい気持ちだ。記録更新は、やはり、試合に勝利して決めたかった」

もう一つの試合、ハンガリー対アイスランドは1対1、こちらも引き分けに終わったため、2試合を終えた段階での順位は、1位がハンガリーで勝ち点4、2位がアイスランドで勝ち点2、3位がポルトガルで勝ち点2、4位がオーストリアで勝ち点1となった。この結果、4チームすべてが勝ち抜けるチャンスを残して第3戦を迎えることになった。ポルトガルはハンガリーに勝てば1位通過、反対に負けると4位となり、敗退の可能性があった。ポルトガルとして心配なのは、2試合で得点がわずかに1点であることのロナウドに再三得点チャンスがありながら決めていないことだった。今回は2年前のようにケガはしていないものの、やはりロナウドが活躍してくれないと、また、ワールドカップブラジル大会のような悪夢を見なければならない。不安なスタートといえた。


第3戦の対ハンガリー戦は6月22日、リヨンで行われた。先取点を決めたのはハンガリーだった。19分、コーナーキックをポルトガルディフェンダーがクリアしたボールを、エリア外にいたゲラが左足でシュート、ゴール右隅に決まった。またしてもポルトガルは追う展開となったが、42分、ロナウドのスルーパスにナニが走り込んでシュート。ゴール左隅にボールは収まり同点。そのまま前半は終了した。

後半開始早々の47分、フリーキックをシュジャークが決めて、ハンガリーが再びリード。しかし、ポルトガルはその3分後、右サイドからのジョアン・マリオのクロスを、ロナウドが右サイドに体を向けたまま、右足インサイドでもってコースを変えてゴールを決めた。ついにポルトガル中が待ち望んでいたロナウドの得点が生まれたのだった。

ハンガリーは55分、再びキャプテンのシュジャークが得点を決めて２対３と、またもやリード。しかし、ポルトガルは62分にクアレスマのクロスをロナウドがヘディングで決めた。その後、ロナウドは何度か惜しいシュートを放っている。結局、試合は３対３のままドローで終了する。

もう一つの試合はアイスランドが健闘し、２対１でオーストリアを破った。この結果、グループ１位が勝ち点５のハンガリー。２位が同じく勝ち点５のアイスランド。ポルトガルは勝ち点３で３位となった。６グループの３位のなかで上から４チームが決勝トーナメントに進めるが、ポルトガルはなんとかその４チームに入り、決勝トーナメントに進むことができた。

決勝トーナメントに進むにあたって、ロナウドが２得点を決めたことはポルトガルにとってなによりも大きな弾みとなった。そして、ロナウドがハンガリー戦で得点を決めたことで、ユーロ４大会すべてに得点を決めた最初の選手となった。

これまで３大会で得点を決めた選手は５人いた。同じポルトガルのヌーノ・ゴメス（２０００、２００４、２００８）、エルデル・ポスティガ（２００４、２００８、２０１２）、フランスのティエリ・アンリ（２０００、２００４、２００８）、ドイツのユルゲン・クリンスマン（１９８８、１９９２、１９９６）、チェコのヴラディミール・シュミツェル（１９９６、２０００、２００４）。また、ユーロ本大会出場試合数でも17試合出場とトップになった。

6月25日、決勝トーナメントラウンド16、ポルトガルの対戦相手はクロアチアだった。クロアチアはグループリーグにおいてスペインを破り首位通過したチームだ。中盤にはラキティッチやモドリッチ、コヴァチッチと、リーガ・エスパニョーラではおなじみの優れたミッドフィルダーが揃っている。

試合開始からクロアチアがボールを持ち、ポルトガルがカウンターを狙うという展開となった。ポルトガルは中盤をダイヤモンド型にした4－4－2で臨み、ロナウドとナニのツートップ、トップ下にアンドレ・ゴメスを置いた。後半になるとフェルナンド・サントス監督はアンドレ・ゴメスに代えてレナト・サンシェスを入れ、4－1－4－1のロナウドのワントップに変更した。

両チームともリスクを冒さず、膠着《こうちゃく》状態が続きそのまま90分間が終了した。延長になると、クロアチアに何度か決定的なチャンスが訪れる。しかし、試合を決めたのはポルトガルだった。延長57分、左サイドからのナニのクロスをロナウドがシュート。ゴールキーパーのスパシッチが弾いたボールをクアレスマが頭で押し込んだ。

ポルトガルは予選3試合を引き分け。決勝トーナメントになってからも90分では決められずに、延長でのゴールによってなんとか準々決勝へ進出することができた。しかし、ポルトガルが勝負強いチームになったことは確かだった。

準々決勝のポーランド戦も結局1対1のまま延長を含めた120分間を戦いきり、PK戦となった。一番に蹴ったのがロナウドだった。その後、レナト・サンシェス、ジョアン・モウティーニョ、ナニと4人全員が成功すると、ポーランドの4人目ヤクブ・ブワシュチコフスキの蹴ったボールを、ゴールキーパーのルイ・パトリシオが止めた。そして、ポルトガル5人目のクアレスマが決めて、ポルトガルの勝利となった。

7月6日、リヨンでの準決勝はチームメイトのベイルがいるウェールズとの対戦となった。ポルトガルは中盤をダイヤモンド型にした4-4-2で臨んだ。ディフェンスにはペペの代わりにベテランのブルーノ・アウヴェスが入った。中盤の底にダニーロ、右にジョアン・マリオ、左にアドリエン・シルヴァ、トップ下にレナト・サンシェス。ロナウドとナニのツートップだった。

前半にはジョアン・マリオの惜しいシュートもあった。また、ウェールズはベイルが右サイドをスピードのあるドリブルで上がって再三ポルトガルを脅かした。先制点を決めたのはロナウドだった。50分、ジョアン・マリオのショートコーナーからラファエル・ゲレイロが左サイドからクロスを上げるとロナウドが頭で合わせた。そして、55分にはロナウドがペナルティエリアの外から放ったシュートにナニが滑り込んでゴールを決めた。

結局このまま2対0で終了し、2004年大会以来の決勝進出を決めた。得点は2点だったが、この日のポルトガルは流れるような攻撃から何度も得点チャンスを創っていた。この試合で、やっとポルトガルは90分以内で勝利を決めることができた。試合内容もよく、決勝に向けて大きな自信となったことは確かだ。

この試合のマン・オブ・ザ・マッチはロナウドだった。インタビューでロナウドは決勝戦について質問された。対戦相手はドイツ対フランスの勝者となる。

「フランスもドイツもとても強いチームだ。両チームともユーロやワールドカップの優勝経験がある。それだけに僕らにとって大変な試合になるだろう。ポルトガルが決勝へ出るのは2回目だ。僕らは夢を抱かなければいけない」

試合後の記者会見にもロナウドが出席した。最初の質問は新聞「テレグラム」の記者で英語だった。

「試合後、ベイルと話をしていましたが、何を話していたのですか？」

ロナウドも英語で答えた。

「君はとても好奇心があるんだね」

この答えに会場は沸いた。

「僕らは通常の会話をしただけだよ。何を話したかは、当然ながら明らかにはしないけれど、特別なことではない。トーナメントにおいて彼らのチームは素晴らしい戦いをして、ユーロにセンセーションを起こしたことを祝福したんだ。それ以外のことは言いたくない」

ポルトガルの「ＲＴＰ国営テレビ」の記者が尋ねた。

「決勝進出おめでとうございます。12年前にも決勝進出を果たして、今回がそれ以来となるわけですが、あなたがキャリアをスタートさせた12年前と比べて、どうでしょうか？」

ロナウドは引き締まった顔で答えた。

「当然ながら異なる。当時、僕は19歳で、僕にとって初めての決勝戦だった。あれから12年が経過して、再び決勝進出を果たした。僕にとって大きな誇りだ。代表で優勝したいというのが僕の夢であり、今回それを果たしたい。とても自信があるし、僕らのチームには優勝にふさわしいメンバーが揃っていると信じている。ファンも栄誉を受けるのにふさわしい。ポルトガルからも、そして、フランスに住むポルトガル人も、ずっと素晴らしい応援をしてくれた。誰もポルトガルが決勝まで到達するとは思っていなかった。僕らの目標は決勝へ到達することだったし、それが実現できたことを、とても誇りに感じ、とても満足している。日曜日に夢が実現するように、しっかりと準備をしたい」

「レコルド」のジョゼ・カルロス・フレイタスも質問した。

「おめでとうございます。監督もあなたも我々は一つのチームであり、クリスティアーノ・ロナウドやナニといった一人の選手の力によるものではないと言っています。そして、あなたも、今、個人の記録について話すときも、そのように話しました。『この代表は全員によるもの』という気持ちでやってきているのでしょうか？　世界最高の選手がいても、この代表はそうなのでしょうか？」

ロナウドは質問に対して丁寧に答えた。

「そうだ。『代表は全員によるもの』だ。それは明白だし、そう思って僕らは最初からずっとやってきた。僕は代表に、できるかぎり貢献したいという気持ちでやってきた。それはゴールによってだけではなく、下がって、走って、守備を助けることも、ずっと全力を尽くしてきた。だから監督は時々、チームとして選手たちは素晴らしい働きをした、選手たちはとてもよく戦ったと話すが、その方向性こそが僕らが進むべき道だ。何か重要なものを勝ち取るためには23人が戦わなければだめだ。またポルトガルサポーターも一緒になって、僕らがさらに駆け続けられるように応援してくれる。フットボールにおいてはすべてが可能だということを信じさせてくれる。僕個人に関していえば、当然ながら僕はとても幸せだ。チャンピオンズリーグに優勝したあと、ユーロでも必ず勝ち進めると確信していた。たしかに大会が始まった当初は僕らが望んでいたような戦いはできなかった。でも、これはマラソンであり、スプリントではない。最後の局面において得点を決めたのは、先週はレナトであり、また、ナニやクアレスマだった。代表は全員によるものであり、僕だけによるものではないんだ。今日の試合で1点目を入れたことで、当然ながら満足している。なぜなら、ポルトガルの決勝進出へ貢献することができたからだ」

フェルナンド・サントス監督の会見も行われた。ここでサントス監督はチームが一つになって、決勝戦に出ることを目標にして2年間がんばってきたことを話した。

「私にとって重要なのは、およそ2年前のことだが、我々はある目的を描いたことだ。私が監督に就任して最初の親善試合をサンドニで戦った。その試合後のミーティングで、選手たちにある目的を与えたことだった。その目的とは、翌年の7月10日にサンドニに戻ってこようというものだった。そのためには選手たちがよくまとまり、努力を続けなければ目的を達成することができない。ここにいる23人だけでなく、ここにはいない5、6人の選手も忘れることができない。名前は出さないが、彼らを含めた全員が最も重要な選手たちである。おかげで目的は達成することができた。そして、我々は決勝戦を戦う。私にとっては初めての決勝戦となるが、勝利を目指して戦いたい」

フェルナンド・サントス監督は、これまでの戦いぶりについても振り返った。

「すべての試合に対してゲームプランを持って臨んでいる。そのうえで2つのことが最も重要である。それは攻撃的なゲームか、守備的なゲームかというものだ。当然ながら、目標をもってはいるが、我々は世界最高のチームではないことを知っている。しかし、だからといって相手がポルトガルに簡単に勝利することはまずない。守備的な観点から相手をよく研究するし、できるかぎりサプライズのないようにする。相手によって、試合の内容は異なってくる。ウェールズはこれまで戦っていた相手とはずいぶん異なった。クオリティがあり、しかも、とてもスピードがある。スピードのある選手が前線にいて、攻撃はとてもスピーディだ。好機をうかがい、相手の背後を狙ってくる。また、攻撃的には、しっかりパスで組み立てていき、そして、勝利するためには得点が必要だ。両チームとも得点を求めて戦い、我々がそれを決めることができた。ゲームプランどおりに試合をすることができたのだ。ポルトガルは常に素晴らしいチームだと私は思っている。しかし、素晴らしいチームであっても、快適に戦えるとは限らない。ときにはそれほど快適な状況で戦えないこともある。クロアチア戦のときもよかった。両チームとも戦術面においても、素晴らしい戦いをした。ポルトガルは私の期待するような戦いをしてきたし、美しいとか美しくない戦いだとかを気にせずに、しかし、いい試合をすることを心がけて戦ってきた。なぜなら、悪い戦いをすれば勝てないからだ。いい戦いをした者は勝利する。それは美しいとか美しくないとかは関係ない。ポルトガルは偉大な相手に対していい試合をした。得点を決めた。得点というのは、フットボールにおいてとても重要なものであるが、スペクタクルだとかそういったものは別の話だ」

ある記者は12年前と異なり、ポルトガルは優勝候補ではない、このことをポジティブに捉えるかと質問した。

「12年前は私はラジオのコメンテーターをやっていた。なぜなら、その試合に出場した22人の選手のうち16人が、私が監督をしていたクラブにいた選手だったからだ。そんなわけでラジオ局が私を招待したのだ。優勝候補であったときに勝てず、優勝候補でなければ勝てるのであれば、それはいいことだ。我々はそれを信じようじゃないか。それを我々は信じる！　我々は勝つのだ！」

２０１６年7月10日、スタッド・デ・フランスでポルトガル対フランスのユーロ決勝戦が行われた。12年前19歳だった若者が、世界最高の選手となり、決勝の舞台に戻ってきた。スタジアムにはフランス人だけではなく、多くのポルトガル人も来ていた。ポルトガル本国からやってきた者もいただろうが、フランスに出稼ぎに来て生活しているポルトガル人も多かったにちがいない。

ポルトガルにとってやはり期待は、キャプテンでもあるロナウドの存在だ。これまで数々の試合でポルトガル代表を救ってきた。人々にとって、とくに印象強く残っているのは、2013年9月6日、北アイルランドのベルファストで行われた14年ワールドカップ予選の対北アイルランド戦と、13年11月19日にスウェーデンのストックホルムの都市ソルナで行われた14年ワールドカップ予選プレーオフ、対スウェーデン戦がそうだ。

北アイルランド戦は、ロナウドは右足くるぶしをケガしていながらも出場した。普通であればピッチに立てないような状態でありながら、ポルトガルは絶対に勝利を必要とされていたので、ロナウドは無理してピッチに立った。ポルトガルはエルデル・ポスティガが退場させられたため、1人少ない状態で1対2で負けていたが、後半にロナウドがハットトリックを達成し、4対2で勝利している。

プレーオフにおいては、ズラタン・イブラヒモヴィッチを擁する強豪スウェーデンを相手に、ポルトガルはホームで1対0、アウェイで3対2と2勝した。ロナウドはその全得点である4ゴールを決めてワールドカップブラジル大会出場に大きく貢献したのだった。

ポルトガルにとって初のビッグタイトルまであと1試合。ロナウドが活躍さえしてくれれば、その夢も実現できる。そのようにスタジアムに駆けつけた多くのポルトガル人も、また、ポルトガルでテレビの前で見ているポルトガル人も思っていたにちがいなかった。

ポルトガルのスタメンはゴールキーパーがルイ・パトリシオ。ディフェンスがセドリック、ペペ、ジョゼ・フォンテ、ラファエル・シルヴァ。アンカーにウイリアム・カルヴァーリョ、右にレナト・サンシェス、左にジョアン・マリオ、真ん中にアドリエン・シルヴァ。ロナウドとナニのツートップだった。

しかし、試合が始まってすぐに、多くのポルトガル人にとって信じられない出来事が起こった。7分、ロナウドがボールを持ったとき、フランスのディミトリ・ペイエが体を寄せ、ロナウドは左膝を痛める。すぐにメディカルスタッフが駆けつけて治療をし、一度はピッチに戻るものの、16分に再びロナウドは芝生の上に倒れてしまう。芝生の上でなんともやるせない顔を見せるロナウド。半分泣き出しそうな顔をしているが、あの12年前の泣きじゃくった顔とはまったく異なっていた。キャプテンとして、なんとか優勝に向けて努力したいのにそれができない辛さ。悔しさと無力感がないまぜとなり、それがロナウドの顔に表れていた。

それでもテーピングをしてなんとかプレーを続けようとしたが、結局23分、芝生にしゃがみ込み、そのままクアレスマと交代することになる。担架に乗せられ運ばれるロナウドは、両手で顔を覆うようにして泣いていた。


ロナウドの交代。予期せぬことが起こり、多くの人がポルトガルはもはやここまでだと思った。しかし、この日のポルトガルは神がかっていた。グリーズマン、ジルー、シソコのシュートをルイ・パトリシオがことごとくファインセーブ。後半のアディショナルタイムにはアンドレ・ピエール・ジニャックのシュートがポストに当たった。

ロナウドは一度はロッカールームに入ったが、治療が終わると、ベンチに戻った。延長戦前にはピッチ上で一人ひとりの選手を励ました。ジョアン・マリオやエデルといった若い選手たちにはしっかりと抱きしめて何か言葉を与えていた。

延長戦になると、ロナウドはもうベンチに座ってはいられなくなったのだろう。立ったまま、応援を続ける。

延長48分、ロナウドの願いが、そして、ポルトガル中の願いがついに叶えられる瞬間が訪れた。ジョアン・モウティーニョのパスをやや左サイドで受け取ったエデルは相手ディフェンダーをかわしてゴール正面からシュート。ペナルティエリアの外からシュートだったが、十分にスピードのあるものだった。ゴールキーパーのウーゴ・ロリスも必死にセービングをするが届かず、ゴール左隅に決まった。その瞬間、ベンチにいたロナウドは両手で拳をつくり、そして、顔を両手で覆った。

試合時間はあと12分。ロナウドはそのときからまるで監督のようにベンチから出て選手たちに指示を送った。フランスベンチの前まで行き、左サイドバックのラファエル・ゲレイロの腕をつかみ、なにやら指示を伝える場面もしっかりとテレビに映し出されている。フェルナンド・サントス監督のすぐ後ろにいて、大声で指示を出すこともあった。試合終了の笛が吹かれると、ベンチにいた選手たちもみんなピッチ中央に向かって走り出した。ロナウドもピッチに出て一人ひとりと抱き合った。

ポルトガルがついに大きな国際タイトルを獲ったのだ。数々のタイトルを獲ってきたロナウドにとっても、初めての、ポルトガル代表によるビッグタイトルの獲得だった。

後日、「レコルド」のジョゼ・カルロス・フレイタスに、あのときのロナウドの振る舞いを見てポルトガル人はどのように感じていたのか、尋ねたことがある。彼はこのように話した。

「私たちは大いに歓んだ。ケガをしてベンチに戻った彼は、まるでサントス監督のアシスタントコーチであるかのように、ピッチに立ってチームメイトを鼓舞し、また、指示を出し続けた。つまり、チームを外から引っ張ろうとしたのだ。あのときのクリスティアーノ・ロナウドほど、ポルトガル代表にとって、キャプテンとして必要なことをやり遂げたことはなかっただろう」

試合後の記者会見で、フェルナンド・サントス監督は次のように話した。

「クリスティアーノは我々にとって試合を決定づける最も重要な選手である。これまでの多くの戦術が彼をベースにして創られたものだった。しかし、彼が途中から抜けたにもかかわらず勝った今日の試合は、まさにチーム全員による勝利だった。私はこのチームには高いクオリティをもった選手が揃っていることを知っていた。第一に偉大なチームであったこと。相手よりも戦い、よく走り、集中力を保ち、常にオーガナイズされていたこと。今日の試合でフランスとの違いを見せつけた。だからこそ、我々がチャンピオンになれたのだ」


ユーロ優勝から4カ月が過ぎた2016年11月18日、ポルトガルサッカー連盟によって、優勝後のロッカールームの映像がインターネット上に突然アップされた。その映像とは次のようなものだ。

映像の冒頭、〝STADE DE FRANCE JULY 10th, 2016 few minutes after the final〟（2016年7月10日、スタッド・デ・フランス、決勝戦終了から数分後）と黒い画面に英語で書かれた白文字のタイトルが浮かびあがる。

「まず感謝したいのは、そこにいるセニョールに対してだ」

という声とともに突然、上半身裸で指さしているクリスティアーノ・ロナウドが現れる。その指の先にはフェルナンド・サントス監督がいる。ロナウドは続ける。

「次に僕のチームメイト、そして、スタッフのみんな。全員で成し遂げた征服だった」

興奮が収まらないのか、ロナウドはまるで抗議するかのようにテーブルを拳で叩いた。

「ポルトガルでは誰も信じていなかった。でも、実際に、成し遂げることができたんだ。とても幸せだ。僕の人生で、最も幸せなことなんだ」

ロナウドは右手を胸に当てて一息をつく。すると手を広げて、指を1本ずつ折りまげ、数えるジェスチャーを始めた。

「個人タイトルもチャンピオンズリーグのタイトルも超えて、今こそが、僕の人生で最高のときなんだ。僕が何度もそれを口にするもんだから、兄はもうわかった、少し落ち着けよと言うんだ。だから僕は、『ウーゴ、だけど僕は落ち着くことができないんだ』と答えたんだ」

ロナウドは両手をあわせて祈るようなしぐさをした。

「これは本当の気持ちで、僕の息子にも誓う。僕はとてもうれしくて、うれしくてたまらないんだ。何百回でも繰り返して言えるだろう。僕に唯一欠けていたトロフィーを獲ることができた。それは君たちのおかげだ」

そう言うと、ロナウドは再び一人ずつを指さしていく。そして、今一度、フェルナンド・サントス監督の前にたどり着くと、強い口調で言葉を放った。

「あなたこそがこの優勝を信じていた。そして、それが僕の心を叩いたんだ」

ロナウドがチーム関係者を前に話を始めたので、おそらくスタッフの誰かが、あわてて撮影したものだろう。プロが撮ったものではないのは、カメラワークの稚拙さからもわかる。画質もロッカールームの照明の暗さから、粗いものだ。しかし、メディアが入ることのできない、優勝直後のロッカールームを映し出した貴重なものだといえる。

キャプテンとして、堂々としたロナウドをその映像から見ることもできるが、しかし、なによりもフェルナンド・サントス監督への強い信頼感を知ることができる。その映像を見ると、6年前のワールドカップ南アフリカ大会のケイロス監督に対しては、まったく異なる態度を示していたロナウドが思い出される。前述したとおり、ラウンド16でスペインに敗れたあと、ミックスゾーンでポルトガル人記者から、ポルトガルが力を発揮できなかった理由を尋ねられたロナウドは、「監督に聞けばいいだろ」と怒った口調で答えている。

フェルナンド・サントス監督の就任後は、言うまでもなく素晴らしいものだった。残りの予選7試合を全勝し、グループ1位で本大会出場を果たし、そして、見事に本大会で優勝を飾り、ポルトガルにとって初のビッグタイトルをもたらした。

ロナウドの言葉にあるように、この優勝を誰よりも信じて戦ってきたのが監督自身だった。就任後最初の采配となった親善試合は、2014年10月11日に決勝戦の舞台となるサンドニでフランスと戦い、1対2で敗れている。試合後、フェルナンド・サントス監督は選手たちに言った。

「2016年の7月10日には必ずここへ戻ってこようじゃないか」

はたしてその言葉どおりとなったのだ。

四度目のバロンドール

ロナウドにとって、2016年は素晴らしい1年だった。リーガ・エスパニョーラ2015-16年シーズンは惜しくも優勝を逃しているが、自らのキャリア三度目となるチャンピオンズリーグ優勝を果たし、チャンピオンズリーグにおいて16得点を挙げ、4年連続となるチャンピオンズリーグ得点王になっている。

そして、なによりもポルトガル代表においてユーロ２０１６優勝を果たした。それまでポルトガル代表は大きな国際大会でタイトルを獲ったことはなかった。ポルトガルはサッカー強豪国の一つといわれてきたが、ワールドカップやユーロといった大きな大会での優勝経験はなかった。ワールドカップはブラジル、アルゼンチン、ウルグアイ、ドイツ、イタリア、スペイン、イングランド、いわゆるサッカー伝統国に優勝を独占されてきたし、ロナウドがいくら優れた選手であり、所属するクラブで数々のタイトルを獲っても、ポルトガル人であることから、国の代表チームでタイトルを獲るのは不可能だろうと言われてきた。しかし、ついにポルトガルはビッグタイトルを手にしたのだ。

チャンピオンズリーグとユーロタイトルというビッグタイトルを獲ったことからも、この年のバロンドール、ＦＩＦＡザ・ベスト賞のダブル受賞は間違いないだろうとされてきた。

２０１６年12月12日、ロナウドのバロンドール受賞が発表された。２０１５年はメッシに獲られていたバロンドールを再び獲り返した。ロナウドにとって四度目の受賞だった。そして、２０１７年１月９日、ＦＩＦＡザ・ベスト賞を受け取ったロナウドは、壇上で次のように話した。

「２０１６年は僕のこれまでのキャリアのなかで最高の年だった。いろいろと疑問視されることも多かったけど、人々の目が節穴でなかったことは、このトロフィーを獲得できたことが示している。クラブや代表での僕の戦いぶりをしっかりと見てくれていたのだ。クラブでも代表でも優勝することができたから、この賞をもらうことに疑いをもたなかった。バロンドールとダブル受賞できた。まさに最高の１年だった」

さらに、その後、記者に囲まれるなかで彼はこのように話している。

「僕の名がサッカー史に刻まれたことに疑いを持っていない。それは僕がサッカーを始めた頃からの目標だった。プロ選手になるだけでなく、スター選手になり、常に最高の選手であろうと努めることだった」

思えば、ロナウドはずっとこの言葉を言い続け、そして、実践してきた。スポルティング時代、彼の口から出た「ビッグになりたい」という言葉は、彼にとってはこれからも変わらない目標であるのだ。まさにロナウドにとって、キャリアのなかでも最高の年といえた。彼は名実ともに世界最高の選手に輝いたのだ。

最後のピースを求めて

フェルナンド・サントス監督の就任以来の成績は、親善試合は6勝6敗であるが、公式戦は、予選からユーロ2016本大会決勝までの14試合を10勝4分と一度も負けていない。順風満帆ともいえるフェルナンド・サントス監督率いるポルトガル代表にとって思わぬ躓きとなったのが、2016年9月6日に行われたユーロ後最初の公式戦、ワールドカップ予選の初戦のスイス戦で敗れたことだ。

ユーロでケガをしたロナウドをこの試合では欠いていた。無敗を続け、ユーロ優勝を遂げたことで幸福の絶頂にあったポルトガルにとって、まさに頭から冷水をかけられたようなものだった。ロナウドがいなくてもチーム一丸となり勝ち取った欧州チャンピオンのタイトルであったが、やはりロナウドがいないと勝てないという現実をポルトガル代表はあらためてつきつけられたのだ。

プレーオフを戦わずしてワールドカップにダイレクトインできる、グループ1位を目指すうえで、その直接的なライバルであるスイスに負けたことにより、ポルトガルはそれからの試合を一つも落とせない状況となった。

しかし、ポルトガルはその後7連勝をして、1位スイスとの最終節を勝ち点3の差で迎えることができた。ポルトガルが安定した結果を残せたのも、やはりロナウドのおかげだった。ロナウドは、代表復帰した第2節アンドラ戦で、いきなり4得点を挙げる活躍をした。また、その後の試合でも第8節ハンガリー戦を除くすべての試合で得点を決めている。最終節でポルトガルが勝利すれば、勝ち点でスイスと並ぶ。そうなると得失点差でポルトガルが上まわり1位通過できる状況となったのも、ロナウドの活躍によるところが大きかった。

2017年10月10日、予選グループBの最終節ポルトガル対スイスは、ベンフィカの本拠地であるルーススタジアムに6万1566人の観客を集めて行われた。フェルナンド・サントス監督は試合前日、相手チームに対する分析を行ったあとに、選手たちに次のように話した。

「冷静さを持ってピッチに立たなければいけない。ゴールを狙うことばかりを考えて、冷静さを失ってはならないのだ。常に注意力を欠かさず、しっかりとゲームをオーガナイズしなければ、目的を達成することはできない。スイスとの初戦で起こったことを思い出すのだ。ポルトガルはいい試合の入り方をしたにもかかわらず、必要なメンタルコントロールが欠けていた。20分にスイスが得点し、後半はよい戦いができたとはいえ、敗れてしまった。スイスはとても強いチームであり、彼らの長所を活かして我々に勝利した。しかし、25分から40分までの15分間を除けばポルトガルのほうが優勢だった。我々が本来の力を発揮すれば、勝てる」

ポルトガルにとってラッキーだったのは、41分に左サイドからエリゼウがセンタリングをした際、スイスのディフェンダーとキーパーが交差してオウンゴールとなり、先取点をとれたことだった。57分にはアンドレ・シルヴァが追加点を決めて2対0で勝利。ポルトガルは5大会連続、6回目のワールドカップ出場の切符を手に入れたのだった。

試合後の会見で、記者からワールドカップ出場と、その日63歳の誕生日を迎えることを祝福されたフェルナンド・サントス監督だが、いつものように神妙な顔で話をした。

「私は選手たちを全面的に信頼していた。おかげで結果を出すことができた。63年前に生まれた私に選手たちは大きなプレゼントを与えてくれたのだ。今日の試合は内容からいっても我々の勝利はふさわしいものであり、ポルトガルのワールドカップ出場は妥当なものだ。たくさんのゴールを決めたからではない。ポルトガルは欧州チャンピオンであり、多くの局面でいい試合をしてきたからだ。いい試合をすれば勝つことができる。いい試合をすることで得点が生まれる。チャンスをつくり得点を決める。そして、相手にはチャンスをつくらせない。それがポルトガルの強さの秘密である」

ワールドカップ予選も終わってみれば、初戦のスイス戦に敗れただけで、あとはハンガリーとのアウェイ戦を除けばどの試合も大差での勝利だった。それが、勝ち点ではスイスと並びながら得失点差による1位という結果をもたらした。フェルナンド・サントス監督は予選を振り返った。

「当然ながら、欧州チャンピオンになったあとの最初の公式戦で負けたことは、精神的にも大いに落ち込んだものだ。その意味でもアウェイでのフェロー諸島戦は重要だった。フェロー諸島は勝ち点4と、勝ち点3のポルトガルよりも上だった。ポルトガルの選手たちは強い気持ちと勇気で一杯だった。そして、試合結果は我々を大いに励ますものとなった。自信をもてるようになったからだ。スイスが引き分けることは期待できないので、すべての試合に勝利するのを目標に戦ってきたのだ」

ワールドカップでの目標を尋ねられると、フェルナンド・サントス監督は首を振った。

「ワールドカップまでにはまだ時間がある。まずはメンバーを選ばなければならない。その意味でもインターナショナル・マッチデーを利用して行われる親善試合はとても重要なものとなる。それはユーロを準備したときも重要なものだった。多くの選手を呼んで評価することができる。そして、最終的に23人を選ぶことになる」


この日からポルトガルのワールドカップへの準備が始まった。11月に行われたサウジアラビア戦とアメリカ戦は、クリスティアーノ・ロナウドなどの主力選手を招集せず、多くの若手を試す機会となった。実際、この2試合で新たにA代表デビューした者が6人いた。40人ほどの候補選手から23人に絞っていくことになる。

3対0で勝利したサウジアラビア戦後、フェルナンド・サントス監督は次のように話した。

「試合を重ねるごとに、選手選考の難しさを感じてきている。今日の試合でも、若い選手は代表にふさわしい資質を持っていることを示した。私がワールドカップへ連れていけるのはわずかに23人だけだ。それはユーロのときにも起こったが、今回も多くの選手を外さなければならなくなる」

これまでのポルトガル代表は、ロナウドに大きく依存してきた。実際、ワールドカップ予選ではロナウド不在となった第1節スイス戦で敗れ、第9節アンドラ戦でもロナウドがベンチにいた前半は得点できなかったのが、後半ロナウドがピッチに立ってからチームは変わった。ロナウドの出来不出来が依然、チームのバロメーターとなっている。しかし、ロナウドが、〝世界一のプレーヤー〟である以上、それは当然のことであるし、フェルナンド・サントス監督も「23人の中で唯一決まっているのはロナウドだけだ」と話すように、今回もロナウドを中心としたチームづくりがされることに対して否定していない。

とはいえ、近年のポルトガルの若い選手の充実ぶりには目を見張るものがある。ロナウドに替わるべく、期待の選手は次々に現れてきているのだ。そのなかでも11月に22歳になったばかりのアンドレ・シルヴァは、ポルトガル中の大きな期待を集めていた。ワールドカップ予選ではクリスティアーノ・ロナウドの15得点に次ぐ、9得点を決めている。これまでポルトガルが長年求めてきた9番がいよいよ出現したといっても大げさではないだろう。ＦＣポルトでブレークし、今季からミランに移籍した。代表には9月1日のジブラルタル戦でデビューし、ワールドカップ予選では初戦のスイス戦で後半から起用され、その後はすべての試合で先発だった。クリスティアーノ・ロナウドが初ゴールを決めたのが8試合目であったが、アンドレ・シルヴァは3試合目で決めている。代表10ゴールをロナウドは31試合目で決めているが、アンドレ・シルヴァはわずか16試合目で達成していることからも、ゴールゲッターとしての資質の高さがうかがえる。

同じく11月に21歳になったばかりで代表に定着しそうなのが、ゴンサロ・ゲデスだ。ベンフィカの下部で育ち、２０１７年1月の冬の移籍市場でパリ・サンジェルマンに移籍。そして、バレンシアにレンタルされると、リーガ・エスパニョーラで大きな注目を集めている。攻撃的なポジションならどこでも任せられると監督の期待も大きい。サウジアラビア戦では、４－４－２布陣でアンドレ・シルヴァとツートップを組み、1アシストと代表初となる1ゴールを決めて期待に応えた。

「僕にとってとてもいい夜となった。いい感じで得点を決めることができた。とても大きな自信となった。ワールドカップ？　監督が決めることだし、選手は自分の仕事をしっかりとやるだけだ」

と、控えめなコメントながらも、ワールドカップ出場へ意欲を燃やしている。

フェルナンド・サントス監督はユーロ本大会のとき、18歳のレナト・サンシェスを抜擢しているが、決して若い選手ばかりに目がいっているのではない。就任以来、すでに代表からは遠ざかりつつあるような年齢の高い選手、たとえば就任時には、リカルド・カルヴァーリョやティアゴ、そして、現在でもエリゼウやクアレスマのようなベテランを要所に起用し、復活させている。クアレスマは好調の理由を次のように説明している。

「僕にこれまで唯一欠けていたのは信頼されることだった。僕が信頼されていると感じることのできた唯一の監督が、フェルナンド・サントス監督だったんだ。ほかの監督のときは一度もそれを感じたことがなかった。だから今、代表で僕はいい活躍ができるようになったんだと思う」

クアレスマの言葉をあげるまでもなく、監督と選手たちの間には強い信頼関係が生まれている。就任から3年、ユーロ優勝、さらにワールドカップ予選の戦いぶりは大きな自信となっている。これに新たに若い選手が加わり、チーム力がアップすれば、ユーロ以上の偉業を達成することも夢ではないと、自ずとポルトガル国民の期待も大きくなる。しかし、そのような期待に対して、ロナウドは戒《いまし》めるコメントを出している。

「今まで大きなタイトルを獲ったことがなかった国が、ユーロを獲ったからと言って、ワールドカップまでも獲れるように考えるのはちょっと行き過ぎだ」

しかし、監督自らが信じることによってユーロ優勝を成し遂げただけに、さらに大きな偉業をポルトガル代表が達成することも、フェルナンド・サントス監督なら、あり得ないことではない。そのようにポルトガル国民が期待するのも無理はないことだ。監督の手腕にポルトガル全体が期待しているのだ。そのような状況を十分に理解したうえでのサントス監督のワールドカップに向けての言葉は、十分に説得力があるものだ。

「ワールドカップロシア大会に、ポルトガルはいつもと変わらぬ目的をもって臨む。我々は大会の主役となり得るが、優勝候補ではない。もちろん最大の目的に向かって戦っていく。我々の哲学はユーロのときと変わっていない。すべての試合に勝利を目指して戦うことだ。今一度、そして、さらに大きな喜びをポルトガル国民に届けたい」

キャリアの集大成に向けて

２０１７－18年シーズンは、レアル・マドリードにとって最高の形でのスタートとなった。

リーガ開幕前の８月８日に行われたヨーロッパ・スーパーカップでは、マンチェスター・ユナイテッドを相手に２対１で勝利し、タイトルを獲得。続くスーペルコパはバルセロナとのクフシコとなり、８月13日と16日に行われ、カンプノウでは３対１の勝利、ベルナベウでも２対０とトータル５対１と圧勝。強いレアル・マドリードを見せつけた。

ただここで一つ問題が起こる。ロナウドが退場処分を受けてしまったことだ。ロナウドはファーストレグを58分から途中出場した。そして、80分に得点。興奮したロナウドはユニフォームを脱いで上半身裸になったため、イエローカードを出される。鍛え上げられたロナウドの体がテレビに映し出されたが、プレシーズンからの順調な仕上がりを示していた。

問題はその直後だった。ペナルティエリア内で、ウムティティに倒されたような、微妙な倒れ方をした。それを見たレフリーはシミュレーションとしてイエローカードを出した。この試合2枚目のイエローであり、レフリーはすぐにレッドカードを出した。ロナウドは驚き、レフリーのところに行き、ちょっと背中を押した。それが後日問題とされ、5試合の出場停止処分となったのだ。

ロナウドがレフリーの背中に触れたのも、決して暴力的なものではなく、「それはないだろう」と、軽い気持ちで押した感じだった。それが出場停止5試合というのは厳しすぎる処分ではなかろうか。そのためロナウドは、次のセカンドレグと開幕からのリーガ4試合に出られなくなってしまった。

それが歯車を狂わせることになった。ロナウドが開幕から4試合出られないとはいえ、レアル・マドリードはプレシーズンで見せた勢いから、リーガにおいても圧倒的な強さを見せるのかと思いきや、第2節バレンシア戦、第3節レバンテ戦を引き分け。ロナウドが戻ってきた第5節には、ベティスに敗れてしまう。

なによりも深刻だったのはロナウドの不調だった。リーガ前半戦18試合を終了して得点したのはわずかに4点だけ。ロナウドがレアル・マドリードに加わった2009年以来、最も得点数が少なかったのが2016‐17年シーズンの25点だったが、その4分の1にも届かない数字だった。ロナウドの不調が響き、レアル・マドリードは前半戦を終了した段階ですでに首位バルセロナとの差が開き、タイトル争いから脱落し、上位3位以内を狙うしかなくなったのだ。

気になったのは、これまで抜群の決定力を持っていたロナウドのシュートが、ことごとく相手ゴールキーパーに防がれるようになったことだ。ロナウドの年齢的な衰えも指摘されるようになった。

しかし、2018年に入ると、やっとロナウドにスイッチが入ったのか得点し始める。1月21日に行われた第20節デポルティーボ戦でドブレッテ（2得点）。次のバレンシア戦でも2得点。第22節レバンテ戦は得点なしだったが、第23節でハットトリック。2月18日に行われたベティス戦でも1得点を決めた。つまり、後半戦になってから以前のようなロナウドのゴール量産体制へと変わったのだ。

そして、2月24日のアラベス戦でも2得点。しかも、2点目はリーガ300得点目となるメモリアルゴールとなった。ロナウドはリーガ300得点を285試合で達成。メッシは300得点を326試合目で達成しており、ロナウドはメッシよりも41試合少なく到達したことになる。

300得点を記録した2018年2月24日の段階で、メッシはリーガ370得点でリーガ歴代得点数においてトップであり、記録更新中だが、1試合平均得点数ではロナウドのほうが優っている。メッシはこの時点で407試合に出場し、370得点。1試合平均0・90ゴール。ロナウドは285試合に出場し300得点なので、1試合平均1・05ゴールとなる。歴代最多得点数ランキングの3位がサラで251得点、277試合出場で達成のため1試合平均0・90ゴール。4位がウーゴ・サンチェスで234得点、347試合出場で達成のため1試合平均0・67ゴール。5位がラウールで228得点、550試合出場で達成のため1試合平均0・41ゴール。6位がディ・ステファノで227得点、329試合出場で達成のため1試合平均0・68ゴールとなっている。これからもわかるように、ロナウドの得点は驚異的に速いペースだといえるだろう。

ロナウド自身にも変化が現れた。2018年2月5日に33歳となったロナウドは、大切な試合にベストな状態で臨めるように、ジダン監督のローテーションも受け入れ、しっかりと休むようになったことだ。2月21日水曜日に行われた、クラブワールドカップ出場のため延期となっていたレガネス戦を休み、また、週中に開催された2月27日のエスパニョール戦も翌週に行われるチャンピオンズリーグの対パリ・サンジェルマン戦に備えて休むことになった。

人間的な面でも変化が現れた。リーガ通算300ゴールを記録したアラベス戦において、得点がないことで批判されていたチームメイトのベンゼマをかばうような行為に出たのだ。この日はセルヒオ・ラモスもマルセロも欠場のため、ロナウドがキャプテン章をつけてピッチに立った。そのため通常とは意識も異なっていたのかもしれない。随所にキャプテンらしい振る舞いを見せたのだった。22分に決定的なチャンスをベンゼマが外すと、それ以降、観客席はベンゼマに対してブーイングを送るようになった。そもそもこの試合以前に、ベンゼマが得点を決めていないことから、レアル・マドリードファンはベンゼマに対して厳しい視線を送っていたのだった。しかし、そんなベンゼマをロナウドは擁護する行動に出た。前半終了間際にロナウドが得点を決める。そのアシストをしたのはベンゼマだった。ロナウドはベンゼマを呼び寄せ、ファンに向かって「このゴールを演出したのは彼だ」というふうにベンゼマを何度も指さしてアピールしたのだ。観客もそれに応えて二人に向かって大きな声援を送った。

さらにもう一つ。試合終了間際に得たペナルティーキックをベンゼマに譲ったのだ。すでに2得点を決めていたロナウドはハットトリックを達成するチャンスでもあったし、従来ならペナルティーキックはロナウドが蹴ることに決まっていたはずだ。しかし、ロナウドはベンゼマに譲った。ベンゼマはレアル・マドリードで初めてのPKを決めることになった。

試合後、ロナウドの取った行動を、ジダン監督は賞賛した。

「クリスティアーノの心遣いをとてもうれしく思っている。なぜならチームとして戦っていることを示したからだ。とてもいい試合をしてきたカリム（ベンゼマ）に対して、彼が得点するのにふさわしいと気遣ったのは素晴らしいことだった」

また、「マルカ」も「もしかしてクリスティアーノはエゴイストではなかったのか？」「クリスティアーノ・ロナウド：セニョール・キャプテン」という見出しの記事を掲載し、ロナウドの姿勢を賞賛した。もともとロナウドはキャプテンであるセルヒオ・ラモスに対して、常にリスペクトを払ってきた。ピッチに出る前の階段で、いつもロナウドはセルヒオ・ラモスが出てくるのを待って整列する。セルヒオ・ラモスのほうが年下ではあるが、序列からいえば、２００５年からレアル・マドリードでプレーをするセルヒオ・ラモスがロナウドの先輩となるからだ。

ロナウドはポルトガル代表で見せるようなキャプテンシーをこの日、レアル・マドリードでも見せたのだった。

生きる神話の主人公として

２０１８年2月27日、ブラジルでは有名なユーチューバーのフレッジが行ったクリスティアーノ・ロナウドのインタビューがアップされた。

フレッジはロナウドのコマーシャル撮影の合間にインタビューしている。ロナウドがインタビューをどのような経緯で受けたかは明らかではない。フレッジはブラジルのユーチューブ番組「Desimpedidos（オフサイドでない）」に出演している一人だ。この番組を登録している人は500万人を超えている。フレッジはもともとロナウドの真似をしたりしており、ロナウドもそれをユーチューブで見て面白いと感じていたのだろう。「君のことは何度も見ているよ」と、ロナウドもフレッジに会うと最初に話している。「マルカ」はすぐにそのインタビューを記事としてあげた。最新のロナウドの気持ちを知るうえで、とても興味深いものとなっている。ロナウドのインタビューは世界中のメディアが試みても、まったく受けてくれない。ユーチューブ番組がインタビューに成功したのは、時代を象徴しているようだ。

「Desimpedidos」は、サンパウロにいる番組スタッフがフロリダにいるフレッジに「ロナウドとインタビューができることになった」と驚かせるところから始まっている。そして、マドリードのコマーシャル撮影スタジオで、ロナウドはフレッジにこう話した。

「マルセロやカゼミーロが君のことをとても気にいっている。たくさんのブラジル人も、君のように僕を応援してくれている。とてもうれしいんだ」

その後、控え室のようなところでインタビューは始まる。ロナウドはナイキのシャツとストッキング、スパイクを履いたまま、話している。フレッジの最初の質問はバロンドールについてだった。

「あなたは5つのバロンドールを獲れるとわかったのはいつでしたか？」

それまで雑談していたロナウドだったが、質問に答えるときは、やはりプロのサッカー選手の表情に戻っていた。

「5つ？　そんなに獲れるとはわからなかった。でも、それはすべて最初から気づいていたことでもあった。自分が特別な子供であることはわかっていた。同じ年の子供たちのなかでも自分が優れていて、彼らができないことを自分はやれた。でも、バロンドールを獲るのはとても難しいことは知っていた。スポルティングでプレーしてマンチェスターへ行った。僕は世界最高の選手たちと一緒にプレーし、そして、世界最高の選手を相手にプレーするようになったけど、自分はまだ目立っていなかった。その頃からバロンドールを獲りたいと思うようになった。16歳、17歳、あるいは18歳のときには選ばれるのも可能だと思っていた」

「あなたはいつも世界最高になろうと望んでいるのですか?」

「そんなことはない。自分自身にプレッシャーをかけることはよくないからだ。自然に物事が進んでいくのだから、それに従わなければいけない。自分の人生はまさにそうだった。何かの強迫観念にとらわれたときは、目的は達成できないものなんだ。それはサッカーだけに限らず、すべてのことに言えるだろう。何事も自然に流れるままにすれば、心も落ち着く。そして、神が望まれるときに目的は達成されるものだ」

ロナウドはこのように話したが、とても信じられないことだ。「自然の流れに身をまかせるべきだ」と、むしろ自分に言い聞かせてきたのではないだろうか。これまでのロナウドの半生は、たくさんのプレッシャーのなかに身を置いてきたはずだ。それを強い気持ちを持って乗り越えてきたにちがいなかった。ロナウドは戦い続け、決して自然の流れに身をまかせてなどこなかったのではないだろうか。

映画「ロナウド」のなかに、2014年ワールドカップアメリカ戦前日に、マデイラ島にいる母親にブラジルの合宿先からロナウドが電話するシーンがある。マリア・ドローレスは試合に勝てるかどうか心配でしようがない。その母親をなだめるように、ロナウドは「たかがサッカーの試合だ。だから、そんなに心配することはない」と話す。しかし、ロナウド自身が常に試合前、大きな重圧を抱えて堪えてきたにちがいないのだ。その言葉も自らを慰めようとしていたのだろう。

ロナウドが目標としてきた選手は誰だったのか。フレッジの質問にロナウドは答えた。

「僕は常に目標を持ってきた。プロのサッカー選手になって代表でプレーする。そのレベルから何人かの選手を目標にしてきた。ルイ・コスタ、フェルナンド・コウト、フィーゴといった選手たち。常に目標として見てきたんだ。いつかは一緒にプレーできるようになりたいとね」

ロナウドは2018年ワールドカップについても話している。

「僕らは優勝候補ではない。正直にならなければいけないし、そして、謙虚な気持ちでいうならば、事実、僕らよりも名前のあるチームがあるということだ。たとえば、ブラジル、スペイン、ドイツ、アルゼンチン。もちろん、僕らは優勝候補ではないけれど、サッカーではすべてのことが起こりえるんだ。まずはグループリーグ突破。それが僕らの第一の目標だ。その先はどうなるかはわからない」

このインタビューのなかで最も印象に残ったロナウドの言葉は、彼が夢について語る部分だ。フレッジは「まだ実現させたいと思っている夢はありますか?」と尋ねている。

「正直にいうならば、ないだろう。僕が夢見たことは、すべてサッカーにおいて達成できた。僕がまだ夢を持っていると、誰かが言ったならば、それは正しくない。僕はたくさんの素晴らしいことを達成してきたから、もうこれ以上夢はないんだ。もし僕にもう一度勝ちたいか、たとえばワールドカップで優勝したいかといわれたら、もちろんそうだ。でも、もし今、自分の現役生活が終わったとしても、とても僕は誇りに感じるだろうし、満足だ。僕のキャリアがこれほど素晴らしいものになるなんて考えたこともなかったのだから」

フレッジは最後に「いつまで世界一の選手を争っていくつもりですか?」と尋ねている。

「バロンドールを5回も獲れるなんて夢にも思っていなかった。でも、先ほども言ったように、もし今自分のキャリアを終えることになったとしても、とても幸せだろう。すべてに勝利した。バロンドールをさらに2つ、3つ獲れたらそれは素晴らしいことだね。でも、もし獲れなかったとしても、すでに5回も獲っているんだ。もちろん僕は野望を持っている。これからも目的を達成するために努力を続けていくし、世界で最高であるために戦っていくだろう。たとえ誰かがロナウドはもう無理だと言ったとしても、僕は自信を持っている。たしかにバロンドールを獲れるかどうかは、シーズン中にどれだけトロフィーを獲れたかにかかっている。どのようにシーズンを終えたかにかかっている。ワールドカップの結果も影響するだろうし、様々な要因が関わってくる。でも、僕はまだ可能だと思っている」

フレッジのインタビューにおいて、ロナウドはすでにやり遂げた感を表すようなコメントをしている。しかし、ロナウドにとってさらに個人記録を塗り替えていくことが彼にとって重要なものとなっていると、社会学者のヌーノは話す。

たとえば、代表においての得点数世界記録はイランのアリ・ダエイの109得点（149試合）であるが、それを超えることだ。ロナウドは2018年3月26日時点で81得点。ロナウドが世界記録を達成することも不可能ではないだろう。

スポルティング時代からロナウドの親しい友人である、ミゲル・パイシャオンがポルトガルのメディアに、ロナウドは将来スポルティングでプレーするかもしれないと話したことが記事になった。しかし、ロナウドがレアル・マドリードを離れたとき、彼の現役生活は終わったといってもよいだろう。それは、エウゼビオがベンフィカをやめたときを引退と語るのと同じものだ。

世界最高のクラブであるレアル・マドリードと世界最高の選手ロナウドのカップリングは最高の形

であろう。ともに自尊心が強く、そして、なによりも世界一になろうとする気持ちが強い。ロナウドはレアル・マドリードというクラブを体現する最高の選手であったのだ。50年後、あるいは100年後、人々はロナウドをどのように捉えているだろうか。ペレやマラドーナのように後世へずっと語り継がれていくのだろうか。ロナウドが口癖のように繰り返してきた言葉がある。

「重要なのは勝つことだ。試合の内容ではない。どんなに試合で健闘しても負ければ忘れられる。10年後、あるいは20年後、人々の記憶に残るのは勝者だけなのだ」

はたしてそうだろうか。たしかに、ヨーロッパチャンピオンという称号をポルトガルにもたらしたことそれ自体は勝者としての記憶である。

しかし、ロナウドは決勝戦でケガを負いながら、ベンチ前でチームメイトを鼓舞し続けた。おそらく決勝点を決めたエデルの得点よりも、ベンチ前でチームメイトを必死に応援し続けたキャプテンとしてのロナウドのほうが人々の目に焼きついたことだろう。そのことは世界一周航海を志しながら、マクタン島で戦死したマゼランのほうが、最終的にスペインにたどり着いて世界一周航海を果たしたファアン・セバスティアン・エルカーノよりも歴史に名が残ったことと似ている。

その意味からも、ロナウドがワールドカップで優勝できるかどうかは、もはや大きな問題ではないようだ。初めて彼にインタビューをしたとき、彼はビッグになりたいと話した。その後、彼は「世界一の選手であり続けることが目標であり、歴史に名を残したい」と口に出すようになった。世界一であり続けた彼の足跡は、彼の残した数々の記録とともに歴史に残るはずだ。

だが、人々が後世語り継いでいくのは、むしろ世界一であろうと必死に戦い続けたロナウドの姿なのではないだろうか。そして、それが後世にも、ロナウド神話として伝えられることになるはずだ。

あとがき

私が最初に出会ったポルトガル人はエウゼビオだった。中学校に入学したばかりの頃、サッカー部の仲間と国立競技場にベンフィカ対全日本（と当時は呼ばれていた）の試合を観にいった。その頃は、モザンビークの黒豹と呼ばれた彼が、なぜポルトガル人なのか、その理由など知るよしもなかった。ベンフィカの赤いユニフォームはとても格好良かった。当時の全日本は白いユニフォームを着ていたし、それだけに赤は華やかに見えた。今でこそスタジアムのライトに照らされ浮かび上がる、レアル・マドリードの白のユニフォームはとても美しく感じるが、当時、白は体操服のイメージが強かった。海外のクラブなどあまり目にする機会がなかっただけに、ポルトガルはサッカーが強い国ということが、まず頭の中にインプットされた。

試合後、選手たちの乗るバスが出るところまで行ってエウゼビオを近くで見ようとした。すると彼はバスの窓を開けて何かをばらまいた。私の近くにも落ちてきたので、手をのばしたのだが、私の友人に取られてしまった。それはサインがされたエウゼビオのブロマイドだった。当時、日本リーグの試合を観にいってサインを集めていたサッカー少年だった私にとって、外国人選手のサインなど高嶺の花だった。それを取れなかったことは、子供ながらにショックだった。

それから数年後、大学を受験する際、ポルトガル語をやってみようかと思った。ブラジルがポルトガル語を話すということもあった。でも、やはりポルトガル本国に関心があったのは、エウゼビオの一件があったからかもしれない。

2次試験の面接で、教授から志望理由を尋ねられたとき、まさか、エウゼビオのことを言うわけにもいかないので、「大航海時代にロマンを感じるから」と、差し障りのないことを言った。すると教授は、「ところで、マゼランはポルトガル人かスペイン人か知っているか？」と尋ねてきた。私は自信がなかったけれど、「ポルトガル人だと思います」と答えた。私はマゼランがポルトガル人であることを、そのとき学んだのだった。


エウゼビオについては本書のなかでも紹介しているので割愛するが、マゼランは初めて世界一周の航海をやり遂げた人だ。

マゼランはポルトガル語でいうとフェルナン・デ・マガリャインスとなるが、確かな記録もなく、とくに出生に関してはあまりよくわかっていない。1480年頃にポルトガル北部のミーニョ地方で生まれ、のちにポルトガル宮廷に仕えることになる。マゼランが宮廷に仕えた頃、1492年にコロンブスによる新大陸発見や、1498年のバスコ・ダ・ガマによるインド航路発見と、次々に偉業が達成される。ポルトガルは次々にインドに向けて艦隊を送り出していた。マゼランも25歳のときにインド行きの船に乗船した。その後、マゼランは西回りの航路によってインドへ到達できないかと考えるようになる。そこで最初はポルトガルの王室にその資金援助を求めるが、マヌエル王は関心を示さなかった。なぜなら、当時スペインとポルトガルとの間には、地球を半分に切り、半分がスペイン、半分をポルトガルが所有するというトルデシーリャス条約が結ばれており、マゼランがこれから新たに発見していくところはスペイン領となるためだった。

そこでマゼランはスペイン王を訪ね、なんとか援助をとりつける。しかし、提供された船は壊れかかった代物であり、修理をしてやっと航海できる状態になったという。

スペイン、アンダルシアのセビージャを出航し、大西洋をわたり、そして後日、彼の名前がつけられるマゼラン海峡を通り太平洋に出る。その航海は非常に困難を極め、部下の反乱にあったり、食料がなくなったときは船に棲み着いていたネズミを食べたり、また、船に使われていた皮の部品を煮て食べたりもしたという。そして彼自身はマクタン島で原住民と戦い命を落とすが、部下がスペインに戻り、世界一周の航海が成し遂げられた。

私は大学を出てから、ポルトガルに留学した。そこで本書に記したように、エウゼビオ本人とも会うことができた。マゼランとは当然、会うことはできなかったが、マゼランに魅せられて、マゼランになろうとしている人物と出会った。その人はアントニオ・ヴィラールという有名なポルトガル人の映画俳優だった。

１９１２年にリスボンで生まれた彼は、映画界にあこがれて、最初はメイク、そして音声、装飾など映画に関わる様々な仕事を経験し、そして助監督にまでなった。しかし、容姿にも恵まれていたため、あるとき、ちょっとした役で出演したことがきっかけで俳優となり、スペイン、イタリア、アルゼンチン、フランス映画など幅広く、数多くの映画に出演するムービースターとなった。海外の作品に多く出演するため生活のベースはマドリードとなった。

１９５９年には「私の体に悪魔がいる」（ジュリアン・デュヴィヴィエ監督）で、ブリジット・バルドーと共演している。そして81年の出演を最後に引退した。

彼には一つの夢があった。それは自らの手でマゼランの映画を創ることだった。

アントニオ・ヴィラールはその困難に満ちたマゼランの生涯を、やはりスペインに渡り苦労を重ねた自らの人生に重ね合わせようとしたのかもしれなかった。彼自身が監督となり、映画を製作しようと思ったが、世界が舞台となることからその製作費は莫大なものが必要となる。彼はできればポルトガルとスペインの共同製作で撮ろうと思い、両国でスポンサーになってくれるところを探したが、ポルトガルでもスペインでも見つからなかった。そこで彼は自分の私財を投げ打って、まずはビクトリア号を造った。この船は航海に使われた5隻のうち、セビージャに帰り着いた、ただ1隻の船である。しかし、船を造るにも正確な設計図などないので、資料を基に大きさを想像して造ったものだった。しかも、実際に世界一周に堪えうる船ということで、造船費用は莫大なものとなった。船ができあがるとポルトガルでも話題になり、新聞に彼の記事が載せられた。

ちょうどその当時、「世界まるごとHOWマッチ」（TBS系列）という番組のリサーチをしていた私は、この船を問題に出したらどうかと思いついた。そこでアントニオ・ヴィラールのリスボンの家を訪ねて、彼に意図を説明した。そのときの彼は、ガウンを羽織り、ウィスキーの入ったグラスを片手に浮き世離れした姿であり、すでに引退しているとはいえ、まさにムービースターという印象だった。下手なポルトガル語で必死に説明する私に対し冷ややかな態度で、あまり真剣に聞いてもいないような様子だった。彼は「一応考えておく」と言いながら、気持ちがのっていないのは明かだった。

それから数日後、電話をしても留守電ばかりで埒が明かないので、彼が住むマンションの入り口前で彼の帰ってくるのを待っていた。彼が戻ってきたのはかなり遅かったが、長い間待っていたことにいたく感激して、遅い時間であったにもかかわらず、私を家に招き入れてくれた。そしてマゼランの話を熱く語り始めた。思えば、そのとき、彼はすでにマゼランを演じていたのかもしれなかった。そして最後に、日本のクイズ番組であることも承知のうえで、出演に応じてくれたのだった。

その後、私が1993年に日本へ帰国した直後に、彼から突然電話がかかってきた。船を日本で運用できないかといった相談だった。私は役に立つこともできなかった。その後、映画がどうなったかもわからないまま、95年8月16日、マドリードの自宅で彼は亡くなった。それを私自身が知ったのも、ずいぶんあとのことだった。

ポルトガルに住んでいた6年間には、アントニオ・ヴィラール以外にもたくさんの人と知り合うことができた。サッカー関係者以外にも、ロサンゼルスオリンピックマラソンで37歳で金メダルを獲り、38歳でマラソンの世界記録を破ったカルロス・ロペス。あるいはソウルオリンピック女子マラソンで金メダルを獲ったロザ・モタ。ファドの女王といわれたアマリア・ロドリゲス。著名人だけではない。ロケでよく使用した車の運転手ジルは、スタッフが忙しく昼食時間をとれないのでファストフード的なもので済ませても、すでに高齢であったため「死ぬまでにあと何回食事が取れると思っているんだ。私はそんな食事ならいらない」と言って、必ず一人時間をかけて食事をしていた。さらに、下宿していた家のドナ・マリアは私にまるで母親のように接してくれた。ポルトガル人の母親を代表するような人だった。ポルトガルで知り合った人々はみな、豊富な逸話に満ちた素晴らしい人生を送っていた。

そのなかでもロナウドの半生を描いてみたいと思ったのは、彼が、とどまるところを知らない野望を持ち続けたポルトガル人であったことだ。その意味では、監督として世界最高とされるジョゼ・モウリーニョも同じだろう。彼らのような強烈なキャラクターをもったポルトガル人は珍しいといえる。

ジョゼ・モウリーニョについては、スペインを代表するような記者が、悪意にも満ちた、たとえば本書でも取り上げている『モウリーニョVSレアル・マドリー「三年戦争」』のような書籍を出版したことからも、スペイン社会に必ずしも良くは受け入れられなかったことを感じる。モウリーニョは監督として、完全に創られたキャラクターを演じていることは、少しは理解されつつも、やはり根本的な部分において、スペインでは理解されなかったようだ。それはスペイン人とポルトガル人の気質の違いを表す、とてもナイーブな点でもあるような気がする。

たとえば、モウリーニョの言い訳とも取れるようなコメントは、スペイン人には許しがたかった。スペインの代表的な古典である「ドン・キホーテ」は、騎士道精神を時代遅れのものと批判するものであったとされる。

しかし、スペイン人の根底には騎士道を尊ぶ精神が残されていることも事実だろう。その考え方は現代日本人のなかに侍の精神が残っているのかといった問題にもなり、ある意味、危険な見方かもしれない。いずれにせよ、モウリーニョの発言は許しがたいと感じるスペイン人の根底には、それを「よしとしない」精神が流れているからだろう。

対するポルトガル人は海洋民族であり、常に海というものと向き合ってきたことから、人間の力では解決し得ない絶対的な自然の力を前に生きてきたといえる。それは、ある意味、ファドの世界にも通じるものかもしれないが、絶対的な力の前には自らの小さな力を認めなければならない。風車に向かって戦いを挑み、自らの力も顧みず勇敢に立ち向かっていったドン・キホーテと、海を前に、大自然の力の前では自分の力のなさを認めたポルトガル人の違いともいえるだろうか。モウリーニョには、かつての航海者のような大自然に対して敬服する態度があったのだ。

ロナウドのような人物がなぜポルトガルに生まれたのか。それをテーマに始めた取材だったが、ロナウドが歴史的な潮流のなかで生まれた存在であったこと。曾祖母がカーボベルデ出身であり、彼女がマデイラ島にやってきたこと。それは、大航海時代に始まるポルトガルの歴史を通して見られる壮大なストーリーでもあった。やはり、ロナウドには大航海時代の航海者たちの末裔たる血が流れていたのだ。

しかし、それと同時に偶然性も見逃せない。ロナウドの兄ウーゴのように、生活を助けるために仕事をしなければいけなかったら、いくら才能があったロナウドとはいっても、サッカーを続けることはできなかったかもしれない。ロナウドが生まれた頃は、マデイラ島の観光業が盛んになり、その恩恵のもと、母のマリア・ドローレスはホテルで働くようになった。さらに、ウーゴやエルマが家計を助けていたのでロナウドは働かずに済んだのだ。そもそもマリア・ドローレスがオーストラリアに出稼ぎに行っていたとしたら、ロナウドはサッカー選手にもならなかったかもしれない。あらゆる時代のうねりが、ロナウドに好条件に働いたことも事実だった。

彼の足跡を追ってこれまで何度マデイラ島を訪れたことだろうか。やはり、彼の原点はここにあるのだと、訪れるたびに感じることができた。とくに２０１６年、ユーロが始まる直前に、元ポルトガル代表アシスタントコーチで、マデイラ島出身であるレオネル・ポンテス氏の案内で島を訪れたときは、島の人々の生活をいろいろとみせてもらった。それを見て、これまでマデイラ島の人を取材して聞いてきた言葉が、本当に生きた言葉として私の心に届いたような感じがしたのだ。

本文中には長々とポルトガルの歴史、あるいはロナウドが生まれる前のポルトガルサッカーにもページを割いたことから、読者にとって読みにくい部分もあったかもしれない。しかし、どうしてもロナウドをポルトガルという国の長い歴史のなかで捉えたかった。本書を最後までおつきあいいただいた読者のみな様に感謝を申し上げます。どうもありがとうございました。

そして、この本に多くの写真を提供してくださったフォトグラファーの安川啓太氏とは、初めてロナウドの取材でマデイラ島を一緒に訪れて以来、ポルトガル国内の取材も含めて、私の無理を聞いてくださり、何度も一緒に同行していただいた。彼の協力なしには、この本は書けなかったとも思っている。心より感謝したい。

また、たくさんのポルトガルの友人たち。この取材を通じてお世話になったポルトガル人の方々。とくにマデイラ島の取材を通じて、無二の親友ともなったレオネル・ポンテス氏。スポルティングのアウレリオ・ペレイラ氏には何度、つたない私のポルトガル語による珍問に答えていただいたことだろうか。記者のジョゼや社会学者のヌーノ……。この本は私自身のポルトガルへの愛がたくさん詰まっていることを告白したい。

最後に、私自身のポルトガル取材の集大成にしたいという希望を聞いてくださり、出版へと尽力していただいた徳間書店の苅部達矢氏には、企画の段階から、そして、編集、出版に向けて様々なアドバイスも頂戴したことに心より感謝いたします。

２０１８年４月自宅にて　竹澤哲

参考文献

書籍

『MÃE CORAGEM』Paulo Sousa Costa
『Cristiano Ronaldo』Luca Caioli
『CRISTIANO RONALDO』Enrique Ortega
『MOURINHO』Nuno Luz, Luís Miguel Pereira
『JORGE MENDES』Miguel Cuesta, Jonathan Sánchez
『HISTÓRIA concisa de PORTUGAL』José Hermano Saraiva
『Portugal em Calções』Afonso de Melo
『O Homem por Trás de Scolari』José Carlos Freitas
『クリスティアーノ・ロナウド：ポルトガルが生んだフェノメノ』竹澤哲（文藝春秋）
『バルサとレアル：スペイン・サッカー物語』フィル・ボール、近藤隆文訳（日本放送出版協会）
『三年戦争:明かされなかったロッカールームの証言』ディエゴ・トーレス、木村浩嗣訳（ソル・メディア）
『アレックス・ファーガソン自伝』アレックス・ファーガソン、小林玲子訳（日本文芸社）
『監督の条件：検証対談・セルジオ越後×金子達仁』ジェフ・キング、竹澤哲訳（日刊スポーツ出版社）
『フィーゴ：勝利のために生まれた男』トニー・フリエロス、松岡義行訳（中央公論新社）
『ロザ・モタ：ソウル五輪マラソンの女王』武田薫（ランナーズ）
『革命神話の終末：ポルトガル1974年春』マヌエル・リオ、山本彩子訳（新潮社）
『ポルトガル史』金七紀男（彩流社）
『リスボンの春』野々山真帆（朝日選書）
『フェニキマ人』ゲルハルト・ヘルム、関楠生訳（河出書房新社）

雑誌

『月刊サッカーマガジン』昭和45年9月号、10月号（ベースボール・マガジン社）
『BRUTUS（ブルータス）』147号（マガジンハウス）
『クリスティアーノ・ロナウド「ザ・パーフェクト」（朝日新聞出版）

新聞

ポルトガルの新聞『A Bola』『O Jogo』『Record』
スペインの新聞『Marca』『as』『SPORT』『MUNDO DEPORTIVO』『El Pais』

ビデオ・DVD関連

『130億円の男 クリスティアーノ・ロナウド、その真実』（WOWOW）
『「王者の資質」レアル・マドリード監督 ジョゼ・モウリーニョ』（WOWOW）
『UEFA EURO2004ポルトガル大会 JFAテクニカルレポート』（Fantasista）
『PLANETA RONALDO』（SIC）

自著引用

『Number（ナンバー）』380, 579, 661, 642, 661, 683, 705, 727（文藝春秋）
『Number PLUS（ナンバープラス）』2001年11月号、2004年6月号、8月号、2008年6月号（文藝春秋）
『サッカー批評』19（双葉社）
『WORLD SOCCER KING（ワールドサッカーキング）』2018年1月号（朝日新聞出版）
『Number Web』2016年6月18日

竹澤 哲（たけざわ・さとし）
上智大学外国語学部ポルトガル学科卒業後、ポルトガルとスペインに8年間滞在。帰国後、通訳、翻訳の仕事を経てスポーツ・ジャーナリストに。南米、欧州サッカーをテーマに多数寄稿。著書に『フォルツァ！　アレックス』（文春ネスコ）、『ジンガ：ブラジリアンフットボールの魅力』（プチグラパブリッシング）、『クリスティアーノ・ロナウド―ポルトガルが生んだフェノメノ』（文藝春秋）、翻訳に『監督の条件』（日刊スポーツ出版社）、『エビータの真実』（中央公論新社）ほか、ベストセラーとなっている『ネイマール　父の教え、僕の生きかた』（徳間書店）がある。

装　丁　須永英司（3.14CREATIVE）
写　真　安川啓太
ムツ カワモリ
FIFA via Getty Images（カバー写真）
組　版　キャップス
校　正　月岡廣吉郎
安部千鶴子（美笑企画）
編　集　苅部達矢（徳間書店）

クリスティアーノ・ロナウド
生きる神話、知られざる素顔

第1刷　2018年4月30日

著　者　竹澤 哲
発行者　平野健一
発行所　株式会社徳間書店
〒141-8202 東京都品川区上大崎3-1-1 目黒セントラルスクエア
電話／編集 03-5403-4344　販売 048-451-5960
振替／00140-0-44392
印刷　株式会社廣済堂
製本　ナショナル製本協同組合

ISBN978-4-19-864610-3